D. Kern
1995

LOREN D. ESTLEMAN

# WYATT EARP

*Roman*

Aus dem Englischen
von
JOACHIM HONNEF

WILHELM HEYNE VERLAG
MÜNCHEN

HEYNE ALLGEMEINE REIHE
Nr. 01/8974

Titel der Originalausgabe
BLOODY SEASON

Der Band erschien bereits in der Heyne Western Reihe
unter dem Titel ›Blutiger Herbst‹ (05/2779)

2. Auflage
1. Auflage dieser Ausgabe


Printed in Germany 1994
Umschlagillustration: Bildarchiv Engelmeier, München
Umschlaggestaltung: Atelier Ingrid Schütz, München
Satz: Schaber Satz- und Datentechnik, Wels
Druck und Bindung: Presse-Druck, Augsburg

ISBN 3-453-07354-1

# Inhalt

*In diesem Buch gibt es kein Wetter. Dies ist ein Versuch, ein Buch ohne Wetter durchzuziehen.*

Mark Twain

*Denk daran, das Wetter in dein gottverdammtes Buch einzubauen – Wetter ist sehr wichtig.*

Ernest Hemingway

## ERSTES BUCH

# FLY'S ALLEY

... allgemein betrachtet – soweit ich das feststellen konnte – waren diese mörderischen Abenteuer weder Kämpfe, die ausgetragen wurden, um Unrecht zu rächen, noch dienten sie dazu, alte Streitigkeiten zu begleichen, noch waren es plötzliche Ausfälle; nein, in der Regel waren es einfach Duelle zwischen Fremden – Kämpfe zwischen Leuten, die nie miteinander bekannt gemacht worden waren, und zwischen denen es überhaupt keinen Anlaß zum Streit gab.

MARK TWAIN, *A Connecticut Yankee in King Arthur's Court, 1889*

# 1

An diesem Morgen war es noch schlimmer als sonst. Er würgte blutigen Schleim auf die Waschschüssel und hatte das Gefühl, sich die Lunge auszuhusten. In seinen Ohren dröhnte es, und in seinem Kopf war eine dumpfe Leere.

Als der erste Anfall des Tages vorüber war, blieb er vornübergeneigt stehen, stützte sich mit den Handflächen auf den Waschständer, zog die Schultern hinter dem gesenkten Kopf zusammen und nahm den Gestank von abgestandenem Schweiß der Nacht wahr. An solchen Morgen waren seine Sinne peinigend scharf, und er konnte sich selbst nicht ertragen. Er schenkte rötlichen Whisky in ein dickwandiges, schmuddeliges Glas, das auf dem Waschständer stand, stellte die Flasche ab und trank, bis das Glas so leer war wie das Gefühl in seinem Kopf. Der Alkohol brannte die Kehle hinab und breitete sich ätzend aus. Er füllte das Glas von neuem und trank langsamer. Beim scharfen Geruch der gebrannten Gerste nahm er seinen eigenen Gestank nicht mehr wahr.

Ein heftiger Windstoß fegte um die Ecke des Holzgebäudes und rüttelte an den Läden des Fensters, das zu der schmalen Parzelle nebenan hinauswies. Im Zimmer war es kalt wie stets im späten Oktober, wenn morgens der Wind blies, was des Morgens immer der Fall war.

Er füllte die Waschschüssel mit Wasser aus dem geblümten Krug und streifte sein Nachthemd ab. Es gab ein saugendes Geräusch, als sich die Baumwolle von seinen Achselhöhlen löste. Dann stand er nackt und fröstelnd da. Bläulichweiße Haut spannte sich über den Brustkorb, die Genitalien waren eingeschrumpft und pflaumenfarben. Mit dem eiskalten Wasser wusch er sich die Brust, den Unterleib und die Achseln. Schließlich spülte er den spärlichen Schaum der gelben Seife ab, die Flys Frau den Pensionsgästen zur Verfügung stellte. Er zog sich an, ignorierte das Muster von altem Schmutz auf seiner langen Unterhose, setzte sich auf die Kante der Matratze, um die Hose seines grauen Anzugs überzustreifen, und mußte sich am Pfosten des Messingbetts hochziehen, um seine bestrumpften Füße in die schwarzen Halbschuhe zu zwängen.

Er spürte jetzt die Wirkung des Whiskys und hatte das Gefühl, daß sein Kopf so leer und leicht wie eines dieser Papiertiere war, die von den Greaserkindern im mexikanischen Viertel zu Weihnachten aufgerissen wurden, damit sie die Süßigkeiten und den Tand daraus entnehmen konnten. Wenn sie dir den Kopf aufreißen, dachte er, werden sie nur Stückchen eines vertrockneten, vom Tabak eingeräucherten und in Alkohol eingelegten Gehirns bekommen. Dazu ein paar Erinnerungen, vergilbt und verkrumpelt wie alte Buchseiten, und keine davon den Atem wert, um einen Stock zu schwingen und sie hervorzuschlagen.

Seine Hosenträger baumelten hinab, während er sich rasierte. Er stützte sich mit einer Hand auf den Waschständer, schabte mit dem Rasiermesser über die eingefallenen Wangen und das runde Kinn und schnippte den Schaum in die Waschschüssel. Dann feuchtete er den Elfenbeinkamm an, kämmte sein Haar in eine Welle und eine Locke und glättete den wallenden Schnurrbart. Verspätet erinnerte er sich an seine geschwollene Blase und leerte sie in den Nachttopf neben dem Bett. Sein Urin dampfte in dem kalten Zimmer, aber der Geruch war nicht halb so ekelhaft wie der seines Schweißes. Er roch nicht so nach Verfall.

Während er seinen Hosenschlitz zuknöpfte, hustete und spuckte er und betrachtete den neuen dunkelroten

Wurm, der im gelblichen Wasser schwamm. Ein weiteres Stück war weg.

Als Kate hereinkam, hatte er seinen Spazierstock aus Hickoryholz gefunden, um sich darauf zu stützen, und er schüttelte die Falten aus einem blaßgrünen Hemd, das er aus einer Schrankschublade genommen hatte. Kate sah seine hochroten Wangen und das Leuchten in seinen grauen Augen, als er bei ihrem Eintreten herumfuhr und das Messer mit dem perlenbesetzten Griff aus der Nackenscheide zog. Da wußte sie, daß der Morgen nicht besser für ihn gewesen war als die vergangenen. Zu solchen Zeiten sah er höllisch gut aus mit seinem aschblonden Haar, das feucht glänzte, dem ein wenig dunkleren, flach anliegenden Schnurrbart und dem rosigen Teint eines Mädchens. Als er Kate sah, schob er das Messer in die Scheide zurück.

»Alles in Ordnung?« fragte Kate.

Er grinste und zog das Hemd an, ohne etwas zu erwidern. Mit langen, weißen Fingern zog er die beinernen Knöpfe durch die handgenähten Knopflöcher.

»Doc, Ike Clanton war hier und hat dich gesucht. Er hatte ein Gewehr bei sich.«

»Wenn Gott mich lange genug am Leben läßt, damit ich mich fertig anziehen kann, wird Ike mich sehen.« Mit dem schleppenden Georgia-Tonfall klangen seine Worte oftmals freundlicher und sanfter, als sie es waren. Er steckte das Hemd in die Hose, strich es glatt und nahm einen frischen Kragen aus der Schachtel, die auf der Spiegelkommode stand.

Kate schaute zu, während Doc die Hosenträger über die fast nicht existierenden Schultern streifte. Er war ein schrecklich dünner Mann Ende Zwanzig, der ein paar Zentimeter größer als sie, aber kaum halb so breit war und abstehende Ohren hatte. Trotz ihrer stattlichen Statur war Kate nicht fett nach dem Standard dieses Ortes und der Zeit, nur üppig, mit fülligen Hüften und vollem Busen und einem in der Hüfte enggeschnürten Korsett unter dem Kattun und Gingan, wie es sich für eine Frau geziemte, die nicht mehr die schlankste war. Sie trug keinen Hut, und ihr kurzes, schwarzes Haar betonte den großen, runden Kopf und die breite Nase, die ihr den Spitznamen Big Nose Kate eingebracht hatte, durch den sie sich von all den anderen Kates im Umkreis unterschied. Eine große, nicht gerade schöne Frau mit einem freundlichen Lächeln, das sich unauslöschlich auf ihren rosigen Gesichtszügen eingeprägt hatte.

»Was wirst du tun?«

»Frühstücken.« Er nahm den Patronengurt vom Stuhl und schnallte ihn um die Hüfte, so daß der Colt Lightning im Holster kurz vor dem Saum seines grauen Gehrocks schwang, nachdem er ihn angezogen hatte. Leicht schwankend ging er zur Tür, und der Spazierstock knarrte kaum, als er sich darauf stützte. Der Mann wog kaum mehr als das Gewicht, das ein Pferd an Sattel und Zaumzeug tragen mußte.

»Paß auf diesen Ike auf.«

»Ich habe schon bessere Pferdescheiße als ihn von meinem linken Stiefelabsatz gekratzt.«

Mrs. Fly kam aus dem Fotoatelier ihres Mannes hinter dem Haus, als Doc, außer Atem geraten, die Tür hinter sich schloß. Die Frau war groß und jung, mit schwarzem Haar, das sie zu Zöpfen geflochten trug, die sie auf dem Kopf festgesteckt hatte.

»Ike Clanton hat nach Ihnen gesucht.«

»Ich habe es gehört. Das singen sie schon im Bird Cage.«

Im Speiseraum der Pension verbreitete ein Kanonenöfchen in der Ecke behagliche Wärme. Doc setzte sich allein an den großen Tisch. Es war jetzt nach zwölf Uhr, und die anderen Pensionsgäste waren unterwegs, aßen im Geschäftsviertel zu Mittag oder inspizierten ihre Claims. Während er Kaffee trank und den *Daily Epitaph* angrinste, kam Kate mit einem Hut, der die

Ausmaße einer Schrotflinte hatte, aus ihrem Zimmer und verließ die Pension ohne ein Wort. Mrs. Fly brachte ihm das Frühstück. Er aß einen Teil davon, legte auf dem Wachstuch eine Patience, scheiterte nach drei Versuchen und kehrte ins Zimmer zurück, um seinen langen, grauen Mantel anzuziehen und den grauen Filzhut aufzusetzen. Dann verließ er die Pension.

Draußen zerrte der Wind an seinen Mantelschößen und hob seinen Kragen an. Als Doc um die Ecke auf die Fourth Street bog, erfaßte ihn der Wind mit voller Wucht und brachte ihn ins Wanken. Er stemmte sich dagegen, packte den Spazierstock fest und hielt mit der anderen Hand den Hut. Der Wind trug Staub von der Straße und den Geruch von frühem Schnee von den Dragoons heran.

Wyatt und Morgan standen an der Ecke Fourth und Allen Street vor Haffords Saloon. Sie trugen schwarze Hüte und kurze Plaidmäntel über ihren schwarzen Anzügen und gestärkten weißen Hemden. Ihre Revolvergriffe veränderten den Sitz der Kleidung.

»Ike Clanton sucht nach mir«, sagte Doc.

Morgans Schnurrbart hob sich leicht. »Das kann ich mir nicht vorstellen. Du kamst gestern abend nicht mehr dazu, ihn Pferdescheiße zu nennen.«

»Ich glaube, ich muß es doch gesagt haben. Der feige Hurensohn würde sonst nicht kämpfen.«

Wyatt sagte: »Nun, er wollte heute kämpfen, und deshalb hat er jetzt 'ne Beule am Kopf.«

»Von dir?«

»Von Virgil. Ike war heute morgen mit einem Colt und einer Winchester auf der Straße und tönte, daß er sich unsere Eier zum Frühstück holen würde, und Virgil und Morg schlichen sich auf der Fourth einfach hinter ihn, und Virge verpaßte ihm einen.«

»Er fiel wie ein Stück Kacke«, sagte Morgan, und um seine Augen bildeten sich Lachfältchen. »Wir brachten ihn zu Richter Wallace und ließen ihn mit einem Bußgeld belegen.«

Doc blickte von einem Earp zum anderen. Trotz des Altersunterschieds ähnelten sie sich so sehr, daß sie Zwillinge hätten sein können. Beide waren hager, blauäugig, blond und hatten herabhängende Schnurrbärte. Sie trugen stets weiße Hemden und sorgfältig abgebürstete Hosen, dank Morgans Frau Lou und Wyatts Mattie – oder Sadie, mit welcher von beiden auch immer er jeweils zusammen war. Doc war mit seiner Wäsche auf die Arbeit einer Chinesin angewiesen, die tagsüber im Can-Can-Restaurant als Kellnerin arbeitete und nebenbei für ihn wusch. Kate konnte kein Waschbrett von einem Stiefelleisten unterscheiden.

Von den beiden Brüdern wirkte Morgan weniger fit. Seine Augen waren rotgerändert, und er war bleich. Er und Doc hatten in der vergangenen eisigen Nacht getrunken, um sich aufzuwärmen. Wyatt trank nur Bier, und davon wenig. Seine Augen waren klar und tränten etwas im Wind, der seine Wangen rötete.

»Wo ist Virge?« fragte Doc.

Wyatt wies gerade die Allen Street hinauf, als der älteste der drei Earps aus dem Wells Fargo Office auftauchte. Er hielt den Kopf gesenkt und trug eine Schrotflinte, deren Mündungen auf den Gehsteig gerichtet waren. Wyatt war stattlicher als seine beiden Brüder und wirkte in seinem kurzen, schweren Wintermantel ungemein breit. Die Krempe seines schwarzen Huts wurde links vom Wind angehoben, und die dichten Koteletten betonten seine Wangen. Von Zeit zu Zeit zerrte der Wind an seiner Weste unter der Jacke, und der schlichte Stern des Deputy U.S. Marshals war zu sehen. Seine Absätze hämmerten auf den Bohlen, daß es fast wie Schüsse klang.

Wyatt sah, daß Doc die Schrotflinte musterte und sagte: »Ich hatte heute morgen einen Streit mit Tom

McLaury. Frank ist ebenfalls in der Stadt und dieser Billy the Kid.«

»Bonney ist tot, hab' ich gehört.«

»Dann also Billy Claiborne. Ich nahm mir Tom vor und nannte ihn einen verdammten dreckigen Viehdieb und einiges andere. Es fielen noch ein paar weitere Worte vor Spangenbergs. Tom, Frank, Ike und Ikes Bruder Billy schauten drinnen über ihre Sechsschüsser.«

»Wo sind sie jetzt?«

»Bei Dunbar's, da waren sie jedenfalls vor ungefähr zehn Minuten.«

»Alle bewaffnet?«

»Genug, um mir die Lust zu nehmen, die anderen zu fragen.«

»Hätte nie gedacht, daß am Morgen hier so viel los ist«, sagte Doc. »Ich werde demnächst später aufstehen müssen.«

Morgan grinste. Offensichtlich schmerzte ihn das, und er stellte das Grinsen ein.

»Billy Clanton und Frank tragen ihre Eisen zu hoch und offen für die Stadt«, sagte Virgil in seinem gleichmütigen Bariton. »Sie sind auf einen Kampf aus, oder sie behaupten, wir hätten uns feige gezeigt.«

Er verstummte. Doc und die anderen folgten seinem Blick über die Fourth Street zum westlichen Ende der Allen Street, wo fünf Männer aus dem ›Dexter Livery & Feed‹ kamen, deren Besitzer John Dunbar und Sheriff John Behan waren. Doc entdeckte Ikes Bruder Billy zuerst. Billy war einen vollen Kopf größer als jeder seiner Gefährten und so breit wie Virgil Earp, aber bulliger in Brust und Schultern. Er führte einen Braunen mit weißem Kopf. Billy war als einziger der Gruppe glattrasiert. Frank McLaury, ein kleiner Mann mit forschendem, stolzierendem Gang, hielt einen Rotschimmel an der Gebißkette. Billy Claiborne, der Mann mit dem langen Kinn, stocherte mit einem Holzsplitter zwischen den Zähnen. Billy, Frank und dessen Bruder Tom die folgten, trugen Schnurrbärte, und Ike Clanton an der Spitze hatte einen roten Kinnbart, der braune Streifen von Tabaksaft aufwies.

Doc sah ein Stück von einem weißen Verband unter Ikes Hut und lachte laut. Billy Clanton wandte den Kopf und starrte zornig zu den Männern, die vor Hafford's versammelt waren. Dann begleitete er die anderen über die Allen Street in Ed Bensons und John Montgomerys O.K. Corral. Ein Revolverholster schwang an seiner rechten Hüfte. Alle Männer außer Tom McLaury waren mit Mänteln bekleidet; Tom trug eine Weste über einem dunkelblauen Hemd. Winchesterkolben ragten über den Sätteln beider Pferde auf.

»Vielleicht hauen sie ab«, sagte Virgil.

Morgan stieß einen Grunzlaut aus.

Wyatt sagte: »Da kommt das Gesetz vom Cochise County.«

Johnny Behan blieb vor dem Alhambra stehen, tippte an den Hut und sagte etwas zu einer der Frauen des Bird Cage Theatre, die durch die Schwingtür kam, bevor er den Weg zu den Earps fortsetzte. Behan sah adrett aus und wirkte mit einem schmalkrempigen Sombrero, dem leichten Mantel und der dunklen Hose größer, als er war. Seine Stiefel mit gemusterten Spitzen glänzten poliert. Der schmale Oberlippenbart war frisch gestutzt, und als Behan sich näherte, nahm Doc den Duft von Lavendelwasser und Pomade wahr.

»Marshal, bei Barron's sagt man, daß Sie diese Jungs zu einem Kampf anstacheln wollen«, sagte Behan. Doc bemerkte, daß er zu Virgil aufschaute und seine lebhaften braunen Augen den Ausdruck hatten, bei dem Nonnen und Jungfrauen schwach wurden.

Virgil sagte: »Diese Jungs haben das Gerede vom Kampf angefangen. Warum kommen Sie nicht mit uns und entwaffnen sie? Sie sind gerade in Bensons Corral gegangen.«

Behan blickte in diese Richtung, betastete eines der Enden seines Schnurrbarts, um sich zu vergewissern, daß es nicht auf dem Holzboden in Barrons Barbierladen und Bad geblieben war, und schaute über die Allen Street in Richtung Occidental Hotel. Er war stolz auf sein römisches Profil. »Das würde ich nicht tun. Wenn sie einen von euch Earps sehen, werden sie bestimmt kämpfen.«

Doc sagte: »Wenn Sie möchten, geben wir Ihnen Deckung, während Sie heimlaufen und die Unterhose wechseln.«

Virgil sagte hastig: »Ich habe vor, sie zu entwaffnen, mit oder ohne Ihre Hilfe. Wenn es zu einem Kampf kommt, dann werden sie damit anfangen.«

»Mit mir werden sie nicht kämpfen«, sagte Behan und starrte finster Doc an, in dessen Blick der grauen Augen kein Humor war. »Ich werde allein dorthin gehen und sehen, ob ich sie entwaffnen kann.«

Virgil strich sich mit der freien Hand über die Kehle. »Ich will nur, daß sie ihre Waffen ablegen, solange sie in der Stadt sind.«

Der Sheriff nickte. Während der Unterhaltung hatten er und Wyatt nicht einmal einen Blick getauscht.

Doc und Morgan standen an der Kreuzung Fourth und Allen Street. Behan ging um sie herum und verharrte vor einem bärtigen Mann mit dem von grauem Lehm verkrusteten Overall eines Minenarbeiters, der vom Corral her die Allen Street heraufgekommen war. Sie sprachen kurz miteinander, und dann ging Behan die Fourth Street hinauf auf die Fremont Street zu. Der bärtige Mann stieg auf den Gehsteig und wandte sich an Virgil, der in Haffords Hauseingang lehnte und die Schrotflinte mit den Mündungen auf dem Boden aufstützte.

»Marshal, diese Männer wollen Ärger machen. Sie sind alle dort unten auf der Fremont Street, alle bewaffnet, und ich finde, Sie sollten hingehen und ihnen die Waffen abnehmen.« Sein britischer Akzent war stark.

»Was soll man von diesem Arsch aus Cornwall halten?« sagte Wyatt.

»*Wer* ist dort?« fragte Virgil.

»Tom und Frank McLaury und zwei der Clantons. Dieser Billy the Kid war ebenfalls da und noch ein Mann, den ich nicht kenne. Er ist blau wie ein Veilchen.«

»Ringo?«

»Nein, ich kenne Ringo, der war's nicht.«

»Wes Fuller, wette ich«, sagte Wyatt.

»Alle bewaffnet, sagst du?« drängte Virgil.

»Billy Clanton und Frank McLaury. Über den Rest kann ich nichts sagen.«

Morgan war nahe an den Gehsteig herangetreten. »Sie haben Pferde. Sollten wir uns nicht auch Gäule holen, falls sie ein Rückzugsgefecht machen wollen?«

»Nein«, sagte Wyatt, »wenn sie zu Pferd abhauen wollen, können wir ihre Gäule erschießen.«

Der Minenarbeiter ging auf dem Weg zurück, auf dem er gekommen war. Virgil reckte sich, daß seine Gelenke knackten, und trat mit der Schrotflinte in der Hand aus dem Hauseingang hervor. »Wir sollten gehen und die Sache hinter uns bringen.«

Virgil und Wyatt traten auf die Straße und gingen über die Fourth auf die Fremont Street zu. Doc hielt sich neben Morgan. Wyatt blieb stehen und wandte sich um. Der Wind zerrte an seiner Weste, und der Stern mit den eingeprägten Worten ›Special Police‹ war zu sehen.

»Doc, dies ist unser Kampf. Es ist nicht nötig, daß du dich einmischst.«

»Das ist ein verdammt blödes Gerede von dir.«

Sie starrten sich an. Virgil räusperte sich und hielt Doc die Schrotflinte hin. Es war eine unverkürzte Stevens Kaliber .10 mit einem Messingrahmen. »Gib mir den Stock und versteck diesen Knaller unter deinem Mantel. Laß sie die Flinte erst sehen, wenn wir bis auf Schußweite heran sind.«

Doc zog den linken Arm aus dem Ärmel seines knöchellangen Mantels, reichte Virgil den Spazierstock und nahm dafür die Schrotflinte entgegen. Er klemmte sich den Kolben der Flinte unter den Arm, so daß die Mündungen zu Boden wiesen, und zog den Mantel darüber. Die kleine Prozession setzte den Weg in Zweierreihe fort.

Die Fremont Street, in der sich das Büro des *Epitaph* und das Gerichtsgebäude des Cochise County befanden, war viel stiller als die von Saloons gesäumte Allen Street und zu dieser Zeit fast verlassen. Der Wind zupfte an Büscheln von Büffelgras in der Straßenmitte. An der Ecke wandte sich der Trupp nach Westen. »Da kommen sie«, sagte jemand, und Doc bemerkte eine Menschentraube, die aus dem Eingang von Bauers Fleischerladen heraus beobachtete. Doc spitzte die Lippen und pfiff ein Lied, das er in Fort Griffin gehört hatte.

»Der Hurensohn pißt Eiszapfen ...«

Als sie sich Bauers Fleischerladen näherten, gingen sie zu viert nebeneinander mit jeweils drei Schritten Abstand von Mann zu Mann. Morgan und Virgil gingen außen, während Doc sich rechts von Wyatt hielt. Windböen zerrten an Docs Mantel und enthüllten kurz und lockend die Schrotflinte wie ein Varietémädchen den weißen Schenkel.

»Versuchen wir, diese Dummköpfe zu entwaffnen«, sagte Virgil.

Morgan fing Docs Blick auf. »Erledigen wir sie.«

»In Ordnung.«

Sie gelangten in Sichtweite der fünf Meter breiten Gasse zwischen Flys Pension und einem Privathaus, das einem W. A. Harwood gehörte. Dort stand eine Gruppe von Männern, von denen zwei Pferde hielten, knapp dreißig Meter westlich des O.K. Corral. Doc entdeckte John Behans Sombrero gerade in dem Augenblick, in dem sich der Sheriff von den anderen trennte und die Fremont Street heraufkam, wobei er beschwichtigend die Hände hob.

»Earp, gehen Sie um Gottes willen nicht dort runter«, sagte er zu Virgil. »Ihr werdet alle ermordet.«

»Ich habe vor, sie zu entwaffnen, Johnny.« Virgil ging an Behan vorbei, und die anderen begleiteten ihn.

»Ich habe sie alle entwaffnet.«

Virgil hatte seinen großen Army Colt auf der rechten Seite in den Hosenbund geschoben und hielt Docs Spazierstock in der linken Hand. Jetzt wechselte er den Revolver an seine linke Hüfte und nahm den Stock in die rechte Hand. Das tat er, ohne den Schritt zu verlangsamen.

Die Gruppe, die auf der unbebauten Parzelle versammelt war, hatte sich zurückgezogen und war von der Straße aus nicht mehr zu sehen. Die Earps und Doc betraten langsam das Grundstück und schlossen die Reihen. Aus dem Augenwinkel heraus erhaschte Doc einen Blick auf Wesley Fuller. Der hagere große Mann im Mantel schlängelte sich in die Passage zwischen Flys Pension und dem Fotoatelier dahinter. Die Tür des Ateliers fiel zu.

Die Earps und Doc sahen Frank McLaury und Ike Clanton am Rand einer dicht gedrängten Gruppe mit Billy Clanton und Tom McLaury in der Mitte und der weiß getünchten Wand des Harwood-Hauses hinter dem Rücken. Billy stand vor seinem Braunen mit dem weißen Kopf und hatte die Hand auf dem Frontier Colt an der Hüfte. Frank McLaury war genauso bewaffnet, hielt die Hand auf dem Hirschhorngriff der Waffe, und sein Bruder Tom stand ein wenig hinter Franks Rotschimmel und hielt eine Hand auf dem Winchesterkolben, der über dem Sattel zu sehen war. Ikes Hände hingen leer herab. Abseits von der Gruppe, nahe beim Fotoatelier, stand der freche, junge Billy Claiborne lässig da und hatte die Daumen hinter seinen Patronengurt gehakt.

Auf der Fourth und Allen Street hatte Doc seinen vernickelten Colt's Lightning aus dem Holster genommen und in seine rechte Manteltasche gesteckt. Jetzt lag die Waffe in der Hand. Mit der Linken hielt er immer noch die Schrotflinte unter dem grauen Mantel. Doc nahm den süßlichen, warmen Gestank von frischem Mist aus dem Corral wahr.

Wyatts Knöchel traten gelb um den Zederngriff seines großen American hervor. Wyatt sagte: »Ihr Hurensöhne wart scharf auf einen Kampf.«

Billy Claiborne zog die Daumen hinter dem Revolvergurt hervor und versuchte zum Fotoatelier zu entkommen. Sheriff Behan, der um die andere Seite der Pension herumgegangen war, hielt die Tür für ihn auf.

Virgil hob Docs Spazierstock mit der rechten Hand hoch und sah wie ein gewaltiger Schäfer in Stadtkleidung aus. »Hände hoch!«

Doc und Morgan spannten ihre Revolver, und das zweifache Knacken klang laut in der Stille.

»Moment, ich will das nicht!« sagte Virgil und schob die freie Hand hinter sich. Gleichzeitig schlug Tom McLaury seinen Mantel auf und sagte: »Ich bin unbewaffnet!« Beide Ausrufe gingen im Krachen von zwei Revolvern unter, die fast gleichzeitig abgefeuert wurden. Frank McLaury schwankte und preßte eine Hand auf den Bauch. Blut quoll dunkel zwischen seinen Fingern hervor. Seine Waffe entfiel ihm aus der anderen Hand. Billy Clanton krümmte sich mit einem Loch in der Brust und warf die Hand mit dem Revolver hoch, drehte sich und klammerte sich am Fensterrahmen von Harwoods Haus fest. Langsam rutschte er ab. Sein Pferd scheute, drehte sich, keilte aus und ging zur Straße hin durch.

Frank McLaurys Pferd bockte, wieherte und verdrehte die Augen. Tom wollte das Tier als Deckung benutzen. Er sprang darauf zu, um die Gebißkette zu packen, griff jedoch ins Leere. Ike flüchtete vor den auskeilenden Hufen und sprang genau auf Wyatt zu. Er stolperte, fing sich und packte Wyatts linken Arm mit beiden Händen in dem Versuch, ihn herumzureißen. Sein Atem roch nach Whisky.

Wyatt schleuderte ihn zurück. »Der Kampf hat angefangen. Kämpfe oder hau ab.«

Behan winkte von der Tür des Fotoateliers. Ike wirbelte herum, getrieben vom Schwung nach Wyatts Stoß, und sprintete durch die Tür. Doc gab zwei schnelle Schüsse auf Ikes Absätze ab, und das Blei wirbelte Dreck auf und fetzte Splitter aus der Türschwelle.

»Warum hast du den Hurensohn nicht umgelegt?« rief Doc.

»Der würde kein Eisen ziehen.«

Virgil hatte den Spazierstock wieder in die andere Hand gewechselt und seinen Army gezogen, als die Schießerei begonnen hatte. Er feuerte auf Billy Clanton, der bereits mit der Wunde in der Brust schwankte, und zerschmetterte ihm das rechte Handgelenk. Im Fallen drehte sich Billy und schoß wild um sich, ohne etwas zu treffen.

Es entstand eine Feuerpause.

Dann krachten Schüsse vom Fotoatelier her. Wyatt und Doc erwiderten das Feuer durch den Pulverrauch. Morgan drehte sich um die Achse und fiel. »Mich hat's erwischt!«

»Komm hinter mich und sei ruhig«, sagte Wyatt.

Die Gasse war von dichtem, grauem Rauch erfüllt, als hinge schmutzige Watte in einer Flaute zwischen Windstößen in der Luft. Doc wich auf die Straße hinaus. Seine Augen brannten. In der Passage bockte der wiehernde Rotschimmel im Pulverrauchschleier und verdeckte vorübergehend die Sicht auf Frank McLaury, der die Winchester aus dem Sattelholster reißen wollte, doch dadurch hatte Franks Bruder Tom keine Deckung mehr. Sein Kopf ruckte nach rechts und links, und er suchte nach einem Ausweg wie ein Hirsch, der von seinen Jägern in die Enge getrieben ist. Dann hetzte er zur Straße.

Doc schob seinen Revolver ins Holster, hielt die Schrotflinte im Hüftanschlag, zog die Hähne zurück und drückte beide Abzüge ab.

Es donnerte aus den Mündungen. Tom rutschte aus, fing sich und stürmte geduckt an Doc vorbei.

»Scheiße«, sagte Doc und schleuderte die Schrotflinte weg, um erneut seinen Colt's Lightning zu ziehen. Doch da war Tom bereits um die Ecke von Harwoods Haus gesprungen und außer Sicht.

Billy Clanton saß mit gekreuzten Beinen auf dem Boden und lehnte mit dem Rücken an der Hauswand. Er legte seinen Revolver auf dem gebrochenen rechten Arm auf und versuchte die Waffe ruhig zu halten. Sein Hemd war blutgetränkt. Eine Kugel traf Virgil in die Wade, und er ging zu Boden und ließ dabei Docs Spazierstock fallen. Virgil rollte sich auf den linken Ellenbogen, stützte seine Army auf dem rechten Knie auf und schoß Billy in den Unterleib.

Der Rest des Kampfes hatte sich auf die Straße verlagert. Frank McLaury war von seinem Pferd aus der Gasse geschleift worden. Mit einer Hand hielt er sich am Sattel fest, und mit der anderen umklammerte er verzweifelt den Karabiner im Scabbard. Wyatt feuerte auf McLaury, verfehlte ihn jedoch, und die Kugel riß eine Furche in die Hinterhand des Pferdes. Das Tier wieherte schrill, warf den Kopf hoch und jagte auf die Fifth Street zu, wobei es sich von Frank losriß. Frank landete stolpernd, fing sich und rannte auf die andere Seite der Fremont. Er stieß einen Rebellenschrei aus und feuerte über seinen linken Arm auf Morgan Earp, der sich aufgerappelt hatte und aus einer Kugelwunde an der rechten Schulter blutete. Morgan erwiderte das

Feuer. Doc wirbelte auf Tom McLaurys Fluchtweg herum und sah sich dem keuchenden, wild dreinblickenden Frank gegenüber, der vom Gurt bis zu den Stiefeln mit Blut bedeckt war.

»Diesmal erledige ich dich!« stieß Frank schluchzend hervor.

»Dann bist du ein guter Mann.« Doc drehte sich zur Seite in Zielposition und stieß den rechten Arm mit dem Colt's Lightning in der Hand in Schulterhöhe vor, als Franks Revolver krachte. Etwas schlug gegen Docs rechte Hüfte wie ein Hieb mit einem Weidenstock. Doc zuckte zusammen und feuerte. Morgan Earps Revolver krachte im selben Augenblick. Eine Kugel schlug unterhalb von Franks linkem Ohr in den Hals, eine weitere trieb noch mehr Blut aus seinem Bauch, und Frank setzte sich auf die Straße und beschmutzte sich.

Billy Clanton schluchzte jetzt ebenfalls. Er versuchte seinen Colt wieder zu spannen, rutschte jedoch mit dem Daumen vom Hammer ab. In diesem Augenblick tauchte Camilius Flys drahtige Gestalt mit gestreiften Hemdsärmeln und schwarzer Weste aus der Passage zwischen seinen beiden Gebäuden auf. Fly griff hinab, packte den Revolver und riß ihn aus Billys blutiger Hand.

»Gib mir noch ein paar Patronen«, sagte Billy.

Plötzlich herrschte Stille. Dann strömte die Menge aus Bauers Hauseingang auf die Straße, redete aufgeregt durcheinander und mischte sich mit anderen Leuten, welche die Fourth und Third heraufkamen. Tom McLaury war an der Ecke Third zusammengebrochen, und obwohl das meiste seiner Körpermitte fehlte, zappelte er noch. Wyatt neigte sich immer noch mit schußbereitem Revolver über den fluchenden Virgil, und eine Reihe von Zuschauern halfen Morgan und stützten ihn, weil ihm die Beine den Dienst versagten. Neuankömmlinge nahmen jeweils zu zweit Tom McLaury und Billy Clanton auf die Arme und trugen sie schlurfend zum Haus an der Ecke Third Street. Der Wind blähte ihre Mäntel, und weiße Hemden und rote Hosenträger waren zwischen Westen und Hosen zu sehen.

»Mörder!« schrie Billy und bäumte sich im Griff seiner Helfer auf. »Die verdammten Earps haben uns ermordet!«

Verspätet schob Doc seinen Colt's Lightning ins Leder, zog seinen Mantel auseinander und streifte die Hose ein Stück hinunter, um seine Hüfte zu inspizieren, wo Frank McLaurys Kugel eine Furche durch die Unterhose gezogen hatte, nachdem das Blei ein Stück von seinem Holster mitgenommen hatte. Die Schramme brannte wie der Whisky an einem rauhen, kalten Morgen in der Kehle.

John Behan kam aus dem Fotoatelier. Er wirkte jetzt klein unter der Krempe des Sombreros. Als er sich Wyatt näherte, erinnerten Behans Augen an Zigarettenlöcher in grauem Matratzendrell.

»Earp, ich verhafte Sie wegen Mordes.«

## 2

Alvira Sullivan, die in Tombstone Allie Earp genannt wurde, obwohl keine Heiratsurkunde existiert, die eine Eheschließung mit Virgil Earp bestätigt, lief aus dem Haus an der Ecke First Street, in dem sie mit ihm wohnte, die Fremont Street hinauf zum Schauplatz der Schießerei. Alvira war eine kleine, unscheinbare Frau mit kurzgelocktem, kastanienfarbenem Haar, die mit einem Sonnenschirm und dem alten Kleid, das sie mit beiden Händen gerafft hatte, weitaus älter wirkte, als sie mit 34 war. Als die ersten Schüsse gefallen waren, hatte sie einen Flicken auf die Segeltuchjacke eines Minenarbeiters genäht, und der Fingerling, den sie aus einem von Virgils alten Tabaksbeuteln angefertigt hatte, war noch an ihrer Hand. Staubwölkchen stiegen um ihre Füße auf und wurden in Fetzen vom Wind davongetragen.

Lange bevor sie beim Schauplatz eintraf, war das Echo des letzten Schusses in den Huachucas im Südwesten verhallt. Stimmengewirr folgte.

Der Block zwischen Third und Fourth Street war verstopft mit Leuten. Der Wind war warm, und die Nachmittagssonne schimmerte bronzefarben auf den Läufen von Schrotflinten. Allie zwängte sich in die Menge, drehte sich, um sich einen Weg zu bahnen und verlor für einen Augenblick die Orientierung zwischen den Gurtschnallen und den mit Overalls bekleideten Bäuchen der Männer, die nach Schweiß und Lehm stanken. Panik stieg in ihr auf.

Schließlich öffnete sich eine Lücke, und Allie eilte hinein, doch dann mußte sie zurückweichen, weil ein Junge mit Staub auf Mantel und Hose und etwas auf dem Hemd, das Allie auf den ersten Blick für roten Lehm hielt, durch die Gasse getragen wurde, wobei er etwas von Mord schrie und nach jemand rief, der ihm die Stiefel ausziehen sollte. Dunkle Flecken von der Größe von Pennys blieben auf dem Boden unter seinem Körper zurück.

Die Menge teilte sich jetzt in Abschnitte, jeweils eine Gasse für eine Leiche. Allie eilte zu der nächsten Gasse. Bevor sie dorthin gelangte, sah sie, daß der Mann, der fortgetragen wurde, tot war. Sein Kopf wankte bei jedem Schritt der Männer, die ihn trugen, das Haar hing ihm in die Stirn, Mund und Augen waren geöffnet. Der Hut rutschte Allie vom Kopf, als sie sich durch die Menge kämpfte, um einen besseren Blick auf das Gesicht des Toten zu bekommen. Männerhände packten sie hart an den Oberarmen und zogen sie zurück. Als sie sich in der Umklammerung drehte, sah sie eine silberne Uhrkette über einer braunen Weste mit Nadelstreifen. Sie bäumte sich in der

Umklammerung auf und verstauchte sich ein Handgelenk.

»Mein Gott, Mrs. Earp, gehen Sie fort! Es hat einen schrecklichen Kampf gegeben.«

Jetzt blickte sie in das lange Gesicht von Harry Jones, einem Anwalt. »Ich suche nach Virge«, sagte sie. »Bringen Sie mich zu ihm.«

»Er ist wohlauf, Mrs. Earp.«

Er zog sie jedoch am Arm durch die Menge zu Flys Pension. Allie schob den Hut wieder auf den Kopf.

Eine andere Menge hatte sich in der Gasse neben der Pension versammelt. Die Luft stank nach Pulverrauch. »Macht Plätz«, sagte Jones. »Dies ist Mrs. Earp.«

»Zurücktreten, Jungs«, brüllte ein großer Mann mit einer schmutzigen Schaffelljacke. »Laßt seine alte Mutter herein.«

Sie starrte den Mann zornig an, doch er hatte sich bereits abgewandt, um einen Weg für sie zu öffnen.

Sie kniete sich neben Virgil. Er saß auf dem Boden und lehnte mit dem Rücken an der Wand. Virgils Gesicht war rot, und er kaute an seinem Schnurrbart und fluchte. Dr. George Goodfellow, ein kleiner, rundlicher Mann mit Vollbart und hochgekrempelten Ärmeln, hatte Virgils Hosenbein aufgeschnitten und sondierte mit einer silbernen Pinzette ein blutiges Loch. Die Wade war weiß wie ein Fischbauch und unbehaart.

»Vergiß es, Doc«, sagte jemand. »Die Kugel ging sauber durch.«

Goodfellow hielt inne, drehte das Bein des Verletzten, um das Ausschußloch auf der anderen Seite zu untersuchen, wobei Virgil scharf einatmete, sagte »Hm« und steckte die Pinzette nach flüchtigem Abwischen in seine Ledertasche. Er träufelte Alkohol in beide Wunden, was eine neue Flut von Flüchen bei Virgil hervorrief, verband die Wunden, rollte den Verbandsstoff ein paarmal um das Bein und befestigte ihn mit einer großen Sicherheitsnadel. Während dieser Prozedur hielt Virgil Allies Hand fest umklammert.

»Virge, was ist passiert?«

»Morg verlor den Kopf.«

Allie war als Tochter von irischen Einwanderern in Nebraska aufgewachsen und hatte Virgil in Council Bluffs kennengelernt, wo sie Kellnerin und er Postkutschenfahrer gewesen war. Sie waren nicht verheiratet im religiösen oder gesetzlichen Sinn, doch verhielten sie sich, als wären sie es, was nicht ungewöhnlich auf den Great Plains war, wo die Geistlichen rar waren. Allie übernahm Näharbeiten, las das Schicksal aus den Karten, und obwohl sie allen Earp-Brüdern mißtraute außer Virgil, den sie mit der beträchtlichen Energie einer Irin liebte, die in Nebraska aufgewachsen war, reiste sie seit sieben Jahren mit dem Clan und versuchte all die Zeit, Virgil zu überreden, sich von seinen Brüdern zu trennen. Als sie seinen jüngeren Bruder Wyatt kennengelernt hatte, war er Diakon der Union Church in Dodge City und Polizeibeamter gewesen, und sie wußte, daß er beide Positionen benutzt hatte, um das Bordell abzusichern, das er dort mit James, dem ältesten der fünf Brüder, betrieb. Sie mochte Morgan, den dritten der Brüder, ohne ihm jedoch zu vertrauen, und sie dachte selten an den Jüngsten, Warren, der jetzt durch das Territorium zog und sich mit Glücksspiel über Wasser hielt. Arbeit am Tage war ein Greuel für die nächtlich aktiven Earps, besonders für Wyatt, dem sie die Schuld und Verantwortung für die meisten der Missetaten des Clans gab und den sie wegen der Art verachtete, wie er seine Frau Mattie behandelte.

Jemand hatte eine Mietdroschke besorgt. Virgil preßte fast das Blut aus Allies Hand, als Goodfellow und Jones ihm auf den Vordersitz halfen. Sie stieg hinten ein, wobei ihr Jones behilflich war, und der Arzt ging zurück, um eine ähnliche Prozedur bei einem anderen Wagen einen halben Block straßenabwärts zu beaufsichtigen. Allie erhaschte einen Blick auf einen großen Mann, der einen kurzen Plaidmantel wie Virgil trug und sich auf John Clum und Colonel William Herring stützte. Dann kletterte Jones auf den Sitz neben Virgil, nahm die Zügel und trieb das Gespann an. Mit einem Ruck, dem ein »Hurensohn!« von Virgil folgte, setzte sich der Wagen in Bewegung, und Allie konnte den verletzten Mann beim zweiten Wagen nicht mehr sehen.

Sie hoffte, daß es Wyatt war.

Dr. Harry M. Matthews, der Coroner des Cochise County, hatte graues, schütteres Haar. Seine Schultern und der Rücken waren gebeugt von den vielen Stunden, in denen er sich über Leichen neigte, die von Kugeln durchlöchert und ausgeraubt in Seitengassen der Allen Street lagen; aufgeschlitzte Leichen, die nach Veilchen und dem erbrochenen Mageninhalt rochen und in Bumslokalen an der Toughnut Street den Boden verschmutzten; Leichen, die verstümmelt und mit dem Kopf nach unten außerhalb von Geronimos Stützpunkt in den Dragoons mit Rohhautstricken an Palo Verdes gebunden waren. Dr. Matthews hatte dicke Unterarme, deren Behaarung abgeschrubbt war, und ein nervöses Gesichtszucken, bei dem er von Zeit zu Zeit den Kopf drehte und zwinkerte, als hätte jemand soeben einen schmutzigen Witz erzählt. Matthews war noch nicht ganz fünfzig.

Mit der Unterstützung eines irischen Zimmermanns, der geholfen hatte, die Leichen ins Haus zu tragen, entkleidete er Tom und Frank McLaury, zog ihnen Wildlederhosen, die steif von Blut waren, und die Unterhosen aus und wusch mit einem alkoholgetränkten Lappen geronnenes Blut von bläulich geränderten Löchern. Dann pulte er mit den Fingern darin und suchte die Bleikugeln, die sie verursacht hatten. Tom

McLaurys Hose klatschte dumpf auf den Boden, und der Zimmermann zog eine flache, lederne Brieftasche aus der rechten Gesäßtasche. Er entnahm der Brieftasche 2923 Dollars in feuchten Banknoten und legte das Geld auf einen Tisch, auf dem eine elfenbeinfarbene Spitzendecke lag und eine Lampe aus Messing stand. Billy Clanton lag, betäubt von einer Morphiumspritze, auf dem Teppich und hatte ein besticktes Kissen unter dem Kopf. Billys Hemd stand offen, ein gefaltetes Handtuch lag auf seinem Oberkörper und färbte sich dunkel, und seine Lippen formten das Wort ›Mord‹. Seine Augen hatten einen glasigen Glanz angenommen.

Robert Finley McLaury – Frank – war von zwei Kugeln in den Unterleib und von einer in den Kopf getroffen worden. Die erste Kugel hatte den Dünndarm durchschlagen und sich in die Lendenmuskeln gebohrt. Die zweite Kugel war von der linken neunten Rippe abgeprallt, und sechs Bruchstücke hatten Magen, Dickdarm und Dünndarm perforiert und die Bauchspeicheldrüse gestreift. Die Kugel im Gehirn war einen halben Zoll unter dem linken Ohr zwischen Schläfen- und Oberkieferknochen in den Schädel eingetreten, hatte beide Gehirnhälften durchschlagen und war in den Epithelzellen unter der Schädeldecke an der rechten Seite steckengeblieben. Der Tod durch die erste Verletzung war möglich angesichts des Blutverlusts durch die innere Blutung und der Gefahr einer Bauchfellentzündung durch die Verunreinigung des Blutstroms durch den Kot; der Tod war mit Sicherheit durch die zweite Verletzung eingetreten, wegen der Schwere des Traumas und dem Mangel an hochentwickelter medizinischer Ausrüstung im Jahre 1881 und so weit von Chicago entfernt; die dritte Verletzung war sofort tödlich.

Thomas Clark McLaury war von zwölf Schrotkugeln aus nächster Nähe in die rechte Seite getroffen worden.

Die Schrotkugeln hatten den Oberarmknochen des rechten Arms zerschmettert, beide Lungenflügel und die Leber durchschlagen, die Gallenblase, Magen, Dickdarm und Dünndarm zerfetzt, das Becken gebrochen und waren in den Muskeln des rechten Oberschenkels steckengeblieben. All seine Verletzungen des Abdomen und unteren Thorax waren tödlich.

»Treib die Menge zurück!« sagte Billy mit erhobener Stimme. »Oh, jag sie zurück!«

An den Fenstern waren verschwommene Gesichter zu sehen. Billy versuchte sich aufzusetzen, dann sackte er zusammen, als gerade der Zimmermann vortrat und die schwieligen Hände ausstreckte, um ihn zurückzuhalten. Billy hustete. Blut lief über seine Lippen, und sein Kopf sank zur Seite. Seine Brust hob und senkte sich noch einmal und bewegte sich dann nicht mehr.

William Clantons rechtes Handgelenk war durchschossen worden. Die Kugel war zwei Zoll hinter dem Mittelhandknochen schräg eingetreten, hatte die Speiche verfehlt, jedoch die Elle geteilt, als sie fünf Zoll weiter an der Außenseite des Arms ausgetreten war. Eine andere Kugel hatte zwei Zoll links und leicht unterhalb der linken Brustwarze den Brustmuskel durchschlagen, das Herz verfehlt, jedoch den Herzbeutel zerfetzt, den linken Lungenflügel durchbohrt und sich am Schulterblatt auf dieser Seite plattgeschlagen. Die dritte Kugel war unter der zwölften Rippe auf der rechten Seite eingetreten, hatte die Arterie beschädigt, Dünn- und Dickdarm durchschlagen und war an der Wirbelsäule steckengeblieben. Beide letztere Verletzungen waren tödlich.

Nachdem er die Voruntersuchung beendet hatte, wusch sich Matthews die Hände in einer Schüssel mit lauwarmem Wasser, die zu diesem Zweck bereitstand, trocknete die Hände ab und zog zwei Zigarren aus der Innentasche seines Jacketts, das er auf einen Stuhl gehängt hatte. Er reichte eine Zigarre dem Zimmermann, rieb ein Schwefelholz an, gab ihm Feuer und rauchte seine Zigarre ebenfalls an. Obwohl er die Hände gewaschen hatte, rochen sie nach Alkohol. Der Tabakrauch schwächte den Gestank von Blut und Exkrementen ein wenig ab.

»Soll ich den Leichenbestatter holen?« fragte der Zimmermann eifrig.

»Ritters Ohren sind besser als Ihre und meine, wenn es zu einer Schießerei kommt.« Matthews drehte die Zigarre zwischen den Lippen und feuchtete das Ende mit der Zunge an. »Sie können gehen. Und vielen Dank.«

Der Zimmermann verabschiedete sich und machte sich dankbar davon. Als der Coroner allein war, betrachtete er den Colt's Frontier, den er vom Boden neben Frank McLaurys Leiche aufgehoben hatte, und legte ihn auf den Tisch neben die Banknoten. Er war ein Sammler und trug zu seinem eigenen Schutz einen Schofield Revolver in seiner Instrumententasche. Der Colt's Frontier war blauschwarz mit einem Hirschhorngriff, ein Zwilling des populären Peacemaker, aber mit Kammern für die 44-40er Patrone, die für das Modell 1873 von Winchester Rifle und Karabiner benutzt wurde. Der Mechanismus gefiel dem Mediziner. Wenn der Hammer zurückgezogen wurde, drehte sich die Trommel zur nächsten Kammer, und wenn der Abzug betätigt wurde, schlug der Hammer auf die Patrone, zündete das Pulver, und die Kugel schoß mit der Geschwindigkeit von ungefähr 800 Fuß pro Sekunde aus dem Lauf. Wirklich eine einfache Maschine. Im Gesicht des Docs zuckte es, und er blinzelte.

Es war nicht Wyatt, sondern Morgan, der zu Allie gebracht wurde. Man hatte Morgan das Hemd ausgezogen und ihm den Mantel über die Schultern gehängt. Beide Wunden – die Einschußwunde, und die, aus der Godfellow die Kugel herausgeschnitten hatte, waren verbunden, und der Doc hatte Verbandmull um Morgans Brust und um seine linke Schulter gewickelt. Morgans Helfer hinterließen eine Dreckspur auf dem Boden, als sie den Verletzten durch Allies Tür trugen und ihn auf das Bett neben seinen Bruder legten. Virgil lag auf dem Bauch und ächzte.

Virgil blickte zu Goodfellow auf, der den anderen ins Haus gefolgt war.

»Er hat etwas Blut verloren«, sagte der Arzt. »Ich werde jeden Tag nach ihm schauen.« An Allie gewandt: »Wechseln Sie die Verbände zweimal täglich und schicken Sie jemand zu mir, wenn einer der beiden Patienten Fieber bekommt. Das würde eine Infektion bedeuten.«

Goodfellow reichte Allie eine braune Flasche mit Laudanum, gab ihr Anweisungen für die Anwendung und verließ das Haus. John Clum und Colonel Herring blieben. Clum, der schlanke, junge Bürgermeister von Tombstone und Gründer und Verleger des *Daily Epitaph*, stand mit dem Hut in den Händen und hängenden Schultern da. Seine Sonnenbräune endete kurz vor dem Ansatz des dunklen Haarkranzes. Mit dem herabhängenden Schnauzbart und der Glatze wirkte er zehn Jahre älter, als er war. Der riesige schnurrbärtige Anwalt neben ihm ähnelte ein wenig einem aufrecht stehenden Walroß mit anthrazitfarbenem Anzug und Eckenkragen. Schnupftabak haftete an seinem Walroßschnurrbart und hing in den Falten seiner Weste. Beide Männer waren mit Revolvern bewaffnet, die hinter ihren Gürteln steckten, und Herring hielt eine Schrotflinte in der Armbeuge, was ein klarer Verstoß gegen die Verordnung war, nach der das Tragen von Waffen in der Stadt verboten war.

Virgil sagte: »John, können wir uns darauf verlassen, daß das Sicherheitskomitee der Bürger das Haus bewacht und dafür sorgt, daß wir nicht im Schlaf ermordet werden?«

»Wir werden draußen Posten aufstellen, die sich turnusmäßig abwechseln«, sagte John Clum. »Aber ich denke, Sie haben Ike jetzt die Lust am Kämpfen genommen.«

»Wegen Ike mache ich mir keine Sorgen.«

»Selbst ein Mob nimmt sich in acht, wenn er bewaffnete Posten sieht«, sagte Herring.

Clum war ernst. »Es wird eine Gerichtsverhandlung zur Feststellung der Todesursache stattfinden. Wyatt wird nicht von Behan verhaftet, aber es werden Haftbefehle ausgestellt. Ich werde die Sache im *Epitap*h in ein so gutes Licht rücken, wie ich kann.«

»Ich würde mich besser fühlen, wenn Sie die Auflage vom *Nugget* hätten.«

»Es wäre einfacher, wenn Sie Doc Holliday nicht zum Deputy gemacht hätten«, sagte Clum.

»Doc ist wie ein Hündchen. Wo Wyatt hingeht, folgt er ihm.«

»Ich nehme an, Wyatt wird Tom Fitch als Anwalt beauftragen«, sagte Herring. »Fitch ist ein guter Mann für solche Fälle.«

»Es ist eine verdammte Schweinerei, wenn ein Gesetzesmann nicht seine beschworene Pflicht erfüllen kann, ohne deshalb verhaftet zu werden.«

Clum sagte: »Beschworene Pflicht hat nichts mit dieser Sache zu tun.«

»Vergeßt nicht den Wachtposten«, mahnte Virgil.

Die beiden Männer nickten Allie zu und gingen steif hinaus. Die langen Läufe ihrer Waffen stießen gegen ihre Schenkel. Sie schlossen die Tür, während eine Windbö um das Haus fegte.

»Allie, gib mir etwas Laudanum.« Morgans Stimme wurde vom Kissen gedämpft.

»Leide nur«, sagte Virgil. »Ich habe auf dem Weg klar und deutlich gesagt, daß ich keine Schießerei will. Wyatt und ich haben hier Geschäftsbeteiligungen, auf die wir achtgeben müssen. Wir sind nicht scharf darauf, unser Leben lang Shotgun Messengers zu sein.«

»Nun, dann hättest du einen guten Blick auf sie vom Hügel aus.« Der nächste Hügel von Bedeutung war der Friedhof von Tombstone. Allie verhinderte, daß Morgan irgend etwas hinzufügte, indem sie ihm den gefüllten Löffel in den Mund schob. Eine Fliege ließ sich auf Morgans Verband nieder, und Allie wischte sie mit der freien Hand fort.

»Sie wollten niemals einen Kampf in dieser Sackgasse. Wir hätten sie überrumpeln können.«

Morgan schluckte und verzog das Gesicht. »Du hättest auch losziehen können, um Crazy Horse am Little Big Horn zu überrumpeln.«

Allie verkorkte die braune Flasche und warf einen Blick zum Fenster, wo sie den Sombrero des Sheriffs sah. »Johnny Behan kommt, um zu sehen, wie es euch geht«, sagte sie.

Virgil fluchte. »Gib mir die Knarre.« Er streckte die Hand nach seiner Winchester aus, die in der Ecke lehnte.

»Ich sagte, es ist nur Johnny Behan.«

»Und ich sagte, gib mir die Knarre!«

Hastig holte Allie die Winchester und lehnte sie an das Bett. Dann nahm sie Morgans großen Revolver vom Tisch, wo ihn John Clum zurückgelassen hatte, und legte die Waffe in Morgans Reichweite auf den Stuhl neben dem Bett.

Die Tür erzitterte im Rahmen, als Behan anklopfte. Virgil wies Allie leise an, nicht zu antworten. Er hatte die Winchester auf seinen Schoß gezogen.

Behan klopfte von neuem. Sie warteten. Wind fegte um die Hausecke. Nach einer Weile entfernten sich die Schritte des Sheriffs auf der kleinen Veranda. Er ging am Fenster vorbei in Richtung Fremont Street, ohne ins Haus zu schauen.

»Stell die zusätzliche Matratze gegen das Fenster«, sagte Virgil.

Im Zimmer herrschte Halbdunkel, als die Matratze

das Fenster verdeckte. Allie zündete eine Lampe an, stand einen Augenblick lang unschlüssig herum, setzte sich dann hin und nahm den Deckel von der schwarzsilbernen Singer-Nähmaschine. Allie hatte darum gekämpft, daß die Earp-Brüder ihr die Nähmaschine aus Dodge City über den Santa Fe Trail gebracht hatten. Einen Moment saß sie reglos vor der Nähmaschine, und dann trat sie das Pedal. Sie stellte fest, daß sie immer noch den Fingerling trug, und nahm ihn ab. Beim Rasseln und Surren der Maschine dösten Virgil und Morgan ein. Von Zeit zu Zeit wachte der eine oder andere vom Schnarchen des Bruders und von gemurmelten Flüchen auf, wenn einer seine Position änderte, und neue Schmerzen durch die Wunden stachen. Dampfpfeifen gellten in den Ausläufern der Dragoons im Nordosten und im San Pedro Valley im Südwesten, ein Geräusch, das man seit dem großen Brand im Juni nicht mehr so früh am Tag gehört hatte; es bedeutete, daß die Minenarbeiter zu Hilfe gerufen wurden, um die Ordnung aufrechtzuerhalten. Dann und wann rief draußen einer von John Clums Vigilanten einem anderen etwas zu.

Bald gesellte sich Morgans Frau Louisa zu den dreien, eine dunkelhaarige, hübsche Frau Mitte Zwanzig, die wie Allie nach der Schießerei am Schauplatz gewesen war, von dort aus jedoch zu Mattie Blaylock gegangen war, die jetzt allein im Haus gegenüber war, das sie mit Wyatt bewohnte. Lou berührte leicht die Stirn des schlafenden Morgan und löste dann Allie an der Nähmaschine ab. Mit dem Geld, das sie mit Flicken und Nähen verdienten, besserten sie das Einkommen der Earps auf, das sie mit ihren Geschäftsbeteiligungen und am Spieltisch erzielten. Während der mageren Zeit nach Wyatts Entlassung als Hilfssheriff und bevor sich ihre Kapitalanlagen auszuzahlen begannen, waren sie alle auf den Verdienst durch die Näharbeiten angewiesen gewesen. Die Lampe brannte herab zu einem kupferfarbenen Glühen, und dann ächzten die Bretter der Veranda unter dem Gewicht eines Mannes. Virgil war sofort wach und spannte die Winchester.

»Al, ich bin's.«

Allie erkannte Wyatts Stimme und schob den Riegel an der Tür zurück. Wyatt trat ein, und ein Schwall Kälte des frühen Abends drang herein, bevor Wyatt die Tür schloß und verriegelte. Wyatt hatte immer noch den kurzen, schweren Wintermantel an, doch seine Weste war aufgeknöpft, und darunter klebte ihm das weiße Hemd schweißnaß auf der Haut.

»Was sagen sie?« Virgil entspannte langsam die Winchester.

»Johnny hat Haftbefehle für uns alle beantragt«, sagte Wyatt.

»Scheiße!«

»Er will, daß wir gelyncht werden«, meinte Morgan.

»Oder bei Widerstand erschossen werden«, fügte Wyatt hinzu.

Virgil sagte: »Nun, ich habe vor, Widerstand zu leisten.«

»Johnny *Behan?*« fragte Allie.

»Halte dich da raus«, fuhr Wyatt sie an. »Virge, das war nicht Fred Whites Geist, der uns von Flys Pension aus beschoß.«

»Johnny erkannte seine Chance und nutzte sie«, sagte Virgil.

»Oder Wes Fuller oder Billy the Kid. Was sich gleich bleibt, denn Johnny war dort und hätte es stoppen können.«

»Oder Billy Allen«, sagte Morgan. »Ich sah ihn in dem Fotoladen, als Claiborne seine Fracht hineinschleppte.«

»Wie geht es dir, Morgan?«

»Prima. Ich spielte mit dem Gedanken, die Löcher

offenzulassen, damit ich einen Platz habe, an dem ich meine Kragenknöpfe aufbewahren kann.«

Virgil sagte: »Mein Bein tut höllisch weh. Danke der Nachfrage.«

Wyatt lächelte zum erstenmal an diesem Tag. »Dieser Billy Clanton hat einigen Mumm, das muß man sagen.«

»Der Bastard.«

»Wie geht es Doc?« fragte Morgan.

»Der sitzt im Alhambra am Farotisch und pflegt ein verwundetes Revolverholster gesund. Docs Glück hält an, und ich möchte nicht an Johnnys Stelle sein und ihn festnehmen, während ihn der Teufel reitet.«

Morgan sagte: »Ich hoffe verdammt, daß Johnny es versucht. Das möchte ich mir ansehen.«

»Du wirst im Bett bleiben«, wandte Lou ein. Sie saß immer noch an der Nähmaschine und hielt ein Stück Baumwollstoff in den Händen.

Wyatt verharrte mit der Hand auf dem Türriegel und sah zum erstenmal seit seinem Eintreten Allie an. Seine rechte Wange war vom Pulverrauch verschmiert. »Laß keinen außer mir oder Jim oder Doc rein. Ich traue Clums Witzfiguren glatt zu, daß sie auf der Wache einpennen.«

»Und wenn Mattie kommt?« fragte Allie.

Wyatts eisblaue Augen trübten sich, und sie wußte, daß er erst jetzt an seine Frau dachte. »Mattie bleibt zu Hause wie immer.« Dann entriegelte er die Tür, öffnete sie und ging.

Morgan rief nach Allie.

Sie warf einen Blick zu Lou, verriegelte die Tür, nahm das Laudanum und den Löffel und ging zu Morgan. Als sie ihm die gelbliche Flüssigkeit anbot, schüttelte er jedoch verneinend den Kopf. Er musterte sie mit einem blauen Auge, während sein blondes Haar übers Gesicht hing und das andere Auge verdeckte.

»Wenn sie kommen, Allie, dann wirst du wissen,

daß sie Wyatt erwischt haben. Nimm dann meinen Sechsschüsser und erschieße mich und Virge, bevor sie uns holen. Uns wird man nicht aufknüpfen.«

Lou half Allie, die Tür und die übrigen Fenster mit Möbelstücken zu verbarrikadieren. Sie schliefen abwechselnd, und jeweils eine der Frauen hielt mit Morgans Revolver in der Hand Wache. An diesem Abend war an der Allen Street viel los, denn all die Minenarbeiter waren in der Stadt, und in den Saloons und an Straßenecken erlebten Augenzeugen noch einmal den Kampf für diejenigen, die später behaupten würden, Augenzeugen zu sein. Jedesmal, wenn Glas klirrte oder eine Tür in dieser Richtung knallte, zuckten die beiden Frauen zusammen.

## 3

»Nennen Sie bitte Ihren Namen, Ihren gegenwärtigen Wohnort und Ihre derzeitige Berufstätigkeit.«

»John Harris Behan. Ich wohne zur Zeit in der Stadt Tombstone, Cochise County, Arizona Territorium. Ich bin Sheriff des Cochise County und Teilhaber von Dexter Livery and Feed an der Allen Street.«

Dr. Harry M. Matthews zwinkerte mit seinem Tic. Der Coroner hatte den gemusterten Tweedanzug an, den er bei Beerdigungen und Gerichtsverhandlungen zur Feststellung der Todesursache trug, und mit gefalteten Händen auf der Richterbank des Gerichts an der Fremont Street wirkte er nicht so gebeugt wie sonst, wenn er stand. Der Zeuge, mit schwarzem Cut und Binder, saß mit den Händen auf den Knien da, und Sonnenschein, der durch das Fenster des Adobegebäudes hereinfiel, glänzte auf seiner vorspringenden Stirn. Sein Schnurrbart war leicht gewichst. Im Gerichtssaal roch es nach getrocknetem Schlamm, Sägemehl und dem Feuer von Mesquite, das im Ofen gegenüber dem goldgerahmten Porträt von Gouverneur Fremont brannte.

Jemand auf der Geschworenenbank hustete in der Stille, die der förmlichen Erklärung des Sheriffs gefolgt war. Die zehn Geschworenen, allesamt Geschäftsleute von Tombstone, waren mit dunklem Anzug, Weste und dezenter Krawatte bekleidet. Die Feder des Gerichtsschreibers kratzte über Kanzleipapier.

»Was haben Sie beobachtet, als Sie auf der unbebauten Parzelle neben Flys Fotoatelier auf die Clantons und McLaurys stießen?«

Behan befeuchtete seine Lippen, rieb sich die Handflächen an den Oberschenkeln und sprach zu dem Porträt von George Washington.

»Als ich dorthin ging, um sie zu entwaffnen, tastete ich Ike Clanton ab und stellte fest, daß er unbewaffnet war. Er zeigte mir, daß er keine Waffe am Körper trug. Ike Clanton sagte, sie seien im Begriff, die Stadt zu verlassen. Frank McLaury und Billy Clanton waren bewaffnet. Frank McLaury hielt sein Pferd am Zügel. Ich glaube, Billy Clanton hatte sein Pferd ebenfalls dabei. Aber das kann ich nicht mit absoluter Sicherheit sagen.«

»Wer begann zu schießen?«

»Ich kann nicht sagen, wer den ersten Schuß abgab. Es hatte für mich den Anschein, daß er aus einem vernickelten Revolver abgefeuert wurde. Es fielen zwei Schüsse fast gleichzeitig. Ich weiß, daß die vernickelte Waffe auf seiten der Earps war. Ich werde nicht sagen, wer auf seiten der Earps damit feuerte.«

»Zog irgend jemand auf seiten der Clantons und McLaurys seine Waffe, als der Befehl gegeben wurde, die Hände zu heben?«

»Ich sah nur, daß Tom McLaury seinen Mantel zurückschlug. Er packte den Mantel am Aufschlag und hielt ihn so zurück.« Behan demonstrierte es und enthüllte den Sheriffsstern an seiner Weste.

»Sahen Sie eine Schrotflinte?«

»Ja, es gab eine Schrotflinte auf seiten der Earps. Holliday hatte sie. Er schob sie unter seinen Mantel, wie um sie besser zu verstecken. Das war, als sie die Straße herunterkamen.«

»Sahen Sie, daß mit der Schrotflinte geschossen wurde?«

»Ich kann nicht sagen, daß ich das sah. Es herrschte Durcheinander. Ich weiß nicht, ob mit der Schrotflinte gefeuert wurde oder nicht. Ich glaube es, aber ich sah es nicht.«

»Sahen Sie die Verstorbenen fallen?«

»Ich sah Billy Clanton als ersten fallen, und dann sah ich, wie Frank McLaury nach dem Beginn des Kampfes auf der Nordseite der Fremont Street zu Boden stürzte fast genau gegenüber von Flys Haus.«

»Sahen Sie Tom McLaury fallen?«

»Nein, ich sah ihn erst, als der Kampf vorüber war. Da lag er am Boden.«

»Sind Sie überzeugt, daß er unbewaffnet war?«

»Ich bin davon überzeugt, daß zwei Männer der Parteien unbewaffnet waren – ich meine Ike Clanton und Tom McLaury.«

»Erklären Sie noch einmal Ihre Gründe für den Versuch, die Gruppe zu entwaffnen.«

»Als ich hinging, um sie zu entwaffnen, rechnete ich damit, daß es wahrscheinlich zu Tätlichkeiten zwischen den Earp-Brüdern und Holliday und der Gruppe der Clantons kommen würde.«

»Weigerten sie sich, ihre Waffen abzugeben?«

»Keiner weigerte sich außer Frank McLaury. Er sagte, er sei geschäftlich hier und wolle keinen Streit. Er weigerte sich nicht, zu meinem Büro zu gehen.«

»Als sie vor dem Kampf auf die Gruppe der Earps stießen, erzählten Sie da, daß Sie die andere Partei entwaffnet hatten?«

»Das tat ich nicht. Ich sagte ihnen, daß es Schwierigkeiten geben würde, wenn sie dort hinuntergingen. Ich erklärte ihnen, daß ich keinen Ärger haben wollte, und ich untersagte ihnen, dorthin zu gehen.«

»Hatte Frank McLaury seinen Revolver gezogen, als Marshal Earp ihn aufforderte, die Hände zu heben?«

»Das hatte er nicht.«

»Betrachteten Sie zu diesem Zeitpunkt die Clantons und McLaurys als verhaftet?«

Behan berührte den Knoten seines Binders. »Als ich die McLaurys und Clantons verließ und den Earps entgegenging, betrachtete ich die Clanton-Gruppe als festgenommen, aber ich weiß nicht, ob sie sich als verhaftet oder nicht betrachtete.«

Ein Geräusch ertönte von der Jury her, das ein weiteres Husten hätte sein können. Matthews zwinkerte irritiert und warf ärgerlich einen Blick zu den Männern auf der Geschworenenbank. Dann faltete er die Hände und stützte das Kinn darauf. Seine Finger rochen immer noch nach Alkohol.

»Ich bitte Sie, sich zu erinnern, ob von einer der beiden Parteien vor dem Kampf irgend etwas gesagt wurde, woraus sich schließen läßt, daß die Earp-Partei nicht in offizieller Funktion handelte, als sie zu den Clantons und McLaurys ging.«

»Sie sagten nichts zu mir, um mich zu überzeugen, daß sie in offizieller Funktion handelten. Nach dem Kampf sagte Wyatt Earp: ›Wir gingen dorthin, um sie zu entwaffnen.‹ Ich glaube, ich hörte Virgil das gleiche sagen. Die Pferde waren gesattelt, aber Frank McLaury und Billy Clanton waren gerade erst in die Stadt gekommen. Während meiner Unterhaltung mit ihnen sagte Ike Clanton: ›Wir verlassen die Stadt.‹ Aber Frank McLaury sagte: ›Ich nicht. Ich bin geschäftlich hier.‹«

»Danke, Sheriff. Ich habe keine weiteren Fragen.«

»Mein Name ist Joseph Isaac Clanton. Ich wohne am San Pedro in der Nähe von Charleston. Ich handele mit Rindern.«

Ike Clantons Kopf war zwischen die Schultern gezogen, was seinen fast nicht existierenden Hals noch verkleinerte und ihn wie einen Bär wirken ließ, der in die Enge getrieben war. Die großen, schwieligen Hände mit den schmutzigen Fingernägeln hielt er zwischen den Knien, die Unterarme ruhten auf den Oberschenkeln, und der Blick der gelblichen Augen mit den schweren Lidern schweifte durch den Gerichtssaal, als berechne er die Distanz zu Angreifern. In Wirklichkeit suchte er nach einem Platz, wo er den Priem loswerden konnte, der seine rechte Wange wölbte. Ike trug einen schwarzen Anzug mit abgetragenem Samtrevers und einen goldenen Double Eagle als Uhrkettenanhänger.

»Waren Sie am 26. Oktober 1881 zur Zeit des Todes von William Clanton, Joseph Finley McLaury und Thomas Clark McLaury auf der Fremont Street?« fragte Matthews.

»Ja, ich war dort. Ich bin der Bruder von William Clanton, der an diesem Tag getötet wurde. Ich sah alles.«

»Schildern Sie, was passierte.«

Ike Clanton schluckte den bitteren Tabaksaft und schob den Priem mit der Zunge unter die andere Wange. »Am Tag vor der Schießerei ging ich ins Restaurant des Alhambra zum Mittagessen, und während ich dort war, kam Doc Holliday herein und beschimpfte mich. Er hatte die Hand auf seinem Revolver, nannte mich einen verdammten Hurensohn und forderte mich auf, meine Waffe zu ziehen. Ich sagte ihm, daß ich keine Waffe hatte. Ich schaute mich um und sah Morg mit der Hand auf seiner Waffe an der Bar hinter mir sitzen. Doc Holliday beleidigte mich weiterhin. Dann ging ich durch die Tür hinaus.

Virgil Earp, Wyatt und Morg waren alle dort draußen. Morg Earp fragte mich, ob ich einen Kampf wollte, um meinem Ärger Luft zu machen. Sie alle hielten die Hand auf ihrem Revolver, während sie mit mir sprachen. Ich erklärte ihnen von neuem, daß ich unbewaffnet war. Doc Holliday sagte: ›Du Hurensohn, dann bewaffne dich!‹ Ich ging fort und bewaffnete mich. Dann kehrte ich zurück und pokerte mit Virge Earp, Tom McLaury und anderen bis zum Morgengrauen. Virge hatte während des Pokerns die ganze Zeit seinen Revolver auf dem Schoß liegen. Bei Tagesanbruch stand er auf und stieg aus dem Spiel aus. Wir spielten im Occidental. Ich folgte Virge Earp hinaus, als er ging. Ich sagte ihm, daß ich am Vortag beleidigt worden war und mich in der Stadt aufhalten würde. Dann sagte er mir, daß er zu Bett gehen würde.«

Deputy Billy Breakenridge stellte einen Spucknapf zu Ikes Füßen hin, und Ike spuckte braunen Tabaksaft in den glänzenden Messingnapf. Er wischte sich mit dem Handrücken über den Mund und kaute weiter. Ein Tropfen Tabaksaft, den er nicht weggewischt hatte, glitzerte auf seinem Backenbart.

»Ich kam zurück, löste meine Chips ein und blieb bis acht Uhr in der Stadt. Dann ging ich und holte meine Winchester. Ich rechnete damit, Doc Holliday auf der Straße zu treffen, doch ich sah ihn erst, nachdem Virge und Morgan sich hinter mich schlichen und mich mit einem Sechsschüsser niederschlugen. Kurz danach begegnete ich meinem Bruder Billy. Er bat mich, die Stadt zu verlassen. Ungefähr um diese Zeit stieß ich auf den Mann vom Corral, in dem meine Gespannpferde waren, und ich bat ihn, das Gespann anzuschirren. Dann gingen wir zusammen mit den McLaury-Brüdern zum O.K.-Corral. Dort tauchte der Sheriff auf. Er sagte, daß er uns festnehmen und entwaffnen müsse. Ich erklärte ihm, daß wir gerade die Stadt verlassen wollten und ich keine Waffe bei mir hatte. Daraufhin tastete er meine Hüften ab. Er verlangte von meinem Bruder und Frank McLaury, ihre Waffen zum Sheriff's Office zu bringen.

Tom schlug seinen Mantel auf, um zu zeigen, daß er kein Eisen trug und sagte: ›Johnny, ich bin unbewaffnet.‹ Frank McLaury sagte, er würde die Arme obenhalten, vorausgesetzt, daß der Sheriff die Earps entwaffnen würde. Nach ihrer Entwaffnung würde er sein Eisen ablegen, solange er Geschäftliches in der Stadt zu erledigen hatte.

Genau zu diesem Zeitpunkt sah ich Doc Holliday und drei der Earps den Gehsteig herunterkommen. Der Sheriff ging ihnen entgegen und erklärte ihnen, daß er unsere Gruppe festgenommen hatte. Er forderte sie auf, anzuhalten und sagte, daß er keinen Ärger wollte. Sie gingen einfach an ihm vorbei.

Ich trat zwei oder drei Schritte von den anderen fort und stieß genau an der Ecke des Gebäudes auf Wyatt Earp. Er richtete seinen Sechsschüsser auf mich und sagte ›Hände hoch!‹ Der Marshal forderte ebenfalls die anderen Jungs auf, die Hände zu heben. Tom McLaury schlug seinen Mantel auf und sagte, daß er unbewaffnet sei. Sie sagten: ›Ihr Hurensöhne solltet kämpfen!‹ Im selben Augenblick schossen Doc Hollyday und Morg. Morgan feuerte auf meinen Bruder, und ich weiß nicht, auf welchen der anderen Jungs Doc Holliday schoß. Ich sah, daß Virge zur gleichen Zeit feuerte. Ich packte Wyatt Earp, stieß ihn um die Hausecke und sprang in den Fotoladen. Noch im Sprung sah ich Billy fallen. Ich rannte durch das Fotoatelier und entkam.«

Er spuckte aus. Es klatschte im Spucknapf. »Billy Clanton, Frank McLaury und ich hoben die Arme auf den Befehl der Earp-Gruppe hin, und Tom McLaury schlug seinen Mantel auf und sagte: ›Ich bin unbewaffnet.‹«

Matthews rieb sich das linke Auge, das mit dem Tic. »Hatten Sie vorher an dem besagten Tag irgendwelche Streitigkeiten mit den Earps?«

»Doc Holliday kam in den Alhambra Saloon und sagte, ich hätte seinen Namen beschmutzt. Ich sagte:

›Das habe ich nicht.‹ Ich hatte nie vorher Schwierigkeiten mit den Earps. Sie können mich nicht leiden. Wir hatten eine geschäftliche Sache – ich meine, ich und die Earps –, aber das hatte nichts mit der Tötung dieser drei Männer zu tun. Es gab an diesem Tag keine Drohungen seitens der McLaury-Jungs und Billy Clanton gegen die Earps, jedenfalls weiß ich von keiner. Sie hatten mir befohlen, mich zu bewaffnen, und ich sagte ihnen, daß ich da sein würde.«

Matthews stellte einige weitere Fragen, die Clanton mit dem Kinn auf der Brust und gefalteten Händen zwischen den gespreizten Beinen beantwortete, wobei er gelegentlich den Kopf wandte und in den Spucknapf spuckte.

»Ich rechnete nicht mit irgendwelchen Schwierigkeiten von Virge und Morg Earp und Doc Holliday. Die Jungs erwarteten keinen Angriff, bis jemand sie kurz vor dem Verlassen der Stadt darauf hinwies, woraufhin sie blieben … Ich trug keine Waffen, als die Earp-Gruppe kam und uns befahl, die Hände zu heben. Virge Earp hatte meine Waffen, eine Winchester und einen Sechsschüsser … Ich hatte Frank McLaury und meinen Bruder zwei Tage vor der Schießerei zum letztenmal gesehen. Es gab nie ein Gespräch mit den McLaurys und Billy über einen bevorstehenden Kampf … Als die Schießerei anfing, waren Virge und Doc Holliday etwa zwei Schritte von den McLaurys entfernt, und Morg Earps Revolver war nur ungefähr einen Meter von Billy entfernt, als er zu feuern begann. Ich habe nicht gesehen, daß mein Bruder oder einer der McLaurys einen Schuß abgaben.«

Matthews dankte ihm.

»… Martha J. King. Ich wohne in Tombstone. Ich bin Hausfrau.« Die Frau war Ende Dreißig, wirkte jedoch älter. Sie trug das meiste ihres schwarzen Haars hochgesteckt, und der Rest fiel in Locken hinter den Ohren hinab, eine zu jugendliche Frisur für sie, wodurch die Falten am Hals und von der Nase bis zu den Mundwinkeln betont wurden. Sie trug ein schwarzes Kleid, das noch vom Abbürsten glänzte und einen weißen Spitzenkragen hatte, der am Hals von einer elfenbeinernen Brosche gehalten wurde. Mit den geröteten Händen, die auf ihrem Schoß lagen, umkrampfte sie ein Taschentuch, das mit Rosen bestickt war. Sie nickte, als Matthews sie leise und ernst fragte, ob sie zur Zeit der Schießerei in der Fremont Street gewesen war, und dann sagte sie »ja«, damit ihre Antwort niedergeschrieben werden konnte.

»Ich war auf dem Weg von meinem Haus zu Bauers Metzgerei, um Fleisch zu kaufen«, sagte Martha King. »Ich sah ziemlich viele Männer in einer Gruppe auf dem Gehsteig vor der Metzgerei, und ich ging an den Leuten vorbei in den Laden, um einzukaufen. Die Leute im Geschäft waren aufgeregt, und man wollte mich anscheinend nicht bedienen. Ich fragte, was los war, und man sagte mir, daß es Krach zwischen den Earps und den Cowboys geben würde. Als man das sagte, ging ich zur Ladentür. Draußen hörte ich jemand reden, verstand aber zuerst nicht, was gesprochen wurde.

Dann trennte sich die Gruppe draußen, und dieser Mann mit dem Pferd – er führte sein Pferd am Zügel – wandte sich an den anderen Mann, der mit ihm sprach, schaute zu ihm auf und erwiderte: ›Wenn du uns finden willst, dann wirst du uns dort unten antreffen.‹ Das war alles, was ich zu diesem Zeitpunkt mitbekam. Der große Mann, der zu dem Mann mit dem Pferd gesprochen hatte, ging die Straße hinunter. Dann ging ich wieder ins Geschäft zurück.«

Sie drehte das Taschentuch in den Händen. »Der Metzger schnitt dann gerade das Fleisch für mich, als jemand an der Tür rief: ›Da kommen sie!‹ Ich ging wieder zur Tür, schaute hinaus und sah vier Männer den

Gehsteig herunterkommen. Ich kannte nur einen von der Gruppe, und das war Mr. Holliday. Jemand erzählte mir, daß die drei anderen Gentlemen die Earps waren. Mr. Holliday ging an der Innenseite am nächsten zu den Häusern hin. Er hatte eine Waffe unter seinem Mantel. Ich bemerkte die Waffe, weil der Wind seinen Mantel bauschte und Mr. Holliday versuchte, sie bedeckt zu halten.

Ich stand an der Tür, als diese Gentlemen vorbeikamen, bis sie ein Haus weiter waren. Ich erschrak und lief von der Tür fort, weil ich einen der Männer sagen hörte: ›Erledigen wir sie‹, woraufhin Doc Holliday erwiderte: ›In Ordnung.‹ Ich lief also in den Laden zurück, und dann hörte ich Schüsse. Ich weiß nicht, wie viele. Ich weiß auch nicht, wer sagte: ›Erledigen wir sie.‹ Die Person kann ich nicht beschreiben. Es war einer der Männer in Hollidays Begleitung.«

»... C. H. Light. Ich wohne in Tombstone. Ich bin Minenarbeiter.«

Der junge Minenarbeiter trug einen braunen Anzug, dessen Hose Falten aufwies, die darauf schließen ließen, daß die Hose noch vor kurzem in einem Regal gelegen hatte, und ein sauberes graues Arbeitshemd ohne Krawatte. Er hatte einen rosigen, mädchenhaften Mund, und sein blondes Haar war gescheitelt und fiel über die rechte Augenbraue. Sein Cornwall-Akzent war so stark, daß Matthews den Mann mehrmals auffordern mußte, seine Worte langsamer zu wiederholen. Der Minenarbeiter saß auf der Kante der Zeugenbank. Er hatte die Ellenbogen auf die Knie gestützt und rieb nervös die Handflächen aneinander.

»Es waren sechs Personen an der Schießerei beteiligt, vier auf der Straßenmitte, einer auf der Südseite der Straße und der Mann mit dem Pferd. Hinterher erkannte ich in dem Mann mit der grauen Kleidung Doc Holliday. Ich glaube, es fielen insgesamt 25 oder 30

Schüsse. Ich sah keine Schrotflinte bei den Beteiligten. Ich sah den Kampf aus vierzig oder vielleicht fünfzig Metern Entfernung. Die ersten beiden Schüsse waren dem Klang nach Revolverschüsse. Ich glaube, daß dann einmal eine Schrotflinte krachte. Das Ganze dauerte nur zehn oder fünfzehn Sekunden.«

»Ihr Name ist William F. Claiborne. Sie wohnen in der Stadt Tombstone, Cochise County, Arizona Territorium, und Sie sind als Fahrer bei der Neptune Mining Company angestellt?«

»Das stimmt.«

Claiborne, den einige Leute inzwischen Billy the Kid nannten, seit William Bonney im vergangenen Sommer in New Mexico sowohl den Spitznamen als auch sein Leben verloren hatte, saß mit krummer Haltung auf der Zeugenbank, hatte die langen, dünnen Beine ausgestreckt und hinterließ mit den Sporen Male im Fußboden. Claiborne hatte sandfarbenes, kurzgeschnittenes Haar, ein langes, vorstehendes Kinn, abstehende Ohren und Flaum über der Oberlippe, der kaum noch zu sehen war, wenn Sonnenschein darauf fiel. Er war gerade einundzwanzig und trug eine gestreifte Hose und ein neues Hemd, das bis zum Kragen zugeknöpft war.

»Am Tag, als diese Sache passierte«, sagte er, »ging ich mit Ike Clanton zu Dr. Gillinghams Praxis, um dafür zu sorgen, daß Ikes Kopf verbunden wurde. Anschließend ging ich die Fourth Street rauf, wo ich Billy Clanton und Frank McLaury traf, und Billy fragte mich, wo Ike war. Billy sagte: ›Ich möchte, daß er nach Hause reitet.‹ Er sagte, daß er nicht hergekommen wäre, um mit irgend jemandem zu kämpfen, ›und niemand will gegen mich kämpfen‹. Dann bat er mich, ihn zu Johnny Behans Mietstall zu begleiten, und wir gingen dort runter und durch den O.K. Corral.

Dann tauchte Mr. Behan auf und sprach mit den Jungs. Ich hörte nicht, was er zu ihnen sagte. Ich sprach mit Billy, und Behan redete mit Ike Clanton und Frank und Tom McLaury. Und dann, kurz danach, drehte sich Mr. Behan um und ging die Straße hinauf, und als nächstes sah ich Morgan Earp mit seinen beiden Brüdern und Doc Holliday. Und Marshal Earp sagte: ›Ihr Hurensöhne, ihr habt einen Kampf gewollt, und jetzt könnt ihr ihn haben!‹ Danach sagte Marshal Earp: ›Hände hoch!‹ Billy Clanton, Ike Clanton und Frank McLaury hoben die Hände, und Tom McLaury schlug seinen Mantel zurück und sagte: ›Ich bin unbewaffnet.‹

Im gleichen Augenblick begannen Doc Holliday und Morgan Earp mit der Schießerei. Der erste Schuß, der Tom McLaury traf, wurde von Doc Holliday abgefeuert, und der nächste von Morgan Earp, der Billy Clanton erwischte. Billy Clanton wurde in dieser Haltung erschossen.« Claiborne stand auf und hob die langen, schwieligen Hände in Höhe der Augenbrauen. »Billy Clanton sagte: ›Erschießt mich nicht, ich will nicht kämpfen!‹ Und das war das letzte, was ich von Billy sah, bevor er starb.«

Matthews malte mit einem Bleistift einen menschlichen Brustkasten an den rechten Rand seiner Notizen. »Zu welchem Zeitpunkt wurden die Waffen gezogen?«

»Als die Earp-Gruppe kam, hatte jeder von ihnen den Revolver in der Hand. Ich sah, daß Billy Clanton seinen Revolver zog, nachdem er niedergeschossen worden war. Frank McLaury zog seinen Revolver, nachdem die Earps ungefähr sechsmal gefeuert hatten. Tom McLaury hatte überhaupt keine Waffe.«

Die Geschworenen berieten sich zwei Stunden und kehrten untereinander murmelnd und mit einer Spur von Zigarrenrauch hinter sich in den Gerichtssaal zurück. Zum erstenmal seit Beginn der gerichtlichen Untersuchung waren alle Zeugen, die ausgesagt hatten, auf der Zeugenbank versammelt. Draußen vor dem Fenster waren die Schatten länger geworden und hüllten den Schauplatz der Schießerei ein.

Das Stimmengewirr verstummte, als die Geschworenen ihre Plätze auf der Geschworenenbank einnahmen. Matthews wartete, bis es völlig still war. Dann wandte er sich an den Saloonbesitzer R. F. Hafford, der in der Ecke am nächsten zu ihm saß.

»Hat die Jury ein Urteil gefällt?«

Hafford erhob sich, ein großer, vollbärtiger Mann mit breiten Schultern, der einen schwarzen Gehrock trug, über dem er die Hände verschränkte. »Das haben wir.«

»Bitte tragen Sie es für das Protokoll vor.«

Hafford zog ein gefaltetes Blatt Papier aus der Innentasche seines Gehrocks, entfaltete es und räusperte sich. Ike Clanton beobachtete ihn und hörte mit dem Kauen auf.

»Wir, die Geschworenen, sind zu dem Urteil gelangt, daß William Clanton, Frank und Thomas McLaury am 26. Oktober in Tombstone City durch Schüsse aus Revolvern und einer Schrotflinte ums Leben kamen, die von Virgil Earp, Morgan Earp, Wyatt Earp und Holliday, allgemein Doc Holliday genannt, abgegeben wurden.«

Ike kaute weiter auf seinem Priem herum. Er neigte sich hinüber zu Billy Claiborne, der den Levi Garrett-Kautabak in Ikes Atem riechen konnte. »Wer, zur Hölle, wußte das nicht?« flüsterte Ike. »Was soll dieser Blödsinn bedeuten?«

Claiborne sagte: »Ich bin mir nicht sicher. Ich glaube, es bedeutet, daß die Earps und Doc schon so gut wie hängen.«

# 4

In der Bestattungsfirma Ritter und Eyan wurden die Leichen mit Lauge abgewaschen und das Blut entleert. Dann pumpte man Formaldehyd und Glyzerin durch Halsschlagader und Oberschenkelarterien und nähte den Mund jedes Toten zwischen Oberlippe und Gaumen und durch die Nasenlöcher heraus zu. Man bürstete und polierte Billy Clantons vorstehende Zähne, verstopfte das Loch unter Frank McLaurys Ohr mit fleischfarbenem Wachs, pomadisierte die Haare aller drei Leichen und trug schließlich Rouge auf die Gesichter auf. Aus einem Fonds, der von Ike Clanton und Billy Claiborne gebildet worden war, und in den Cowboys Geld beisteuerten, die immer noch vereinzelt von San Pedro und Charleston in die Stadt kamen, wurden bei Myer Brothers, Ecke Fifth und Allen Street, Anzüge gekauft und an den Leichen mit Nadeln festgesteckt, daß sie so gut saßen wie jeder Anzug von Vanderbilt's. Schließlich wurden die Hände der Toten auf der Brust gefaltet und leicht gepudert, und die Manschetten wurden aneinandergeknöpft, damit die Hände nicht auseinanderrutschten.

Am Tag nach der Schießerei wurden die Leichen in Mahagonisärge mit Glasdeckeln und silberner Verzierung gelegt und im Fenster des General Store an der Südseite der Allen Street zwischen Fifth und Sixth Street ausgestellt. Darüber wurde ein hölzernes Schild aufgehängt, dessen Aufschrift lautete: ERMORDET AUF DEN STRASSEN VON TOMBSTONE. Camilius Fly, der Fotograf, verewigte den Anblick in einem Zischen und Blitzen von Magnesiumpulver.

Am nächsten Nachmittag wurden die Särge mit den Leichen in die Bestattungsfirma zurückgebracht. Dort kamen Minenarbeiter und Leute aus der Stadt zu spät, um noch einen freien Platz in der Trauerhalle zu bekommen, deren Wände mit Kupidos und Todesengeln aus Gips verziert waren. Die Verspäteten teilten ihre Aufmerksamkeit zwischen der Trauerfeier und den Familienangehörigen und Freunden auf den Bänken: Da waren Cowboys mit neuer Kleidung aus Köper, sauberen Halstüchern und zu engen Stiefeln und Rancher in gerade erst gekauften Anzügen, die noch nach Kampfer und Naphthalin rochen. Ike Clanton nahm in seinem schwarzen Anzug teil, den er im Gericht angehabt hatte. Mit dem gestutzten Backenbart und der pomadisierten Stirnlocke wirkte er nur ein wenig lebendiger als sein Bruder Billy; nur seine vom Priem gewölbte rechte Wange bewegte sich. Seine Schwester Mary saß ebenfalls reglos neben ihm in der ersten Reihe. Sie trug dasselbe schwarze Kleid, das sie vor drei Monaten bei der Beerdigung ihres Vaters angehabt hatte. Ikes Bruder Phin saß mit steifem Kragen neben ihr, und Billy Claiborne, der ein Kattunhemd und gestreifte Hosenträger trug und den Hut auf dem Schoß hielt, hockte weiter hinten. Alle drei Männer trugen Trauerflor. Ein in Tombstone geübtes Auge hätte vielleicht Charlestons bedeutende Persönlichkeiten Frank Stilwell und John Ringo unter den Cowboys entdeckt, die mit den Hüten in der Hand im Hintergrund standen, aber für die meisten Trauergäste waren die Verstorbenen Fremde gewesen. Richtige Beerdigungen waren seltene Unterhaltungen in einer Stadt, auf deren Friedhof mehr namenlose Tote begraben waren als auf dem von Gettysburg.

Die Prozession durch die Allen Street und nordwärts zum Stiefelhügel war ein noch sensationelleres Spektakel für Tombstone. Die Blaskapelle der Stadt, mit gefiederten Helmen und roten Samtkostümen mit goldenen Litzen, führte die Prozession mit Tubas, einer Trompete, Posaune und Trommel an, gefolgt von zwei 8000-Dollar-Leichenwagen mit gläsernen Seiten, leuchtenden Laternen und Hartgummireifen. Dann folgten Ike und Mary in einem gemieteten zweirädrigen Pferdewagen, der von Phin Clanton gelenkt wurde; Billy Claiborne auf einem Farmwagen; andere aufgereiht dahinter in Buggys und zu Fuß, und der Rest der Prozession wurde zu lärmenden Pöbelhaufen mit Kindern, die am Schluß frische Pferdeäpfel auseinandertraten, und Bastardhunden, die nach Hacken schnappten und von Zeit zu Zeit anhielten, um an den Gehsteig zu pinkeln. Knallkörper explodierten und spuckten Funken, erschreckten Pferde und verursachten kleine Feuer im Chaparral, die schnell ausgetrampelt wurden. Sheriff Behan, stellvertretender Sheriff (und Herausgeber des *Nugget*), Harry Woods und Deputy Billy Breakenridge begleiteten die Prozession zu Fuß und mit Schrotflinten in der Armbeuge.

Auf dem felsigen Hang oberhalb der Stadt stützten sich zwei Totengräber in Overalls und mit Kautabak im Mund auf ihre Schaufeln und schauten zu, während die Särge mit Seilen in ein Loch von 4 x 2,5 x 1,80 Metern gesenkt wurden und die letzte Handvoll Erde auf die Sargdeckel fiel. Dann kamen die Totengräber herüber und schaufelten das Loch zu. Der Wind wölbte die Hutkrempe gegen die Hutkronen und wirbelte Staub aus der aufgewühlten Erde, der sich über die Gräber weiter unten senkte. Eine Schaufel voll Erde landete auf dem Sarg mitten über Tom McLaurys Gesicht und rutschte am Glas hinab.

Ike Clanton schüttelte Hände und stützte seine Schwester am Ellenbogen, während Phin ihr zur Hügelkuppe hinauf half, wo der Wagen wartete. Ike schaute zu den Totengräbern zurück. Das Loch war jetzt halb gefüllt.

»Auf Wiedersehen, Billy«, sagte er. »Du hattest nie den Instinkt, den Gott einem Wolf gab, um davonzulaufen, wenn er keine Chance hat.« Er setzte den Hut auf und wandte sich ab.

Die Musik der Kapelle, die ›Tenting Tonight‹ spielte, als sie die Stadt verließ, klang blechern in den Oriental

Saloon, wo Wyatt Earp im Spielzimmer am Faro-Tisch saß und Tom Fitch Karten austeilte. Wyatt trug einen schwarzen Prince-Albert-Rock. Ein leeres Bierglas stand neben seinem rechten Ellenbogen. Blauer Rauch von seiner Zigarre hüllte seinen Kopf ein und kräuselte sich in dem Streifen Sonnenschein, der durch die Bleiglasfenster hereinfiel.

Fitch setzte und verlor den letzten der kleinen Chipsstapel. »Gibt es hier auch einen Raum, in dem wir ungestört über deine Sache diskutieren können?« fragte er dann.

Wyatt wies mit der Zigarre durch das Spielzimmer, das mit Messinglampen, mahagonigetäfelten Wänden und einem teuren Teppich ausgestattet war. »Ungestörter werden wir uns kaum unterhalten können.« Im Augenblick hielten sich nur ein Barkeeper und ein Minenarbeiter im Saloon auf. Der Barkeeper polierte im Schankraum die Bierzapfhähne aus weißem Porzellan, und der Minenarbeiter, der einen Arm in einer Schlinge trug, fütterte den bronzenen Spielautomaten in der Ecke mit Münzen. Eine Ägypterin mit Schleiern und Perlen überwachte sein Glück aus einem goldgerahmten Gemälde heraus, das hoch an der Wand hing.

Fitch zuckte mit den Schultern. Der Anwalt war in mittlerem Alter und etwas füllig geworden. In den Jahren, in denen er als Anwalt durch die Salzebenen Utahs gezogen war, hatte er einen dunkleren Teint und Falten bekommen. In seinem beeindruckenden schwarzen Schnauzbart gab es graue Strähnen, jedoch keine in seinen buschigen Brauen, die sich unabhängig voneinander und vom Rest seines Gesichts bewegten. Das Spiel der Brauen faszinierte Richter und lenkte Geschworene ab, und er würde sich eher einen Arm abhacken, als ein Haar aus einer der Brauen zupfen.

»Spicer hat die Verhandlung für den 13. anberaumt«, sagte Fitch. »Es wird ein langer Prozeß werden.«

»Wie lang?«

»Zwei oder drei Wochen. Ich habe noch keinen erlebt, der länger als einen Monat gedauert hat.«

»Das geht nicht. Ich und Virge haben all unsere Minen- und Wasserbeteiligungen eingesetzt, um diese zehntausend Dollar Kaution zu zahlen. Wir können nicht von dem leben, was die Frauen fürs Nähen verdienen.«

»Sie haben hier die Spielkonzession, und Ihr Bruder Jim hat seinen Saloon.«

»Lou Rickabaugh hat die Konzession. Ich habe nur eine Viertelbeteiligung. Und keiner überschlägt sich im Augenblick, um mit mir Karten zu spielen. Alle befürchten, eine Kugel mit meinem Namen wird ihr Gehirn hier an der Wand verteilen.«

»Das wird vorübergehen.«

»Ich werde es Lou sagen.«

»Wie kommen Virgil und Morgan zurecht?«

»Virge kann schon wieder gehen. Goodfellow sagt, Morg wird bald wieder fit sein, wenn Virge ihn nicht vorher umbringt.« Wyatt spielte mit seinen Chips und stapelte sie auf. Sein blondes Haar lag flach auf dem Kopf und kräuselte sich auf seinem Kragen mit einem rötlichen Schimmer. »Tom, wie stehen unsere Chancen, ohne Handschellen aus dem Gericht zu spazieren?«

»Ich weiß es nicht. Als es in dieser Stadt noch mehr Adobehütten als Holzhäuser gab, wäre die Sache nur eine Formalität gewesen. Vor einem Jahr wäre es noch nicht mal zu einem Prozeß gekommen. Da hätte man es als fairen Kampf beurteilt, weil alle Kugellöcher vorn waren, und wenn ihr nicht gelyncht worden wärt, hätte sich niemand freiwillig gemeldet, um euch den ganzen Weg nach Tucson zum Prozeß zu bringen. Aber jetzt ist Tombstone die Hauptstadt eines Verwaltungsbezirks, und ihr schlittert dem Gesetz gleich hier in die Hände.«

»Ich war der Annahme, daß wir das Gesetz sind. Oder waren, bis Clum Virgil den Posten abnahm.« Die letzten Worte klangen gepreßt.

»Das war der Stadtrat. Sie haben immer noch Clums Unterstützung im *Epitaph.*«

Wyatt rülpste.

»Sie haben hier schon wenig genug Freunde«, sagte Fitch. »Da sollten Sie sich's nicht mit ihm verderben. Solange Behan und die Cowboys den *Nugget* haben, werden Sie das Vigilanten-Blatt brauchen.«

»Ich bin Geschäftsmann.«

Fitch wischte einen Tabakkrümel von seiner Weste. »Ich billige Ihre Einstellung, daß ihr vier das Gesetz verkörpert. Wenn ihr euch daran haltet, kann ich euch durchbringen. Und es ist eine gute Nachricht, daß Virgil schon wieder gehen kann. Ich will ihn auf der Zeugenbank haben, damit er Ihre Aussage bestätigt.«

»Doc ebenfalls?«

»Nein.«

»Sie werden ihn ohnehin miteinbeziehen«, sagte Wyatt. »Ich wollte mal Jura studieren und verbrachte viel Zeit mit Anwälten. Ich weiß, wie das läuft.«

»Sollen sie es versuchen. Wir werden Hollidays Beteiligung an dem Kampf herunterspielen, so daß seine Aussage keine Bedeutung haben wird.« Fitch hörte das Klicken und Surren des Spielautomaten, neigte sich vor und senkte die Stimme. »Sie werden aussagen, daß der erste Schuß eurerseits aus Ihrem Revolver fiel. Billy Clanton schoß als erster, und Sie erwiderten das Feuer, und das waren die ersten beiden Schüsse.«

»Es wird andere Aussagen geben.«

»Sie werden ausreichend verworren und widersprüchlich sein, weil alles so schnell ging.«

»Dreißig Sekunden nach meiner Schätzung.«

»Die Strategie ist, daß Sie mit Virgil und den anderen beiden in Ihrer Eigenschaft als Gesetzesbeamte der Stadt gehandelt haben. Das wird leichter untermauern, daß zwei auf Zeit ernannte Deputys nicht mit der Schießerei anfingen. Besonders zwei, die den Ruf haben, aggressiv zu sein.«

»Ich wollte nie, daß sich die Dinge so zuspitzen. Virge wollte es ebensowenig.«

»Das hilft jetzt nichts mehr.«

Wyatts Zigarre war ausgegangen. Er zündete sie wieder an und drehte die Spitze in der Streichholzflamme. »Ich nehme an, Sie wissen, was Sie tun«, sagte er paffend. »Ich wurde nicht in Illinois geboren, um in Arizona zu hängen.«

»Kommen Sie später in mein Büro. Ihre Aussage ist abgeschrieben, und ich möchte sie mit Ihnen durchgehen, bevor Sie unterzeichnen. Ich habe vor, einen Antrag zu stellen...«

Wyatt schaute an ihm vorbei, und Fitch verstummte. Der Anwalt wandte sich auf dem Stuhl um und sah Billy Breakenridge eintreten. Der Deputy blinzelte ein wenig, bis sich seine Augen nach dem strahlenden Sonnenschein draußen an die anderen Lichtverhältnisse gewöhnt hatten. Der schlanke Mann trug den Hut schief und nach hinten geschoben, und mit dem schwarzen Schnurrbart, dessen Enden nach oben wiesen, wirkte er trügerisch heiter. Zwei Zacken seines Deputysterns lugten unter seiner Jacke hervor. Der Deputy schaute sich um, nickte Wyatt zu, wandte sich um und setzte sich in den Schankraum. Seine Schrotflinte lehnte er an den Tisch. Der Barkeeper brachte Breakenridge ein Bier.

»Die Beerdigung muß vorüber sein.« Fitch wandte sich wieder Wyatt zu und hob die Brauen. »Stimmt das, was man über Breakenridge erzählt?«

»Er hat genauso enge Beziehungen zu den Leuten aus Charleston wie sein Boß Behan.«

»Nein, ich meine das andere.«

Wyatt blies einen Rauchring und tippte Asche in sein leeres Bierglas. »Es heißt, daß er sich nicht viel aus Frauen macht.«

»Das kommt vermutlich davon, wenn man mit Cowboys das Schlafquartier teilt.« Der Anwalt erhob sich. »Soll ich Sie zu Ihrem Haus begleiten?«

»Nein, das Geschäft wird florieren, nachdem die Beerdigung vorüber ist.«

»Ich rate Ihnen, nicht allein auf die Straße zu gehen.«

»Ich werde nicht allein sein.« Wyatt wies mit der Zigarre auf den Mann an dem Spielautomaten. Der Mann wandte sich um und zeigte Fitch die Mündung eines Revolvers, der in seiner Schlinge ruhte. Der Anwalt blickte auf und erkannte das rötliche Gesicht mit dem roten Vollbart. Der Mann war kein Minenarbeiter, sondern Sherman McMasters, ein Freund der Earps, der für Wells Fargo als Sicherheitsmann ritt.

»Ich bin ein Spieler«, sagte Wyatt. »Kein Dummkopf.«

Fitch verließ die gedämpfte Pracht des Oriental Saloon und trat auf die zerfurchte Straße und in den Sonnenschein hinaus. Der Wind blies vom mexikanischen Viertel her und trug den Geruch von *tacos* und *guacamole* heran, der sich mit dem Gestank von Mist auf der Allen Street und den säuerlichen Maischedämpfen aus den Gassen hinter der Eagle-Brauerei mischte. Es war eine aufblühende Stadt, die nach Wohlstand stank. Fitch zog den Hut vor Kate Fisher, die ihren Rock über schlanken Waden raffte und auf den Gehsteig hinaufstieg. Sie nickte ihm grüßend zu, setzte den Weg die Fourth Street hinauf fort zur Fremont und betrat Flys Pension.

Doc saß an dem überhäuften Schreibtisch in ihrem Zimmer, als Kate eintrat, und beschnitt mit einem Kartenschneider die abgegriffenen Kanten eines Kartenspiels, das er seit Prescott bei sich trug. Dort hatte er vierzigtausend Dollar gewonnen, jedoch das meiste davon am Farotisch mit dem Kartenspiel eines anderen; er hatte in dieser Stadt einfach Glück gehabt. Kate hängte ihr Cape und den Hut auf.

»Du hättest mitkommen und dir das anschauen sollen«, sagte sie. »Da war allerhand zu sehen.«

Er zog die Hand von dem vernickelten Colt, der auf der Ecke des Schreibtischs lag, und widmete sich wieder seiner Arbeit. Die Waffe lag auf einem Briefumschlag, der in Docs schwungvoller Handschrift an Atlanta, Georgia, adressiert war. »Ich habe vor, jedes Begräbnis außer meinem eigenen zu versäumen«, sagte er.

»Du redest, als wärst du bereits tot.«

»Das erspart mir den Ärger, mich später darauf einzustellen.«

Sie zögerte. »Ich fahre nach Globe«, sagte sie dann.

Er schnitt einen hauchdünnen Streifen der Karte ab, die er in eine Schraubzwinge geklemmt hatte. Dann tauschte er die Karte gegen eine andere, um sie ebenfalls zu bearbeiten.

»Ich dachte, du möchtest vielleicht mitkommen«, sagte Kate.

»Der Sheriff würde mich aus der Kutsche holen und einsperren.«

»Das wird er nicht tun. Er fürchtet sich vor dir wie jeder sonst in der Stadt außer diesem Wyatt Earp.«

Doc klemmte eine weitere Karte in die Schraubzwinge.

»Deine Glückssträhne ist hier zu Ende gegangen«, sagte Kate.

»Wyatt würde sein Kautionsgeld verlieren.«

»Was interessiert dich das? Seinetwegen wärst du fast umgebracht worden.«

»*Fast* ist ein Verbrechen, stimmt.« Doc inspizierte die Karte, legte sie ab und wählte eine andere aus.

»Halte dich von ihm fern, Doc.« Kate neigte sich jetzt über ihn und stützte eine Hand auf den Tisch. Sie roch nach Fliederparfüm. »Seinetwegen wirst du erschossen oder aufgehängt, und dieser Feuertrick von Fort Griffin, mit dem ich dich aus dem Gefängnis befreite, klappt kein zweites Mal.«

»Ich habe von hier bis Valdosta Wetten abgeschlossen, daß mich eine Kugel oder ein Strick erledigt, bevor es der Husten schafft.« Die Karte bewegte sich in der Schraubzwinge, als er schnitt, und er ruinierte sie.

»Scheiße!« Er legte den Kartenschneider beiseite und nahm die Flasche, die geöffnet auf dem Tisch stand. Kate hielt ihn am Arm fest.

»Es hat keinen Sinn, mit dir zu reden. Dieser verdammte, gerissene Gauner hat einen armen, kranken Mann teuflisch verzaubert, der trinken muß, um am Leben zu bleiben!«

Er riß seinen Arm los und verschüttete Whisky über das Kartenspiel und seinen rosafarbenen Hemdsärmel. Sein Gesicht rötete sich vor Zorn, und Kate sah es und wollte zurückweichen, doch er schwang bereits die Flasche und schlug sie ihr an die Schläfe. Kate verlor das Gleichgewicht und fiel. Er war sofort über ihr, schlug ihr mit dem Handrücken der freien Hand ins Gesicht und dann mit der Handfläche von der anderen Seite, daß er einen stechenden Schmerz bis in den Ellenbogen spürte. Kate fiel auf die Seite und kroch von ihm fort. Er folgte ihr, neigte sich über sie und bearbeitete sie mit der Faust. Als Kate schützend die Arme über ihrem Kopf kreuzte, trat er ihr in die Rippen. Er drehte die Flasche herum und goß den Inhalt über Kates Haar und das Kleid. Dann warf er die leere Flasche nach Kate. Die Flasche prallte mit einem dumpfen Klatschen von Kates Unterarm ab, rutschte über ihre Hüfte hinab und rollte über den Boden. Die Luft war vom Whiskygeruch erfüllt. Doc trat wieder nach Kate, verfehlte sie diesmal, taumelte vorwärts und fiel fast auf sie. Er keuchte, seine Knie waren gebeugt, die Arme hingen hinab, seine Weste war am schmalen Rücken hochgerutscht, und in ihm war das alte vertraute Gefühl, als zerfetzten wilde Katzen seinen Brustkorb von innen heraus. Er blutete durch die Hose. Die verschorfte Wunde an seiner rechten Hüfte war aufgebrochen.

Nur seine keuchenden Atemzüge und Kates Schniefen und Wimmern waren zu hören. Ihre Nase lief und blutete. Kate hatte sich naßgemacht; er roch es. Sie hockte dort auf dem Boden, durchnäßt und blutend, stank nach Urin und billigem Whisky und Fliederparfüm, und bei ihrem Anblick schämte er sich. Sie war die einzige Person auf der Welt, vielleicht außer Wyatt und einer anderen, die das bewirken konnte. Er setzte zu einer Entschuldigung an und half Kate auf. Sie riß sich los.

»Eine Frau schlagen!« schrie sie. Ihr linkes Auge schwoll zu, und als sie sich mit dem Handrücken über die Nase wischte, verschmierte sie Blut. »Einen unbewaffneten Mann abknallen! Wo ist dein Anstand?«

»Den habe ich vor Jahren mit Stückchen meiner Lunge ausgehustet«, sagte er und sank auf ein Knie, während seine Augen glasig wurden.

## Zweites Buch

# DIE TRANSAKTION

Schlechte Kommunalverwaltung ist gewiß ein großes Übel, das vermieden werden sollte, aber die Freiheit und Unantastbarkeit des Wahlrechts zu verletzen, ist mehr als ein Übel. Es ist ein Verbrechen, das die Regierung selbst zerstören wird, wenn es fortdauert. Selbstmord ist keine Lösung.

James A. Garfield, *Eröffnungsrede,* 1881

## 5

Lassen wir die Toten wiederauferstehen. Schütteln wir die Erde aus ihren Taschen, ziehen wir die Leichen aus, schrubben wir die Farbe und das Puder ab, spülen wir den gelben Saft aus ihren Adern und stellen wir sie in guten Stiefeln aus Tucson ab, die verschrammt an den Spitzen und ein wenig abgelaufen an den Außenseiten der Absätze sind. Drehen wir die Uhr zurück. Füllen wir das Blut in die Kugellöcher und die Kugeln und den Rauch wieder in die Waffenläufe, setzen wir die auferstandenen Toten auf ihre Pferde und Wagen und schicken wir sie im Rückwärtsgang aus der Stadt. Tag zu Nacht zu Tag zu Nacht zu Tag, blitzend wie Camilius Flys Magnesiumpulver, Tag zu Nacht, Mittwoch zu Dienstag zu Montag, schneller und schneller, Tag zu Nacht, Oktober zu September zu August und die Regenzeit zurück zur Hitze und dann zum Tauwetter und Schnee. Verlegen wir den Abend vor der Schießerei in den März und lassen wir die auferstandenen Toten ihre Version erzählen.

Bud Philpot hatte Krämpfe. In seinem Magen rumorte es, und Bud krümmte sich vor Schmerzen zusammen. Er sah von der Straße nur noch einen blassen, verschwommenen Streifen zwischen den Fahrspuren. Schlimmer noch, seine Hände waren steifgefroren, und er spürte nicht mehr die Zügel, die er hielt. Ein Sechsergespann zu lenken, erforderte seiner Meinung nach soviel Geschicklichkeit wie Klavierspielen, und man brauchte seinen Tastsinn. Die Zügel würden in seinen Händen erschlaffen, und das Gespann würde langsamer werden.

Der Himmel war pechschwarz, ohne Sterne, und die

Schneeflocken, die auf den weißen Boden herabfielen, glitzerten im gelben Schein der Laternen an den Seiten der Kutsche. Schnee haftete an den schlummernden Mesquitebüschen, die wie Knochenhaufen die Straße säumten. Die Pferde keuchten und stießen weißen Dampf aus.

»Halt an, Bud, und geh kacken.«

Die Krämpfe waren nicht mehr ganz so schlimm. Philpot drehte den Kopf ein wenig und grinste Bob Paul schief an, den großen, glattrasierten Mann an seiner Seite, der in eine Decke gehüllt war und eine Stevens Schrotflinte Kaliber .10 auf dem Schoß hielt.

»Das ist eine Versuchung«, sagte Philpot, »aber wenn ich jetzt mit dem Scheißen anfange, werde ich nicht mehr damit aufhören können und wahrscheinlich am Boden festfrieren, und dann wirst du mich mit dem Kolben dieser Schrotflinte loshacken müssen.«

»Nun, dann laß dich von mir ablösen. Ich sterbe genauso schnell in einem Kutschenwrack wie sonstwo, aber ich will nicht, daß die Leute sagen, Bob wäre wegen Buds Scheißerei umgekommen.«

Philpot zügelte das Gespann und legte sich zurück. Seine Hände waren zu steif, um die Zügel festzubinden, und er reichte sie Paul und ließ ihn herüberklettern, während er sich zur Seite auf den Beifahrersitz schob. Er fluchte, als er ein Stechen im Unterleib spürte.

Paul war ein ehemaliger Fahrer. Er lenkte die Pferde mit unterschiedlichem Zügeldruck und einer Reihe von Lauten, die deutlich genug waren, um als Worte zu gelten. Die Schrotflinte hielt er über den Oberschenkeln, und von Zeit zu Zeit rückte er die Waffe mit dem Ellenbogen zurecht, wenn sie bei Erschütterungen hinabzurutschen drohte. Die Kutsche beförderte außer der Fracht sieben Passagiere und einen achten auf dem Notplatz hinten auf dem Dach. Dieser Mann war in ein

Bärenfell eingehüllt und hatte den Hut tief in die Stirn gezogen. Sein Name war Peter Roerig.

Die Benson Road, zwei Furchen in der harten Erde zwischen den Dragoons im Osten und den Whetstones im Westen, war eine Folge von Steigungen und Senken, die von Wüstenpflanzen gesäumt und holprig wie eine Schlackenhalde war. Philpot fluchte bei dem Holpern und Rütteln und preßte den Schließmuskel zusammen.

Etwa anderthalb Kilometer außerhalb von Contention fuhr Paul langsamer, um eine Steigung zu bewältigen. Die Pferde rochen Holzrauch von Drew's Station, und er kämpfte gegen sie an, stemmte die Hacken gegen das Fußbrett und betätigte die Bremse und löste sie wieder. Die Räder ruckten und rutschten auf dem Schnee, der von den Hufen des Gespanns plattgetreten und glitschig war.

»Stop, Jungs!«

Im Schein der Seitenlaternen tauchte auf der Anhöhe aus dem Schnee hinter skelettartigem Chaparral eine Gruppe von Männern auf, die große Hüte und Bandannas trugen, um die gelbe Bärte wallten. Schnee bedeckte ihre Hutkrempen und die Schultern ihres Ölzeugs, und die Läufe ihrer Gewehre glänzten dunkel und naß.

Bei dem Ruf ließ Bob Paul die Zügel fallen und riß die Schrotflinte hoch. Eines der Gewehre krachte. Philpot stieß einen ächzenden Laut aus, schlug eine Hand vor die Brust und rutschte vom Sitz. Paul konnte ihn gerade noch mit der linken Hand am Kragen packen und wieder auf den Kutschbock ziehen. Der Gestank von Exkrementen hüllte ihn ein. Ein anderer Gewehrschütze eröffnete das Feuer. Kugeln pfiffen an Paul vorbei. Die Pferde, die keinen Zügeldruck mehr spürten, jagten wiehernd den Hang hinauf, und Dreck und Schnee spritzten in Pauls Gesicht. Er schrie auf das Gespann ein, ließ Philpot los, um beide Hände frei zu haben, stemmte sich gegen das Fußbrett und bremste. Hinter ihm wurde das Peitschen der Schüsse schwächer, gedämpft vom Schnee und der Entfernung, und verklang.

Voraus sah Paul die erhellten Fenster der Station. Er lenkte die Pferde in langsamem Galopp darauf zu und zügelte das Gespann dann vor dem Adobegebäude.

»Bud?«

Philpots Kinn war zwischen seinen Kragen gesunken, und der Hut verdeckte sein Gesicht. Paul riß den Hut fort. Der Kopf des Fahrers neigte sich auf seine Schulter, und der Körper sank gegen Paul. Auf seinem Mantel glänzte Blut aus einem gezackten Loch über dem Herzen. Paul ließ Bud auf dem Kutschbock und kletterte hinab. Er wurde von einer Menschentraube umringt; beim Krachen der entfernten Schüsse waren fast alle aus der Station geeilt. Die Menge wuchs, als die Passagiere aus der Kutsche stiegen und sich die restlichen Leute der Station hinzugesellten, wobei alle gleichzeitig sprachen.

»Bleibt weg!« Paul richtete seine Schrotflinte auf die Leute, die aus der Station gekommen waren. Mit der Kutsche wurden achtzigtausend Dollar in Silberbarren transportiert, die für den Endbahnhof in Benson bestimmt waren.

»Wer ist tot?« fragte jemand. »Ist das Bob Paul?«

Bob erkannte das pockennarbige Gesicht des Stationsverwalters. »Nein, ich bin Paul. Bud Philpot hat's erwischt.« Er begann die Passagiere zu zählen. »Jeder noch an einem Stück?«

Jemand sagte: »Dieser Typ fiel von oben runter.«

»Ich habe ihn noch festhalten können«, sagte Paul. »Aber das hat ihm auch nichts mehr genutzt.«

»Den meine ich nicht, sondern den Mann, der hinten auf der Kutsche war.«

Paul blickte hinauf zum leeren Notsitz.

»Als ich ihn zuletzt sah, bewegte er sich nicht mehr.« Der Passagier, der das sagte, war ein schlaksiger, junger Mann in einem karierten Anzug und Mantel, der mit Dreck bespritzt war.

»Allmächtiger!« Paul wies den Stationsmann an, die Kutsche zu bewachen, und lief zu Fuß zurück.

»Die werden Sie abknallen«, rief der Stationsverwalter ihm nach.

»Sehe ich aus, als trüge ich Silberbarren? Die Kerle sind längst weg. Da gibt es nur noch Pferdeäpfel und Hufspuren.«

Schnee hüllte den großen Mann ein, der zu einem Schatten wurde und dann wie hinter einem Vorhang verschwand. Nach fünf Minuten kehrte er zurück und ließ die Schrotflinte baumeln. Das Licht der Station fiel auf sein breites Gesicht.

»Telegrafieren Sie nach Tombstone«, sagte er zu dem Stationsverwalter. »Geben Sie durch, daß die Ladung in Sicherheit ist, daß es jedoch zwei Tote gegeben hat.«

Nach Mitternacht ließ der Schnee nach. Es schneite gar nicht mehr, als sich sieben Reiter der Station im Schritt näherten und der Neuschnee unter den Hufen der Pferde knirschte. Am Fuß des Hangs schwenkte Bob Paul eine Laterne, und die Reiter zügelten ihre Pferde. Er erkannte Sheriff Behan an dessen Sombrero, begrüßte Billy Brakenridge, schüttelte Virgil Earp die Hand, nachdem er mit einem Grunzlaut vom Pferd gestiegen war, und nickte Wyatt und Morgan zu, die beide gelegentlich als Begleitfahrer arbeiteten. Marshall Williams, der Wells Fargo Agent in Tombstone mit einem sonnigen Wesen, grüßte mit einem Lächeln und drehte sich eine Zigarette. Den siebten Mann kannte Paul nicht. Der Mann war mittelgroß und mit einem Büffelfellmantel und einem Schlapphut bekleidet, hatte ein rundes Gesicht mit einem Schnurrbart, dessen Enden hinabhingen, und blaue Augen, die im Laternenschein schalkhaft funkelten. Er war noch keine dreißig. Alle sieben Männer trugen große Hüte und dicke Mäntel. Sie hatten zwei Packpferde mitgebracht. Der Mann mit dem Büffelfellmantel hatte ein Sharps-Gewehr im Scabbard.

Virgil sagte: »Bob, dies hier ist Bat Masterson. Er ist ein guter Gefährte auf dem Trail, wenn man ihn im Auge behält und aufpaßt, daß er einem keine Blechdose an den Schwanz bindet.«

Masterson zog eine schmale Hand aus dem Handschuh, um Bob Pauls große Pranke zu drücken. »Adobe Walls«, sagte Bob. »Ich habe von Ihnen gehört. Ich dachte, Sie wären älter.«

Das schalkhafte Funkeln in den Augen verstärkte sich. »In Adobe war ich nahe daran, nicht älter zu werden.«

»Nun, ich kann Ihnen keine Comanchen versprechen aber da gibt es vier oder fünf Weiße, die ich liebend gern über einem Mesquitefeuer rösten würde. Sie ermordeten einen guten Mann von Wells Fargo und einen zahlenden Passagier.«

»Wo sind die Toten?«

»Aufgebahrt in der Station. Diesen Winter wimmelt es von Coyoten.«

»Was haben Sie herausgefunden?« Behan blieb im Sattel und stützte die Hände aufs Sattelhorn.

Bob Paul ging an den Straßenrand und hob die Laterne an. Das Licht fiel auf verstreute Patronenhülsen. Wyatt hob eine der Messinghülsen auf und schnippte Schnee davon. »Winchesterpatronen. Sie benutzten reichlich davon, um nur zwei Leute zu töten.«

»Ich habe siebzehn Hülsen gezählt«, sagte Bob. »Hier wartete einer der Kerle mit den Pferden.« Er ging mit der Laterne zwischen die Büsche. Der Neuschnee lag in Vertiefungen, in denen zuvor der Altschnee zertrampelt worden war. Bob hob etwas zwischen den Büschen auf und hielt es hoch.

Virgil nahm das Objekt entgegen, schaute es an und

reichte es Wyatt. Es war ein Dreieck von schwarzem Stoff, der am Rand ausgefranst war.

Bob sagte: »Ich dachte, es wären Gelbbärte. Jeder trug einen gelben Bart.«

»Die Fährte ist Stunden alt«, sagte Behan, als die Männer zu ihren Pferden zurückkehrten. »Am Morgen wird der Schnee schmelzen, und wir haben nur erschöpfte Pferde, wenn wir den Spuren folgen.«

Wyatt saß auf. »Bat kann Fährten lesen wie ein Apache. Ich bin auch nicht schlecht im Spurenlesen, und Virgil ebenso.«

Das erste Tageslicht schimmerte metallisch über den Dragoons. Bob Paul schwang sich auf den Rappen, den er aus Benson mitgebracht hatte, nachdem er die Postkutsche abgeliefert hatte, und der Trupp brach auf. Die Pferde schüttelten sich und schnaubten milchigen Dampf aus.

Nach dem Morgengrauen klarte der Himmel auf. Die Sonne wärmte die Erde, und Nebel stieg auf, der sich am Vormittag auflöste, wobei die Tröpfchen in brillanten Farben glitzerten. Der Schnee schmolz, und am Nachmittag waren nur noch Flecken zu sehen, die zu braunen Pfützen wurden. Zu dieser Zeit hatten alle Reiter außer Behan, der mit Breakenridge ein paar Pferdelängen zurückblieb, die Mäntel ausgezogen und hinter die Sättel geschnallt.

Dann und wann hielten sie an, während Masterson auf seinem Schecken im Kreis ritt, sich aus dem Sattel neigte oder absaß und zu Fuß vorausging, um den Boden nach Spuren zu untersuchen. Manchmal gesellte sich Wyatt zu ihm.

»Diese Typen sind ziemlich erfahren im Verwischen von Spuren«, sagte Masterson, während er sich wieder aufs Pferd schwang. »Sie reiten manchmal ein Stück auf der Fährte zurück und nutzen Wasserläufe und Felsboden, um Verfolger in die Irre zu führen. Johnny Behan hätte die Fährte schon vor Stunden verloren.«

Wyatt grinste. »Johnny würde seinen Arsch in einem Badezuber verlieren!«

»Ärgerst du dich immer noch über seine Ernennung?«

»Er versprach mir den Job als stellvertretender Sheriff, und dann überlegte er sich's anders und gab ihn Harry Woods. Dadurch gehen mir an die zwanzigtausend im Jahr verloren. Natürlich bin ich deswegen immer noch sauer.«

Sie kampierten in den Ausläufern der Dragoon Mountains. Masterson servierte Billy Breakenridge einen Teller Bohnen und Speck mit einem Winterschlaf haltenden Skorpion als Beilage obendrauf und lächelte, als der Deputy aufschrie und den Teller vor Schreck fallen ließ. Die anderen lachten schallend, alle außer Behan, der finster dreinblickte. Nach dem Abendessen teilte Morgan eine Flasche mit Masterson und Virgil. Virgil bot auch Bob Paul einen Whisky an, doch Bob lehnte ab. Wyatt rauchte Pfeife. Behan nahm seinen Sombrero ab und kämmte sein schütteres Haar nach vorne in die Stirn. Sie belegten das Feuer mit Asche, um den Zug zu vermindern, und schliefen. Marshal Williams schnarchte am lautesten.

Am Morgen bog der Trail nach Norden ab, führte dann westwärts an Tres Alamos vorbei und folgte dem angeschwollenen San Pedro River durch das Tal. Dort vermischte sich beim Sonnenuntergang die Fährte mit anderen älteren Spuren, und Masterson verlor die Orientierung.

»Ein Rancher namens Wheaton ging vor einer Weile pleite«, sagte Wyatt zu Masterson und drückte mit Daumen und Zeigefinger eine Kaktusfeige auf. »Die ehemalige Ranch liegt flußaufwärts, einen Ritt von anderthalb Tagen entfernt. Wenn ich einen Überfall im Schnee planen und irgendwo frische Pferde unterstellen würde, dann dort.«

»Es lohnt sich, dort mal vorbeizuschauen. Dieses

San Pedro-Volk hat so viele gestohlene Rinder durch diesen Landstrich getrieben, daß man nicht mehr die Spuren eines Munitionswagens verfolgen könnte.«

Das Dach von Wheatons Ranchhaus war zum Teil eingestürzt. Die Adobewand war an dieser Seite verfallen, und die Fenster waren scheibenlos. Der Stall, ein neuerer, soliderer Bau, stand etwa hundert Meter entfernt, und der Sonnenschein strömte durch bleigraue Bretter, die in dieser Region, in der es an Holz mangelte, noch nicht von Plünderern mitgenommen waren. Sie ritten zum Ranchgebäude, sechs unrasierte Männer, die von der Hutkrempe bis zu den Sporen mit einer drei Tage alten Staubschicht und getrocknetem Schlamm bedeckt und deren Pferde schweißnaß und schaumbedeckt waren. Die beiden Männer des Countys ritten dahinter. Morgan Earp hielt vor der Tür und saß ab. Er zog seinen Revolver und trat die Tür auf. Drinnen war jedoch nichts zu erschießen außer einem am Boden kauernden Gürteltier, und er folgte den anderen zum Stall. Darin standen vier dreckverkrustete Reitpferde mit hängenden Köpfen auf Stroh, das nach Ammoniak roch. Masterson ließ sein Gewehr sinken.

»Nun, wir hatten nicht erwartet, sie hier zu schnappen.«

»Sieht einer der Gäule vertraut aus?« wandte sich Virgil an Bob Paul.

Bob schüttelte den Kopf. »Ich hab' ihre Pferde nie gesehen.«

Wyatt legte eine Hand auf die magere Flanke eines zitternden Ponys. »Ich kenne das Tier. Ich sah Luther King vor einer Woche damit die Allen Street runterreiten.«

Masterson sagte: »Der Gaul sieht nicht so aus, als könnte er einen so langen Ritt schaffen.«

»Ich sage dir, daß es Kings Pferd ist.«

Virgil fand in seiner Kleidung eine Zecke und zerquetschte sie. »King ist mit Len Redfield befreundet, nicht wahr?«

»Das ist kaum ein Beweis.« Behan hatte sie eingeholt gefolgt von Breakenridge. Der Wallach des Sheriffs versuchte einen niedergetrampelten Grasbüschel aus dem Boden zu rupfen.

»Ich bin Deputy U.S. Marshal, kein Richter.« Virgil saß auf.

»Postkutschenraub fällt unter die Gerichtsbarkeit des Countys.«

»Mord im Territorium fällt unter die Zuständigkeit des Bundes. Mach dich nicht verrückt, Johnny. Du wirst dein Stück vom Ruhm bekommen.«

»Das will Johnny nicht«, sagte Morgan grinsend. »Er und die Redfields sind alte Pokerpartner.«

Len Redfield war ein großer, breitschultriger Mann mit mächtigen Fäusten, die er bei Kämpfen auf der Weide und in der Stadt einsetzte. Er trug Hosenträger über einem rotweißkarierten Hemd, das vom Waschen und Tragen rosafarben geworden war, und eine graue Latzhose, die an den Knien schmutzig war. Redfield trat aus seinem weißgetünchten Haus im unteren Tal auf die Veranda und schaute den Reitern entgegen. Wyatt stieg vom Pferd, ohne um Erlaubnis zu fragen, und die anderen sahen, daß sich Redfields kantiges Gesicht verdunkelte.

»Wir suchen Luther King und die anderen Männer, die versuchten, die Kutsche nach Benson zu überfallen«, sagte Wyatt. »Die Fährte führt hierhin.«

»Das kann mir keiner erzählen.«

»Wollen Sie mich als Lügner bezeichnen?«

Redfield sagte: »Sie halten sich hier unbefugt auf.«

»Dies hier ist Sache des Gesetzes, Len.« Virgil reckte sich und stützte die Hände aufs Sattelhorn.

»Ich weiß nichts von Überfällen, und ich habe Luther in diesem Monat noch nicht gesehen.«

»Sie sind ein Lügner«, sagte Wyatt.

Das Gesicht des Ranchers wurde noch eine Spur dunkler, und er ließ die rechte Schulter sinken und holte mit der Faust aus. Wyatt riß den Kopf zur Seite, und der Hieb streifte ihn nur am Kinn. Dann zog Wyatt seinen großen American aus dem Hosenbund und schlug Redfield den Lauf hinter das rechte Ohr. Redfield ging zu Boden und erschreckte Virgils Pferd. Der Rancher landete auf Händen und Knien und wollte sich aufstemmen. Virgil zog den Fuß aus dem Steigbügel und versetzte Redfield einen Tritt gegen die Brust. Der Rancher fiel auf den Rücken. Wyatt trat ihm in die Rippen. Es knackte. Er stellte dem Mann am Boden den Fuß auf die Kehle, spannte den Revolver und richtete ihn auf Redfields Gesicht.

»Sag mir, wo Luther King ist, oder ich blase dein Gehirn bis nach China.«

»Wyatt!«

Er hielt den Revolver weiterhin auf Redfield gerichtet und wandte leicht den Kopf. Morgan näherte sich auf seinem Fuchswallach vom Corral her. Er hielt seinen Colt auf dem Oberschenkel und trieb einen plump aussehenden Mann in einem Overall und einem schmutzigen Staubmantel vor sich her. Als der Mann zögerte, stieß Morgan ihn mit der Schulter des Pferds weiter. Der Mann taumelte und fiel mit einem dumpfen Klatschen aufs Gesicht.

»Er kletterte über den hinteren Corralzaun, als er mich kommen sah«, sagte Morgan. »Fast hätte er's geschafft.«

»Guten Morgen, Luther.« Wyatt hob den Smith & Wesson an und entspannte ihn vorsichtig. Redfield holte Luft und hielt den Atem an, als seine gebrochene Rippe schmerzte.

Bob Paul gab seinem Rappen die Sporen und ritt in weitem Bogen um den Corral, trieb die Pferde darin im Kreis herum und kam zurück. »Da sind zwei arg erschöpfte Gäule«, sagte er.

Wyatt schob seinen Revolver hinter den Gürtel, verließ Redfield, schob die Stiefelspitze unter Luther Kings Schulter und drehte ihn auf den Rücken. Virgil sagte: »Paß auf«, und Wyatt trat dem Mann einen Navy Colt aus der Hand. Dann trat er ihm ins Gesicht.

»Das ist nicht nötig«, sagte Behan.

»Luther, du hast zugenommen.« Wyatt packte den benommenen Mann am Overall und riß den Latz von den Knöpfen los. Rotweiße Patronenschachteln fielen heraus. Wyatt warf die Schachteln hinter dem Navy Colt her, schnallte zwei Patronengurte von Kings Hüfte und warf die Gurte zu dem Haufen. Dann fand er einen kurzläufigen Colt's Thunderer in einer Tasche des Staubmantels und warf die Waffe zu den anderen Dingen. King sah jetzt viel weniger plump aus. »Luther, stell dir vor, du wärst mit all dem Zeug in den San Pedro gefallen. Ich habe dich vorm Ersaufen gerettet.«

»Besuch«, sagte Marshall Williams, der ein Bein quer übers Sattelhorn gelegt hatte. Er hielt im Drehen einer Zigarette inne und lockerte seine Winchester im Scabbard.

Behan hielt eine Hand über die Augen und spähte aus zusammengekniffenen Augen zu dem Reiter hin, der aus der Sonne hervorzureiten schien. »Das ist Lens Bruder Hank.«

»Bat«, sagte Wyatt.

Masterston trieb sein Pferd an und ritt im Handgalopp los, um dem Reiter den Weg abzuschneiden. Der andere Mann zügelte das Pferd, und sie unterhielten sich gestikulierend über eine Distanz von etwa drei Metern. Schließlich ritten sie zum Ranchhaus. Hank war so groß wie sein Bruder, jedoch nicht so breitschultrig. Er trug einen schwarzen Hut mit schmaler Krempe und hatte einen großen, traurig herabhängenden Schnurrbart.

Len saß jetzt auf der Verandatreppe und drückte

eine Hand auf die schmerzende Seite. Seine Frau war aus dem Haus gekommen und kauerte neben ihm mit dem Kleidsaum im Staub des Hofs. Sie war ohne Kopfbedeckung, und ihr Teint, das Kleid und das zurückgebundene Haar hatten alle den gleichen sandfarbenen Ton. Ihr Gesicht war lang und affenartig, und sie hatte große, abstehende Ohren.

Virgil stieg vom Pferd und wies Masterson und Williams an, die Nebengebäude zu durchsuchen. »Wir werden uns im Haus mit Luther unterhalten.«

Wyatt packte King am Kragen des Staubmantels und zog ihn auf die Füße. King mußte seinen Overall festhalten, damit er nicht hinabrutschte.

Bob Paul saß ab und folgte den Earps und ihrem Gefangenen ins Haus. Behan und Breakenridge blieben zurück und behielten die Redfields im Auge. Im kleinen Wohnzimmer schleuderte Wyatt King auf einen Sessel, der mit Pferdefell bezogen war und auf dem Sesselschoner befestigt waren. Ein oval gerahmtes Bild fiel von der Wand, und das dicke Glas bekam Sprünge.

»Du bist ein übler Straßenräuber, Luther«, sagte Wyatt. »Du solltest dir eine andere Arbeit suchen, und deine Kumpane ebenso.«

»Ich bin kein Straßenräuber.«

Wyatt schlug ihm mit dem Handrücken ins Gesicht. Es klang fast wie ein Revolverschuß in dem Zimmer.

»Warum wolltest du abhauen, Luther?« Virgil ließ sich auf ein Sofa sinken, das unter seinem Gewicht ächzte. Staub wallte rings um ihn auf und senkte sich auf den geblümten Bezug.

»Fthzlwz.« Kings Oberlippe schwoll an.

»Rede deutlich.« Wyatt schlug ihn von neuem.

»Ich dachte, ihr wärt Banditen.« King verzog bei jedem Wort das Gesicht. »Dieses Land ist voll davon.«

»Marsh Williams und Bat halten deinen Freunden die Eisen an den Kopf«, sagte Wyatt. »Sie werden als erstes die Frau erschießen, und dann liegt es an dir, ob Len oder Hank als nächster dran sind.«

King sagte nichts, und Wyatt holte ein drittes Mal zum Schlag aus. Virgil stoppte ihn.

»Du willst doch nicht im kommenden Sommer in Yuma sein.« Er setzte sich mit gespreizten Knien zurück, legte die Hände darauf, und der polierte Griff seines Army-Colts ragte aus seinem offenen Mantel heraus. »Sie stecken dich wie Sauerteig in eine Blechdose, stellen dich in die Sonne und lassen dich erst wieder raus, bis du zu Haut und Knochen gebacken bist.«

Bob Paul sagte: »Er wird Yuma nicht sehen. Er wird das Glück haben, einen Strick zu sehen, wenn Doc Holliday davon erfährt.«

»Wa... was...« King betastete seine aufgeplatzte Lippe. »Was hat Holliday damit zu tun?«

»Hölle, seine Kate fuhr mit dieser Kutsche. Bei dieser verrückten Ballerei kam sie ums Leben. Doc hat ein Verhältnis mit Kate.«

Wyatt nutzte die Gelegenheit. »Drei von euch standen bei der Straße, überfielen die Kutsche und töteten Philpot und Roerig und Kate Fisher. Der vierte hielt die Pferde im Gebüsch. Ich weiß nicht, wer dieser vierte war, aber wer auch immer, er hat Glück. Doc wird die anderen zur Strecke bringen, ihnen die edlen Teile mit seinem Schlachtermesser abschneiden, sie ihnen ins Maul stopfen und die Jungs dann erschießen, weil sie nuscheln.«

»Jesus!«

»Doc ist gemein, aber fair«, sagte Virgil. »Er wird sich nicht um denjenigen kümmern, der nur die Pferde gehalten hat.«

»Ich war das! Ich habe die Pferde gehalten!«

Wyatt, groß, hager, sonnengebräunt und unrasiert, mit gerötetem und leicht geschwollenem Kinn, wo ihn Len Redfields Faust gestreift hatte, schaute seinen Bruder an. Virgil zupfte eine Zecke von seinem Hals, betrachtete sie und zerquetschte sie zwischen Daumen und Zeigefinger. »Holen wir die anderen rein.«

Morgan ging hinaus. Ein paar Minuten später war das Zimmer gefüllt mit drei Earps, Paul, Marshall Williams, Sheriff Behan und Deputy Breakenridge. Masterson blieb draußen mit den Redfields. Die säuerlich-süße Mischung von dem Geruch nach Schweiß, Leder, Pferd und Waffenöl erfüllte das Haus.

Luther King redete, preßte von Zeit zu Zeit eine Hand auf die geschwollene Lippe, um sich deutlicher verständlich zu machen, und spielte mit einer Zigarette, die William für ihn gedreht hatte. Keiner hatte ihm ein Zündholz gegeben.

»Geschossen haben Billy Leonard, Jim Crane und Harry Head. Ich paßte auf die Pferde auf, wie ich schon sagte. Ich ritt mit ihnen zu Wheatons ehemaliger Ranch, um die Pferde gegen frische zu tauschen und ließ sie bei Hank Redheld zurück, um Patronen und Geld von Len zu holen. Ich wollte mich mit ihnen treffen, als Morg mich schnappte.«

»Sie haben bei Hank die Pferde gewechselt?« fragte Wyatt. King nickte. »Wo ist ihr Camp?«

Der Gefangene lächelte. Blut sickerte sein Kinn hinab. Er hatte einen Bürstenhaarschnitt und kein Haar im Gesicht, und bei dem verzerrten Lächeln wirkte er wie ein Schuljunge. »Ihr werdet sie nicht schnappen. Ich habe alles gesagt, was ich weiß.«

Wyatt sagte: »Du wirst noch viel mehr reden, wenn Doc erst einmal anfängt, dir dein Goldstück abzuschneiden.«

King wurde eine Spur bleicher, sagte jedoch nichts.

Virgil stand auf und reckte sich, daß einige Knochen knackten. »Docs Frau war nie in dieser Kutsche, Luther«, sagte er. »Bob hat dich reingelegt.«

Bevor King reagieren konnte, räusperte sich Behan laut. Der Sombrero des Sheriffs war staubig, und sein

Hals hatte Ausschlag unter tagealten Bartstoppeln bekommen. »King ist mein Gefangener, Earp. Ich verhafte ihn wegen Mittäterschaft bei einem versuchten Postkutschenraub. Das ist eine Straftat, die unter die Zuständigkeit des County fällt, nicht unter die des Bundes. Ich werde ihn nach Tombstone bringe.«

»Ich werde mitkommen«, sagte Williams.

»Das ist nicht nötig.«

»Es ist ein langer Ritt. Sie und Billy könnten einschlafen.« Morgan lachte. »Kannst du Kirschkuchen backen, Billy-Mädchen?«

Billy Breakenridge starrte ihn zornig an.

## 6

Wyatt Earp, seine Brüder und deren Frauen nannten sie Mattie. Sie war auf den Namen Celia Ann Blaylock getauft worden, eine männlich wirkende Rotblonde mit lockigem Haar und tiefliegenden Augen, die stets im Schatten zu sein schienen. Sie übernahm Näh- und Wascharbeiten, und sie hatte ein Temperament, das nur langsam zu entfachen und unmöglich zu zügeln war, wenn es entflammt war. Mattie lebte seit 1870 mit Wyatt zusammen, kurz nachdem seine erste Frau Urilla bei der Totgeburt seines Kindes gestorben war. Mathe und Wyatt waren zusammen nach Deadwood und Dodge City und all den anderen Orten im Gerichtsbezirk gereist, und obwohl sie wie Virgil und Allie nie getraut worden waren, war sie allgemein als Mattie Earp bekannt.

Als in Tombstone bekannt wurde, daß die Earps von ihrer Verbrecherjagd zurückkehrten, zog sie eilig ihr verblichenes Kattunkleid aus, bügelte das gute Kleid, das sie aus Dodge mitgebracht hatte, ein schwarzes Samtkleid mit hohem, elfenbeinfarbenem Spitzenkragen, und zog es an. Dann bürstete sie ihr

Haar, kniff in ihre Wangen, damit sie Farbe bekamen, und tupfte einen Tropfen Vanilleextrakt hinter jedes Ohr. Wyatt haßte Parfüm jeder Art und kannte nie die wahre Quelle des frischen, natürlichen Dufts, den er an Mattie bewunderte oder jedenfalls bis vor kurzem bewundert hatte. Morgans Frau Lou traf rechtzeitig ein, um Mattie zu helfen, die Knöpfe am Rücken des Kleids zuzuknöpfen. Lou trug ein Kleid aus bedrucktem Kattun, das vorne eine Leiste aus beinernen Knöpfen hatte.

Schwere Schritte hämmerten über die Veranda, während Lou Mathes Kragen richtete. Die drei Earp-Brüder traten ein. Sie trugen ihre Satteltaschen und Karabiner und ähnelten sich mehr den je mit den von bräunlichem Staub bedeckten Gesichtern, den verschmutzten Mänteln und den Hüten, deren Kronen durchgeschwitzt waren. Morgan küßte Lou, schlang einen Arm um ihre Hüfte und grinste wie ein Junge. Virgil sagte: »Ich rieche nichts Gekochtes.«

»Essen gibt es gegenüber, und das ist alles, was du mir nach siebzehn Tagen zu sagen hast?«

Er fuhr herum, nahm Allie auf beide Arme, schwenkte sie herum und küßte sie.

»Autsch«, sagte sie, als seine Barthaare kratzten.

Mattie umarmte Wyatt und beschmutzte das Vorderteil ihres Kleids. Er lehnte die Winchester in eine Ecke und warf die Satteltasche auf seinen Ledersessel, das beste Möbelstück im kleinen Haus. Dichter Staub wallte von dem Sattel auf. »Wo sind die Zeitungen?«

Mathe löste sich von ihm und nahm den Stapel vom Tisch. »Ich habe alle für dich aufbewahrt.«

Wyatt nahm die Satteltaschen vom Sessel, legte sie auf den Teppich und setzte sich mit den Zeitungen auf dem Schoß in den Sessel. »Mach Wasser heiß und such mein bestes Hemd heraus.«

Sie zögerte. Allie schaute sie an und wandte dann

den Blick ab. Mattie ging hinaus, um Wasser zu erhitzen und den Badezuber zu füllen.

Wyatt spürte, daß Allie ihn beobachtete, und blickte auf. »Du solltest heimgehen und für Virge ebenfalls ein Bad herrichten.«

»Ich nehme von keinem außer meinem Mann Befehle an«, sagte sie und reckte das Kinn vor.

Virgil sagte: »Geh schon heim, verdammt! Ich will ein Bad haben.«

Sie warf ihm einen kurzen Blick zu, umarmte Lou und ging.

»Daß du dich mit dieser kleinen Irin eingelassen hast, war der schlimmste Fehler, den du je gemacht hast«, sagte Wyatt.

»Immerhin mache ich meine Fehler nur einmal.«

Morgan lachte. Als Wyatt ihn anschaute, nahm er Lou am Arm und verließ mit ihr das Zimmer.

Wyatt las schnell die eng bedruckten Seiten, während das Wasser im Kessel auf dem Herd brodelte. Er faltete jede Zeitung zusammen, wenn er sie gelesen hatte, und legte sie auf den Boden. Virgil rauchte eine Zigarre aus einer Schachtel mit General Arthurs, die auf dem Tisch stand. Es war seine erste Zigarre, seit ihnen allen auf dem Trail der Tabak ausgegangen war. Sie waren zwei Wochen und drei Tage lang unterwegs gewesen und hatten die Verfolgung von Leonhard, Head und Crane eingestellt, als deren Fährte über die mexikanische Grenze geführt hatte und zwischen den Felsen südlich davon verschwunden war. Zu diesem Zeitpunkt hatten sie Bat Masterson verloren, weil sich sein Pferd eine Sehnenzerrung zugezogen hatte und er umgekehrt war.

»Was sagen sie über Luther King?« fragte Virgil, als Wyatt den Tucson *Weekly Star* beiseite warf.

»Nichts Neues. Nur das, was wir unterwegs schon gehört haben. King spazierte kühn wie Sam Grant durch die Seitentür aus dem Gefängnis, während

Seine Ehren, stellvertretender Sheriff Harry Woods, von Johnny Dunbar eine Verkaufsurkunde für Luthers Pferd ausstellen ließ. Harry Jones war dabei und überwachte die Sache.«

»Wir können uns den Wisch von Jones besorgen. Es heißt, daß Johnny Behan dessen Frau reitet.«

»Unterdessen hängt Woods im *Nugget* Doc den Postkutschenüberfall an.«

Virgil blies einen Rauchring. »Doc und Billy Leonhard waren in New Mexico in Geldverlegenheiten.«

»Woods sagt, daß Bob Paul ebenfalls mitgemischt hat. Er tauschte den Platz mit Philpot, und so starb Philpot an seiner Stelle.«

»Das ist dummes Gerede. Wenn Paul mitgemischt hätte, wäre gar nicht auf ihn geschossen worden, und sie hätten sich nach Belieben die Silberbarren auf friedliche Weise unter den Nagel reißen können.«

»Das ist Behans Werk. Er weiß, daß ich im nächsten Jahr gegen ihn kandidiere, und jedem ist bekannt, daß ich Paul bei der letzten Wahl unterstützte. Es ist kein Geheimnis, daß Doc und ich befreundet sind. Es ist doch ein und dasselbe, als würden sie behaupten, ich hätte die Kutsche zu überfallen versucht.«

»Du glaubst, daß Doc es getan hat?«

»Ich habe seit Dodge mit dem Versuch aufgehört, über Doc nachzudenken.«

Mathe schüttete Wasser in den eisernen Badezuber. Dampf wallte auf und hüllte den abgeblätterten Spiegel über der Spüle ein. Wyatt erhob sich und knöpfte sein Hemd auf. Der weiche Stoff löste sich mit einem schmatzenden Geräusch von seiner Unterwäsche. Virgil drückte seine Zigarre auf einer Steingutuntertasse aus.

»Wir treffen uns später im Oriental«, sagte er. Sein Bruder warf einen Blick zu Mattie, die eifrig eines seiner guten weißen Hemden auf dem Bügelbrett ausbreitete, und senkte die Stimme. »Vielleicht bin ich auch woanders.«

Virgil nickte.

Als Virgil aus der weißen emaillierten Wanne stieg, war er rosig geschrubbt bis auf die Bräune, die in einem V am Schlüsselbein endete, die gebräunten Handgelenke und die dunklere Steckrüben-Farbe seiner Genitalien. Allie war bereits im Bett. Sie beklagte sich, als er sich zu ihr gesellte, ohne sich vorher abzutrocknen, und die Laken und ihr Nachthemd aus Flanell durchnäßte, während er es bis unter ihre Arme hochschob. Zuerst betastete er ihre Brüste, dann den Unterleib, und schließlich nahm er sie und stieß heiß und heftig in sie hinein. Seine Haut roch nach Seife. Er wurde schneller, bis er auf ihr erbebte und den Höhepunkt erreichte. Dann wälzte er sich von ihr und schlief mit seinem breiten, behaarten Rücken zu ihr ein.

Sie lag wach da und wartete.

Plötzlich hörte sie Matties Stimme, die dünn und schrill von der anderen Seite der Fremont Street herüberklang. Die Worte waren nicht zu verstehen. Dann ertönte Wyatts Stimme, tief, langsamer, scharf. Geschirr zerklirrte.

Virgil schnarchte. Allie schlüpfte unter der Bettdecke hervor, stand auf und zog ihr Nachthemd hinunter. Der Boden unter ihren nackten Füßen war feucht vom Badewasser. Sie tappte zum Fenster und sah, daß Wyatt gerade die Haustür hinter sich zuknallte. Er hatte den schwarzen Anzug des Spielers über einem weißen, gestärkten Hemd an, und seine engen Stiefel glänzten frisch poliert. Als er über den Gehsteig stampfte, prallte er fast mit seinem Freund Fred Dodge zusammen, der um die Ecke der First Street bog und ohne anzuhalten an ihm vorbeieilte. Bald war er außer Sicht.

Allie wusch sich mit Virgils lauwarmem Badewasser die klebrige Feuchtigkeit zwischen den Beinen fort und kleidete sich schnell an. Als sie bald darauf die Straße überquerte, bildete ihr Atem weiße Dampfwölkchen in der kalten Luft der Abenddämmerung. Allie klopfte an die Haustür und wartete. Nach einer Weile drehte sie den Türgriff. Die Tür war nicht abgeschlossen. Allie öffnete sie und trat ein.

Sie war allein im Haus. Etwas knirschte unter ihren Füßen, und sie blickte hinab auf die Scherben eines Wedgwood-Tellers. Sie hatte gesehen, daß Mattie diesen Teller sorgfältig in weißen Musselin eingewickelt hatte, bevor sie Kansas verlassen hatte. Die Hintertür stand offen und hing etwas in den Lederangeln durch. Allie ging dorthin und kam an einem Zuber mit abgestandenem Wasser und Wyatts schmutziger Trailkleidung vorbei, die in einem Haufen auf dem Boden daneben lag. Durch die offenstehende Hintertür hörte Allie ein klatschendes Geräusch, als ob jemand einen dünnen Teppich klopfte. Ein atemloses weibliches Ächzen begleitete jeden Schlag.

Allie trat auf den Hof hinaus und sah Mathe. Sie trug immer noch das schwarze Kleid, und das Haar fiel ihr ins Gesicht, während sie die rostige Wasserpumpe, die nicht mehr benutzt wurde, weil jetzt eine Leitung von den Chiricahuas im Osten gelegt worden war, mit irgend etwas Weißem peitschte.

»Mathe!« Allie eilte zu ihr, schnappte das Ding, mit dem Mattie gerade wieder zuschlagen wollte, und entriß es ihr. Es war eines von Wyatts guten Hemden, frisch gestärkt, jetzt jedoch mit Rost beschmiert.

»Es hatte einen Flecken!« schrie Mattie mit wildem Blick und zornigem Pferdegesicht. »Er riß es herunter, weil es diesen kleinen Fleck hatte, nachdem ich es so sorgfältig gewaschen und gestärkt hatte!«

»Mattie.«

»Ich wasche und bügele Hemden für ihn, damit er

vor dieser Hure protzen kann!« Mattie sank auf die Knie und schlug mit beiden Fäusten auf den Fuß der Pumpe ein.

Nach einer Weile half Allie ihr auf und brachte sie ins Haus. Das verschandelte Hemd blieb auf dem Pumpenschwengel zurück.

Die Frau hieß Josephine Sarah Marcus. In Brooklyn und San Francisco war sie Josie genannt worden, und so unterschrieb sie immer noch Briefe an Freunde in der Heimat. Die Earps, die alles umbenannten, wie es ihnen beliebte, nannten sie Sadie. Sie war groß, hatte eine Wespentaille und trug ihr schwarzes Haar offen und fast bis zur Hüfte über den Schultern, und das in einer Zeit, in der die meisten Frauen im heiratsfähigen Alter ihr Haar hochsteckten. Ihre Augen waren groß und langwimprig in einem dunkel gebräunten, ovalen Gesicht, und sie ging mit erhobenem Kinn und lenkte die Aufmerksamkeit auf ihren langen Hals. Sie sprach in einem Bühnentonfall, mit dem sie wirkungsvoll ihren Brooklyner Akzent verschleierte, und sie korrigierte niemand, der sie für eine gebürtige Engländerin hielt. Sie war neunzehn.

Sie war mit ihren Eltern nach Kalifornien gezogen, war von einem Schauspieler der Pauline-Markham-Theatertruppe während eines Engagements in San Francisco verführt worden und von zu Hause ausgerissen, um sich der Theatertruppe auf ihrer Tournee durch die Territorien anzuschließen. Die Romanze war schnell vorüber, doch Josie/Sadie blieb bei der Theatertruppe und kam 1879 mit ihr nach Arizona, wo sie in der Rolle des Schiffsjungen in *H.M.S. Pinafore* auftrat. Dort verliebte sie sich von neuem und verließ die Show, um eine Zeitlang mit Harry und Kitty Jones zu leben, doch nun wohnte sie in einem eigenen Haus auf einem Grundstück, das die ›Townlot Company‹ unter Bürgermeister Alder Randall mehrmals verkauft hatte, ohne Rücksicht darauf, wer die Originalpapiere besaß. Bis jetzt hatte es keinen Versuch gegeben, sie zu enteignen. Der Grund dafür stand draußen vor der Tür.

Als Wyatt anklopfte, erwartete sie ihn. Tombstone mit seiner großen Bevölkerungszahl war dicht bewohnt, und die Rückkehr der Earps nach der Aufregung durch den Überfall auf die Kutsche nach Benson, nach Luther Kings Flucht und den Gerüchten über Wyatt Earps Freund Doc Holliday hatte sich in Windeseile auf der Allen Street herumgesprochen. Sadie hatte ein blaues Seidenkleid angezogen, das ihren Busen fast unbedeckt ließ, und bevor sie die Tür öffnete, setzte sie eine gelbe Krepphaube auf und legte sich einen gelben, weitmaschigen Schal um die Schultern.

Wyatts Gesicht war sonnenverbrannt und hatte dort, wo er sich soeben rasiert hatte, die Farbe von Revolverstahl. Der Windschwall, der bei Wyatts Eintreten ins Haus drang, brachte den frischen Duft von Limonenwasser und Stärke mit. Sein Bart kitzelte, als Wyatt sie küßte, und seine Umarmung nahm ihr den Atem, aber sie preßte Wyatt fast ebenso fest an sich und schmiegte die Wange gegen sein gestärktes Hemd. Schließlich lösten sie sich voneinander. Sadie hakte sich bei ihm unter, und sie gingen hinaus in die Abenddämmerung.

Auf der Allen Street mischte sich die Pianomusik, die vom Eagle Brewery Saloon und dem Oriental Saloon herüberklang, mit einem Klappern, und jemand im Alhambra jubelte, als sein Los gezogen wurde. Das Paar betrat das Maison Doree Restaurant im Cosmopolitan Hotel, wo der kreolische Kellner, der sie zu einem Tisch in der Ecke führte, finster auf eine Gabel schaute und das ganze Besteck ersetzen und eine Tischdecke aus Leinen auflegen ließ. Als eine chinesische Bedienungshilfe das erledigt hatte, drehte der Kellner den

Docht der Lampe auf dem Tisch herunter und zog sich diskret zurück, bis sie bereit waren, ihre Bestellung aufzugeben. Der Geiger spielte ›Mollie Malone‹.

»In Mexiko brach Virgils Pferd tot unter ihm zusammen«, sagte Wyatt und schlug die Speisekarte auf. »Da kehrten wir um. Morg nahm Virge zu sich aufs Pferd. Das doppelte Gewicht war zuviel für das Tier, und als Bob Paul auch noch ausfiel, marschierten wir und führten die restlichen Gäule. Nach zwei Tagen ohne Wasser und Proviant wünschten wir, wir hätten die Kadaver nicht zurückgelassen.«

»Wie habt ihr den Rückweg geschafft?« Sadie blickte ihn unter langen Wimpern interessiert an. Sie stützte das Kinn auf die Hände mit den langen Fingernägeln.

»Wir alle waren schon in größeren Schwierigkeiten. Man muß nur einen kühlen Kopf bewahren.«

»Du bist zu bescheiden.«

»Das ist ein Fehler«, stimmte er zu.

»Nun, ich glaube, es ist wie ein Spiel. Antonius verfolgt Brutus.«

»Antonius brauchte sich keine Sorgen um die Ereignisse in Rom zu machen, während er fort war.«

»Was passierte, ist nicht dein Werk.«

»Das habe ich auch nie behauptet. Der Plan sah vor, Luther King hinter Gittern zu haben und nicht dort unten, wo er mit Leonhard, Head und Crane jetzt die Sau rausläßt.«

»Im *Nugget* steht, daß Doc Holliday ihm bei der Flucht half, damit er ihn nicht verrät.«

»Der *Nugget* ist ein Blatt voller Lügen und war es, seit Johnny Behan für Woods dessen Tochter Mary machte. Eine Lady wie du sollte *Ben Hur* lesen.«

»Ich bin eine geschiedene Frau und keine Lady.«

»Man kann erst geschieden werden, wenn man vorher verheiratet war.«

»Bist du mit Mattie verheiratet?«

»Laß sie aus dem Spiel.«

Bei seinem scharfen Tonfall wich sie zurück. »Paß auf Johnny auf«, sagte sie. »Er ist gefährlicher als jeder Straßenräuber.«

»Johnny wird sich eines Tages den eigenen Fuß abschießen.«

»Dafür ist er zu clever.«

»Ja, die Cleverneß ist Johnnys starke Seite.« Aus Liebe zu Johnny Behan hatte sie die Markham-Theatertruppe verlassen und als seine Frau mit ihm zusammengelebt, nachdem sie aus Jones Haus ausgezogen war. Sie lächelte – wieder einmal die Rolle de Schiffsjungen. »Wirst du Docs guten Namen rächen. Wie MacDuff?«

»Doc ist kein King Duncan.«

Der Kellner kam an den Tisch, und Wyatt bestellte für sich Schinken in Champagnersauce und für Sadie Shrimps vom Golf von Mexiko. Sie aß stets etwas Leichtes, wenn sie mit Wyatt zusammen war. Eine staubige Flasche französischer Wein wurde gebracht, und Wyatt kostete und erklärte sich zufrieden. Der Kellner füllte die Gläser, stellte die Flasche ab und zog sich zurück.

Das Restaurant füllte sich allmählich. John Clum traf mit seiner Frau am Arm ein und nickte Wyatt auf dem Weg zu ihrem Tisch zu. Eine Gruppe von San-Pedro-Cowboys in frisch aufgebürsteten Anzügen saß da und zerkratzte die Querstäbe der Stühle mit den mexikanischen Sporen, bevor sie hinüber zum Bird Cage gingen, und ein Kellner erschreckte ein Paar, das in der Nähe der Küche saß, indem er ein Rinderfilet in Brandy flambierte. Luke Short, Wyatts Freund von Dodge City, speiste allein in einer Ecke. Sein allgegenwärtiger Strohhut hing auf der Stuhllehne, und seine rechte Hand mit vermutlich einem Revolver darin war unter dem Tisch verborgen. Luke Short schaute lange genug zu Wyatt, um seine Anwesenheit zur Kenntnis zu nehmen. Seit er im Februar Charlie Storms vor dem Oriental niedergeschossen hatte, war Short in der Stadt zum Einzelgänger geworden.

Wyatt entdeckte Harry Jones, der sich einen Weg zwischen den Tischen bahnte, und winkte ihn herüber. Wie stets ähnelte der Anwalt mit Frack und einem abgetragenen weißen Kragen, dessen Spitzen sich hochbogen, einem professionellen Sargträger. Er schüttelte Wyatt die Hand, neigte sich hinab, um Sadie die Wange zu küssen, zog sich vom Nebentisch einen Stuhl heran und ließ sich darauf nieder wie eine Gliederpuppe, die zusammenklappt. Sein langes, gelbliches Gesicht war ernst im Schein der Lampe. An diesem Punkt verlor Sadie das Interesse. Das Gespräch würde politisch werden.

»Was passierte in Johnnys Büro?« fragte Wyatt.

»Ich war völlig mit dem Verkaufsvertrag beschäftigt«, sagte Jones. »Dunbar und Woods waren da, und jeder von beiden hätte King die Tür öffnen und ihm einen Fluchtweg aus der Stadt aufzeichnen können, ohne daß ich etwas davon bemerkt hätte.«

Wyatt musterte ihn und glaubte ihm kein Wort. Jones hatte früher in diesem Jahr Behans Ernennung zum Sheriff unterstützt. Aber Diplomatie fiel einem Spieler leicht, und er spielte die Karten, wie sie ihm ausgeteilt wurden.

»Dunbar ist Johnnys Partner. Sie hätten sich sagen müssen, daß sie zahlenmäßig unterlegen waren.«

»Ich wußte nicht, daß mehr dahintersteckte als der Verkauf eines Pferdes, um die Kaution zu bezahlen. Ich dachte, Behans Laster beschränken sich auf Frauen.«

Seine Erbittertheit begeisterte Wyatt, doch er behielt die ausdruckslose Miene des Spielers. Er fragte sich, wieviel an dem Gerede über den Sheriff und Kitty Jones nur Gerüchte waren, und er überlegte, ob das etwas ausmachte. »Ich hörte, Sie spielen mit dem Gedanken, Republikaner zu werden.«

»Nicht, solange dieser senile alte Bastard Fremont in Prescott sitzt. Verzeihung, Sadie«, fügte er hinzu. Sie nickte geistesabwesend. Sie hatte nicht zugehört.

Wyatt sagte: »Fremont wird nicht ewig leben.«

»Das hat er bereits.«

»Wen werden Sie im nächsten Jahr bei der Wahl zum Sheriff unterstützen, wenn nicht Johnny Behan?«

»Wer sagt, daß ich jemanden unterstützen muß?«

»Dieses Territorium ist voll von Anwälten. Ich habe noch keinen kennengelernt, der nicht lieber Gouverneur wäre.«

»Ist es das, was Sie wollen?«

»Ich bin kein Anwalt. Sheriff ist gut genug für mich. Johnny hält sich für was Besseres.«

»Der kleine Hurensohn«, murmelte Jones. Der Kellner brachte das Essen. Jones wollte sich entschuldigen und zurückziehen, doch Wyatt legte ihm eine Hand auf den Arm. Als der Kellner fort war, sagte Wyatt: »Harry, wer heckte dieses Märchen über Doc und die Kutsche nach Benson aus?«

»Das ist kein Märchen. Holliday ist so schuldig wie Kain.«

»Das ist Ihre Antwort?«

»Das ist die Wahrheit. Er verließ an jenem Tag um vier Uhr die Stadt mit einem Henry-Gewehr und einem Sechsschüsser, und er kehrte erst nach zehn Uhr zurück. Sein Pferd war völlig erschöpft.«

»Das ist dünn.«

»Doc verläßt Tombstone nur, wenn er woanders ein besseres Spiel hat.«

Wyatt setzte sich zurück. »Danke dafür, daß Sie herübergekommen sind, Harry.«

Der Anwalt blieb sitzen. »Sie sollten wissen, daß man erzählt, Sie hätten Leonhard, Head und Crane nicht gefunden, weil Sie das nicht wollten.«

»Wer sagt das?«

»Es gibt Gerede.«

»Wo stehen Sie?«

»Wenn ich irgend etwas davon glauben würde, wäre ich nicht zu Ihnen an den Tisch gekommen.«

Wyatt blickte auf seinen Schinken. »Sehen Sie bald Billy Breakenridge?«

»Warum?«

»Es ist nicht wichtig. Ich werde selbst mit ihm reden.«

Jones stand auf und neigte sich wieder zu Sadie, um sie auf die Wange zu küssen. Sie bat ihn, Kitty von ihr zu grüßen.

»Johnny wird das erledigen«, sagte Wyatt. Der Anwalt preßte die Lippen aufeinander. Er verharrte noch einen Augenblick, und seine Hände zuckten. Dann verließ er das Restaurant.

»Ich kann keinen gehörnten Ehemann groß herausbringen.« Wyatt nahm seine Gabel. »Er ist stets die unberechenbare Karte im Spiel.«

Sadie sagte: »Kitty erzählte mir, Johnny hat ihm angeboten, ihn zum Deputy zu ernennen. Was bedeutet das?«

»Das bedeutet, daß er einen Anteil von jedem Dollar bekommt, den er an County-Steuern einzieht. Billy Breakenridge nimmt Curly Bill mit, wenn er die Ranches besucht, damit nicht seine eigenen Taschen geleert werden, bevor er zurückkommt.«

»Willst du deshalb mit Breakenridge reden?«

»Das erzähle ich dir, wenn sich irgend etwas ergibt.«

»Zu schade, das mit Harry.«

Wyatt aß. »Ich kann keinen gehörnten Ehemann herausbringen.«

## 7

»Maria, *es el diente oro*«, sagte Doc.

»*No esta el diente oro. Toma un otro.*«

»Ich kann keinen der anderen Zähne ziehen. Der Goldzahn ist der schlechte, Mist, wie heißt das Wort, *Decaimiento*. Er muß raus.«

»*No esta decaimiento. Mucho dinero.*«

»Es wird dich viel mehr kosten, wenn ich ihn jetzt nicht ziehe. Willst du den ganzen Kiefer verlieren, *Mandibula?*«

Sie waren in einer der vergoldeten Logen, nach denen der Bird Cage benannt worden war. Die Vorhänge waren geöffnet, damit Sonnenschein hereinfallen konnte, und Doc saß fast rittlings auf einer fetten Mexikanerin in blaßgrünem Taft, die mit einer geschwollenen Wange auf einem der Sitze hockte, der Brandflecken von Zigaretten aufwies. Seine rosafarbenen Hemdsärmel waren an den dünnen, sehnigen Armen hochgekrempelt, und er hielt eine Zange in der Hand. Die Mexikanerin preßte den Mund zu. Die Augen in ihrem braunen Gesicht spiegelten Mordlust wider.

»Verdammt! Lottie!«

Kurz darauf bewegte sich der Vorhang hinten in der Loge, und eine große Frau in einem Kleid aus anthrazitfarbener Baumwolle und schwarzer Spitze trat ein. Ihr Haar war mit Silberkämmchen festgesteckt, und sie hatte genug Farbe auf dem Gesicht, um den Eindruck zu erwecken, sie wäre überhaupt nicht geschminkt. Doc sagte: »Ich könnte sie erschießen und ihr den Mund gewaltsam aufbrechen, aber es würde ihr nichts nutzen, wenn ich den Zahn aus ihrer Leiche ziehe.«

Die Frau wandte sich an Maria und sprach schnelles Spanisch mit ihr. Die Mexikanerin hörte zu, den Blick immer noch giftig auf Doc gerichtet. Als Lottie weitersprach, entspannte sich die Miene der Mexikanerin. *»Si, esta bien«*, sagte sie nach kurzer Stille. Sie schloß die Augen und öffnete den Mund, in dem es mehr Lücken als Zähne gab.

»Was hast du ihr gesagt?« fragte Doc.

»Ich sagte ihr, ich werde die Goldfüllung schmelzen und Ohrringe für sie daraus machen. Und das werde ich auch tun.«

»Lottie, du hast es immer verstanden, mit Huren umzugehen.«

»Genau wie du. Aber Mr. Hutchinsons und mein Lebensunterhalt hängen davon ab.« Sie raffte ihr Kleid und verließ die Loge.

Doc setzte sich rittlings fest auf Marias breiten Schoß, spreizte die Finger seiner linken Hand über ihr Gesicht, wappnete sich auf das Folgende und setzte die Zange an dem kranken Backenzahn an.

Marias Schreie hallten noch von den Dachbalken wider, als Doc die Zange und den blutigen Zahn in die flache Schüssel warf, die Lottie Hutchinson bereitgestellt hatte. Dieses Ereignis hatte begeisterte Pfiffe und Applaus aus den Separees gegenüber zur Folge, wo sich einige dienstfreie Huren mit aufklaffenden, verkrumpelten Morgenröcken versammelt hatten, um sich die Show anzusehen. Doc verbeugte sich dankbar bei dem Beifall, füllte ein Glas mit Gin aus einer Flasche, die auf dem kleinen Tisch stand, trank einen Teil des Gins und reichte das Glas mit dem Rest seiner Patientin.

»*Enjuago y escupi.*« Es war der einzige Satz auf Spanisch, den er fließend sprechen konnte.

Maria spülte den Mund mit dem Gin aus und spuckte einen hellroten Strom in die Schüssel, die Doc ihr hinhielt. Dann trank sie das Glas leer.

»*Gracias, Señor Doctor. Quiere usted paga ahora?*«

»Bezahl mich später. Für heute bin ich genug auf dir herumgeklettert.«

Er verlor sein Publikum. Er reichte ihr die Schüssel, zupfte seine Weste zurecht, zog seinen Gehrock an und setzte den grauen Hut auf.

Mit der staubigen schwarzen Arzttasche ging er die Treppe hinab und sah Morgan Earp, der in der dritten Bankreihe des Zuschauerraums lümmelte. Seine langen Arme ruhten auf den Schultern einer Rothaarigen und einer Brünetten, die in Kleidern steckten, die so eng wie Wurstpellen waren. Keine der Frauen sah jünger als vierzig unter dem Puder aus. Morgan selbst war Ende Zwanzig. Sein Gesicht mit der tief gebräunten Haut und dem typischen Earp-Schnurrbart sah jungenhaft gut aus. Eine Schlinge seiner Halsschleife hing tiefer als die andere; die Schleife war nachlässig gebunden, was Wyatt stets erzürnte. Doc nahm an, daß Morgan sie absichtlich so band, um seinen Bruder zu ärgern.

»Ich dachte, du praktizierst nicht mehr seit Dodge«, sagte Morgan.

»Ich halte mich in Übung, falls mein Glück nachläßt. Außerdem wurde ich von einer Lady darum gebeten.«

»Du solltest daran denken, den Kratzer zu schließen, bevor Kate ihn sieht und die falschen Schlüsse daraus zieht.«

Doc betastete die blutende Schramme an seiner linken Wange. »Ich glaube, ich werde die Schramme offenlassen, bis Kate zurückkommt. Sie hat mich in letzter Zeit als zu selbstverständlich betrachtet.« Kate war vor ein paar Tagen mit zwei Veilchen und einigen lockeren Zähnen in das Amüsierviertel im Süden der Stadt verschwunden, und seither hatte er sie nicht mehr gesehen. Er konnte sich nicht mehr erinnern, weshalb er sie diesmal verprügelt hatte. »Ich hörte, ihr Jungs habt unten in Mexiko die Fährte verloren.«

»Daran war dieser Buckskin Frank Leslie schuld«, sagte Morgan. »Johnny brachte den Kerl von Tombstone mit, und nachdem Bats Gaul lahmte und Bat uns verließ, setzte Leslie seine läppischen Fähigkeiten als Indianerscout ein, bis wir nicht mehr weiter wußten. Ich vertraue ihm nicht mehr als Johnny, und Johnny traue ich nicht so weit, wie ich spucken kann.«

»Du hättest mich mitnehmen sollen.«

»Keiner konnte dich finden, Doc.«

»Ich habe in dieser Nacht in Charleston gepokert.«

Morgan gab der Rothaarigen einen Klaps und stand

auf. Beide Frauen verstanden den Wink und gingen mit schwingenden Hüften durch die Seitentür hinaus. Morgan musterte Doc.

»Es heißt, du bist spät auf einem erschöpften Pferd zurückgekommen, hast dir ein frisches von Dunbar geholt und es die ganze Nacht draußen angebunden gelassen, als hättest du damit gerechnet, in aller Eile verschwinden zu müssen.«

»Man diskutierte in Charleston über den Überfall. Ich dachte, Wyatt würde mich für eine Posse brauchen, aber das war nicht der Fall.«

»Für gewöhnlich nimmst du kein Henry-Gewehr zum Pokern mit.«

»Das tue ich, wenn ich in Charleston spiele.«

Morgan ließ sich das durch den Kopf gehen und zuckte die Achseln. »Okay.« Er setzte den Hut auf. »Warst du besoffen?«

»Verdammt, Morg, du weißt, wenn ich das Ding gedreht hätte, dann hätte ich die achtzigtausend eingesackt. Wer auch immer Philpot erschoß, konnte seine Waffe nicht von einem Spundloch unterscheiden. Er hätte auf ein Pferd schießen sollen.«

»Vielleicht hat er danebengeschossen.«

»Ich schieße gut genug nüchtern, und besoffen würde ich nichts überfallen.«

»Nüchtern würde ich dich nicht wiedererkennen. Hölle, Doc, ich frage nur, weil Wyatt zu höflich dazu ist. Ich war kein Begleitfahrer bei diesem Transport. Es würde mich ebensowenig jucken, wenn du Alexander von Rußland überfallen hättest.«

Doc sagte: »Ich hätte bestimmt nichts überfallen, was *du* fährst.«

Nach einem Moment deutete Morgan das auf die gute Weise und grinste. Sie gingen zum Alhambra.

Der Regen des Frühlings setzte ein und trommelte den letzten Schnee aus den Whetstone Mountains nordwestlich von Tombstone. Die Blumen der Wildnis erblühten in breiten Streifen von Orange und Weiß und Blau, verwelkten schnell in der Sonne und wurden vom Wind als brauner Staub davongetragen. Der San Pedro River trat über die Ufer und ging wieder zurück. Im Mai entdeckte ein Goldsucher, der in der Nähe von Contention Dreck siebte, einen zottigen Büffelbullen nördlich der Grenze. Das wurde allmählich ein so seltener Anblick, daß einige Digger ihre Claims verließen, um sich den Büffel anzusehen, und ein paar Familien mit Wagen aus der Stadt kamen, um den Kindern den Büffel zu zeigen, damit sie sich daran erinnern und darüber erzählen konnten. Eine Zeitlang beobachteten sie den Büffel, der unbekümmert das Gras des Frühjahrs fraß. Es war ein großer, graubärtiger Bulle mit Narben so dick wie Schlangen an den Schultern und Flanken und einem gelben Auge. Schließlich wurde der Büffelbulle von irgend jemand erschossen, und alle kehrten zu ihrer vorherigen Beschäftigung zurück.

Joseph Isaac Clanton ritt am letzten Tag im Mai von Charleston herauf. Seine Haut war dunkel gebräunt, und sein Haar und der Kinnbart waren rotgolden geworden, während er von Sonora aus Herden nordwärts getrieben hatte. In Tombstone nahm er ein Bad, kaufte eine Flasche Whisky und nahm sich im Grand Hotel an der Allen Street ein Zimmer, wobei er den Anzug trug, den er zusammengerollt bei seiner Ausrüstung gehabt hatte. Später wurde Clanton im Eagle Brewery Saloon gesehen. Er sprach mit Billy Breakenridge und teilte eine weitere Flasche mit ihm, bevor der Deputy aufstand und ihn mit einem Klaps auf die Schulter verließ, als Frank Stilwell, ein Stammgast aus San Pedro, mit einem Glas Bier in der Hand und einer rauchenden kurzen Zigarre herüberkam. Ike lachte und schirmte die Augen ab, als blende ihn der Glanz des neuen Deputysterns auf Stilwells Weste. Behan rekrutierte die meisten seiner Männer im unteren Tal. Später spielte Ike einige Partien Poolbillard bei Hatch's und pokerte mit Virgil Earp und einigen anderen in Haffords Saloon. Tombstone war eine gute alte Stadt, und die Männer des Gesetzes waren freundlich.

Ike Clanton war mit seinen Eltern in den Westen gekommen, um in Kalifornien Gold zu waschen, hatte dann in Texas mit dem Vater und dem jüngeren Bruder Phineas als Cowboy gearbeitet, als Billy noch gestillt wurde und seine Schwester Mary zur Schule ging. Nach dem Tod seiner Mutter war er dann ins Territorium abgewandert. Zu jener Zeit standen texanische Rinder wegen des Texasfiebers unter Quarantäne und konnten nicht nach Norden getrieben und zu Geld gemacht werden, weil die Army und die Ranger an der Grenze warteten, um sie zurückzuschicken. In jenen Tagen war Ikes Vater ein Teufelskerl gewesen, schwarzbärtig und hart und so schnell mit den Fäusten wie mit einem Zitat aus der Heiligen Schrift, nicht blaß und griesgrämig und eingefallen, wie er es jetzt war. Dieser Clanton hätte keinen zweitklassigen Arbeiter wie Curly Bill Brocius als vollen Partner akzeptiert, während er seinen eigenen ältesten Sohn herumkommandierte, als wäre er ein Nigger.

Sie holten die herrenlos herumstreifenden Rinder jenseits der Grenze, und wenn einiges Rindfleisch von mexikanischen Haziendas dabei war, ließ sich das nicht ändern. Man konnte beim Rindertreiben nicht anhalten, um Tiere mit Brandzeichen von ungebrändeten auszusondern. Es ließ sich auch nicht ändern, wenn die wild herumstreunenden Rinder knapp wurden und es nur noch welche gab, die jemandem gehörten, so zahlreich, daß kein Greaser ein paar hundert Stück vermissen würde, selbst wenn Vaqueros verhindern sollten, daß sie durch ganz Sonora streiften und auf amerikanisches Gebiet liefen, wo sie demjenigen gehörten, der sie zuerst entdeckte. Hier oben vertrieb der Clan kleine Trupps von Apachen, die darauf aus waren, die Herden zu stehlen, und sie hatten schon gegen Rote und Mexikaner gekämpft, als Tombstone erstes Adobe noch gelber Schlamm auf dem Grund des San Pedro gewesen war. Wie die Rinder gehörte ihnen auch der Ort wie jedem anderen.

Ike verbrachte die nächsten paar Tage in der Stadt mit Faulenzen. Er bestellte ein Paar mexikanische Stiefel bei Tappanier, kaufte eine Centennial Winchester mit Silberbeschlag in Spangenbergs Waffenladen, wettete bei einem Hahnenkampf auf der Toughnut Street und verlor, traf sich mit einigen Rinderkäufern aus Tucson in Dolans Saloon, die nicht sehr daran interessiert waren, gestohlenes mexikanisches Rindfleisch zu erwerben, aß im Can Can Chop House und in der Imbißstube des Alhambra und versuchte sein Glück an Luke Shorts Farotisch im Oriental. Short war ein gepflegter Mann mit griesgrämigem Gesicht, der beim Kartengeben den Strohhut tief ins Gesicht gezogen hatte und keinem sagen wollte, was den verstorbenen Charlie Storms im letzten Winter veranlaßt hatte, ihn herauszufordern. Er trug einen kurzläufigen Revolver in einem Spezialholster, das ins Futter seines Jacketts eingearbeitet war.

Ikes Geld ging zur Neige, und er mußte immer noch unter vier Augen mit Wyatt Earp sprechen.

Am 2. Juni saß Ike allein im Eagle Brewery Saloon, als Wyatt hereinkam und Ike die Hand schüttelte. Die Handfläche des Spielers war glatt bis auf eine Schwiele am Fuß der Finger. Wyatt fragte, was Ike trank, und kaufte einen weiteren doppelten Whisky für ihn und ein Bier für sich. Der Barkeeper wischte den Tisch ab und stellte einen Bierkrug und ein Glas ab, auf dem außen Wasser perlte.

»Hast du in letzter Zeit McLaury gesehen?« fragte Wyatt.

Ike zögerte und nickte schließlich. »Oben in Galeyville.« Er fragte sich, ob es hier um Frank ging. Es wurde gemunkelt, daß Hattie Earp, die Stieftochter von James, dem ältesten der Brüder, sich heimlich mit einem der McLaurys traf; Ike nahm jedoch an, daß es Tom war und nicht dessen älterer Bruder. James verabscheute einen ehemaligen Zuhälter, der eines seiner Mädchen geheiratet hatte, und er hatte sich das Handgelenk verstaucht, als er Hattie in Hörweite von Nachbarn verprügelt hatte.

»Hat dir Billy Breakenridge gesagt, daß ich mit dir sprechen will?« fragte Wyatt.

»Ja, aber er sagte nicht, worum es geht.«

»Wenn du mit Frank befreundet bist, willst du ihn vielleicht mitmachen lassen.«

Es ging also nicht um Hattie. »Nun, das kommt auf dein Angebot an.«

»Es ist eine komplizierte und private Sache.«

»Klingt nach Geld.«

»3600 Dollar.«

Ike nippte an seinem Whisky. Über ihnen drehte sich zischend der große Ventilator an der Decke. Ike wartete, bis er den Luftzug spürte. »Franks Bruder Tom ist der Bankier.«

»Ich habe nicht vor, irgendwelche Greaser-Rinder zu kaufen.«

»Und was dann?«

»Geh mit mir nach draußen, und ich erzähle es dir.« Wyatt stand auf und ließ sein Bier unangerührt zurück.

Ike trank sein Glas leer, folgte Wyatt auf den Gehsteig hinaus und fischte einen Levi Garret's-Priem aus der Tasche. Wyatt stopfte seine schwarze Pfeife. Die Abenddämmerung senkte sich über die Stadt. Ein Zündholz flammte gelb am Fenster des Oriental auf der anderen Seite der Fifth Street auf, dann war das weichere Buttergelb einer Lampe zu sehen.

Wyatt zündete die Pfeife an und schnippte das

Streichholz auf die Straße. »Du weißt, daß Wells Fargo 1200 Dollar pro Kopf auf die Männer ausgesetzt hat, die versuchten, die Benson-Kutsche zu überfallen?«

»Die Plakate hängen überall herum.« Ike schob den Kautabak in den Mund.

»Hilf mir, Leonhard, Head und Crane zu schnappen, und du kannst jeden Cent der Belohnung haben.«

»Possenreiten ist Niggerarbeit.«

»Charleston ist ein kleines Kaff. Jeder kennt dort jeden. Es heißt allgemein, daß diese drei Männer auf euren Ranches angehalten haben, auf denen der McLaurys und deiner.«

»Ich bin ein ehrbarer Viehzüchter.«

Nellie Cashman kam mit weißer Bluse und schwarzem Rock und Jacke an ihnen vorbei. Sie zogen die Hüte, und Nellie nickte ihnen zu und senkte den Blick. Sie hatte schöne, große Augen. Wyatt paffte an seiner Pfeife und bewunderte Nellies schlanke Gestalt von hinten. »Ich glaube nicht, daß sie so eng ist, wie es den Anschein hat«, murmelte er, als sie außer Hörweite war.

Ike setzte den Hut wieder auf. »Was nützen dir die drei ohne die Belohnung?«

»Ich bewerbe mich als Sheriff.«

»Dann verhafte doch Doc Holliday. Er hat Philpot erschossen.«

Wyatt zog seine Taschenuhr und klappte den Deckel auf. »Ich nehme an, ich sollte mit Frank oder Tom reden.«

»Ich habe nicht gesagt, daß ich kein Interesse habe.«

Wyatt nickte und steckte die Uhr weg.

Ike spuckte aus und taufte einen Stützpfosten des Vordaches. »Billy Leonhard und ich erheben Anspruch auf dieselbe Ranch«, sagte Ike. »Es wäre ein Witz, wenn er aus dem Verkehr gezogen und ich außerdem bezahlt werden würde.«

»Er wird darüber lachen, bis man ihm den Hals langzieht.«

»Ich werde Franks Hilfe brauchen.«

»Beteilige, wen du willst. Meine Bedingungen sind dieselben für einen Mann oder hundert.«

»Seine Ranch ist im Sulphur Springs Valley. Ich kann dorthin reiten, mit ihm reden und Montag wieder hier sein.«

Wyatt nickte von neuem, sog an der Pfeife und ging davon.

Am Montag, dem 6. Juni, trafen sie sich wieder hinter dem Oriental. Auf dem Hof roch es scharf nach saurer Maische und Leder und Leim von Glover & Company Clothiers und der Schuhmacherei daneben. Ike hatte zwei Männer bei sich. Einer war ein Bantamgewicht Anfang Dreißig mit braunem Haar und buschigem Kinnbart. Der zweite Mann war dünn und mittelgroß und hatte helle, lustig dreinblickende Augen in einem Gesicht mit der Farbe von Tonschiefer. Alle drei Männer trugen verwaschene Flanellhemden, Bandannas und Chaps, die an den Knien speckig waren.

»Earp, dies hier ist Frank McLaury.«

»Wir kennen uns bereits.« McLaurys Stimme klang näselnd und unangenehm. Er blickte zu Wyatt und schaute dann fort. Die beiden waren sich vor ein paar Monaten wegen einigen gestohlenen Mulis der Army in die Haare geraten, als Wyatt Deputy Sheriff gewesen war. Damals waren harte Worte gefallen.

»Joe Hill«, stellte sich der dünne Mann vor und drückte Wyatts Hand. Das dunkle Gesicht verzog sich zu einem Grinsen.

Ike sagte: »Joe war da, als ich Frank informierte, und so brachte ich ihn mit.«

»Teil die Belohnung, wie du willst«, sagte Wyatt. »Es sind immer noch 3600 für die drei oder 1200 für jeden.«

»Ich frage mich, ob nicht ein Haken bei der Sache ist«, sagte Hill.

»Keine Sorge. Ich verlange dafür nur Leonard, Head und Crane. Als Sheriff wird mein erstes Jahresgehalt zehnmal so hoch sein wie die Belohnung.«

Ike grinste um einen frischen Priem herum. »Hölle, wir könnten sie auf eigene Faust abliefern und uns als Sheriff bewerben. Ich glaube, ich mache mich ganz gut in einem Frack.«

Wyatt klopfte seine Pfeife am Stiefelabsatz aus und erwiderte nichts.

»Was hindert Behan daran, uns alle festzunehmen, weil wir wußten, wo wir sie finden konnten?«

Wyatt schaute McLaury nicht an. »Der ehrenhafte Johnny Behan würde nur all eure Waffen und Patronengurte und sonstiges auf seinen Schreibtisch legen, aus dem Büro spazieren und die Tür offenlassen. Ich würde eines Abends bald darauf über meine Sporen stolpern und mir selbst in den Rücken schießen.«

»Wenn der Rest des Vereins je erfährt, wer diese Jungs abgeliefert hat, würde uns das gleiche passieren«, sagte McLaury.

»Von mir werden sie es nicht erfahren.«

McLaury schnalzte mit der Zunge und blickte fort.

Wyatt sprach weiter. »Ihr bringt Leonard, Head und Crane irgendwohin, wo ich sie mit dem Lasso einfangen kann, und dann kassiere ich die Belohnung und übergebe sie euch in bar. Ihr braucht bei der Transaktion nicht in Erscheinung zu treten.«

Ike sagte: »Ich kenne Billy Leonard. Den schaffst du nicht so einfach. Wird das Geld für tot oder lebendig ausgezahlt?«

»Das nehme ich an.«

»Vermutungen und Versprechungen«, sagte McLaury. »So arbeitet ihr Earps.«

Ike zielte mit einem Strahl Tabaksaft auf einen Mistkäfer und verfehlte ihn. Der Tabaksaft hinterließ einen

Flecken auf dem Boden. Ike wischte sich über den Mund. »Nun, ich liefere keinen Mann kostenlos zum Aufhängen ab. Stell fest, ob die Belohnung in beiden Fällen ausbezahlt wird.«

»Ich werde Marsh Williams nach Wells Fargo telegrafieren und anfragen lassen.«

SAN FRANCISCO CALIF.
7. JUNI 1881
MARSHALL WILLIAMS
TOMBSTONE ARIZONA
JA WIR WERDEN BELOHNUNGEN FÜR SIE TOD ODER LEBEND AUSZAHLEN.

L. F. ROWELL

»Wer zur Hölle ist L. F. Rowell?« Ike übergab Frank McLaury das gelbe Telegramm.

»Der Assistent von John J. Valentine, dem Präsidenten von Wells Fargo«, sagte Wyatt Earp.

Die vier Männer teilten den Schatten unter dem Vordach vor Dave Cohens Tabakladen an der Allen Street mit einem hölzernen Indianerhäuptling, der narbig war, weil unzählige Streichhölzer daran angerieben worden waren. Der Tag war trocken und heiß, und die Viehzüchter, die jetzt Stadtkleidung trugen, hatten ihre Jacketts abgelegt. Wyatt schwitzte leicht unter seinem Prince-Albert-Rock. Auf der anderen Straßenseite schimmerten James Earps Sampling Room Saloon und das Büro des *Nugget* in der Hitze. Ein paar Pferde standen mit hängenden Köpfen am Haltebalken.

McLaury verzog die Lippen, während er las, und gab das Telegramm an Joe Hill weiter. »Du hast uns doch nicht bei Williams und diesem Knaben verpfiffen?«

»Das hatte ich zugesichert.«

Ike sagte: »Sie verstecken sich jenseits der Grenze

nach New Mexico in Yreka. Wir können sie bis zu Frank und Toms Ranch locken. Es wäre nett, wenn du sie dir schnappst, bevor sie dort eintreffen, damit es besser aussieht. Soldier's Holes wäre eine geeignete Stelle.«

»Welches Märchen wollt ihr ihnen erzählen?«

»Wir werden ihnen erzählen, ein Zahlmeister wäre auf dem Wege von Tombstone nach Bisbee, um die Minenarbeiter auszuzahlen«, sagte McLaury. »Der Teufel wird sie reiten, wenn sie davon hören. Sie brauchen den Zaster.«

Ike kaute auf seinem Priem herum. »Joe wird die Nachricht überbringen. Die Leute vertrauen Joe.«

»Das liegt an meinem treuen Blick.« Grinsend gab Hill Wyatt das Telegramm zurück.

Wyatt faltete das Telegramm zweimal und steckte es in seine Westentasche. »Laßt mich wissen, wann ihr bei der verabredeten Stelle eintrefft. Ich werde in Rabbit Springs an der Straße nach Bisbee eine Posse verfügbar haben. Natürlich gilt die Belohnung minus Ausrüstung und das Mieten von Pferden.«

»Moment, davon war nie die Rede.«

»Ike, du schuldest mir immer noch das Pferd, das mir dein Bruder Billy geklaut hat.«

»Dieses Pferd hast du zurückbekommen!«

Hill sagte: »Vergiß es. Wieviel macht das schon?«

»Wenn du uns auf die krumme Tour kommst, dann wird es das nächste Mal nicht nur dein Pferd sein«, grollte McLaury.

Ike zog seine Jacke an. »Es ist uns ein Vergnügen, mit dir Geschäfte zu machen, Marshal.«

»Ich bin städtischer Polizeibeamter.«

»Bald wirst du Sheriff sein.«

Joe Hill löste seine Uhrkette. »Wem kann ich meine Uhr und die Kette anvertrauen, bevor wir losreiten?« fragte er Wyatt. »In dieser Stadt wimmelt es von Dieben.«

Wyatt nahm Uhr und Kette, und er sah die drei Männer erst wieder, nachdem viel von Tombstone niedergebrannt war.

## 8

Das Feuer begann mit einem Faß Whisky und endete unter ein paar tausend Gallonen Wasser, und als es vorüber war, existierten die vier Blocks nicht mehr, die im Norden von der Fremont, im Süden von der Toughnut, im Westen von der Fourth und im Osten von der Sixth Street begrenzt wurden.

Es hieß, daß zahlreiche Beschwerden von Gästen einen Saloonkeeper an der Allen Street veranlaßt hatten, ein Faß Thistle Dew aus dem Verkehr zu ziehen, weil es nicht schmeckte. Während er maß, wieviel Whisky er dem Lieferanten zurückgeben würde, verlor er den Meßstab durch das Spundloch und rief seinen Kellner zu Hilfe, um den Stab aus dem Faß herauszufischen. Der Kellner kam und vergaß, daß er eine angezündete Zigarre zwischen den Zähnen hatte.

Die Stichflamme versenkte beiden Männern die Schnurrbärte, loderte an einem braunen Vorhang aus Musselin empor und breitete sich mit einem Zischen über die geteerte Decke aus. Eine Fensterscheibe barst, und die Flammen griffen auf den Eisenwarenladen nebenan über. Die meisten der Gebäude an der Allen Street waren aus Brettern zusammengenagelt und hatten gemeinsame Zwischenwände, und das Feuer wurde vom Wind in einem orangefarbenen Ball über die Dächer getrieben, züngelte über Fenster, bis die Scheiben barsten, und verbrannte die Farbe der aufgehängten Schilder, die von der Hitze waagerecht hochgedrückt wurden. In einem Waffengeschäft flog eine Kiste mit Patronen in die Luft, und ein Stapel Pulverfässer explodierte. Das Dach wurde angehoben. Bretter flogen durch die Luft. Doch selbst dieses Donnern ging im Toben des Feuersturms unter, der durch das Stadtzentrum fegte. Eine dicke, schwarze Rauchsäule stieg in den Himmel und war bis Tucson und Prescott zu sehen. Die Glocke vom Spritzenhaus bimmelte, Dampfpfeifen gellten in den Silberbergen, und Tombstone wand und schwärzte sich wie ein Skorpion in einer Bratpfanne.

Der Stolz der Stadt wurde eingesetzt, eine Jeffers-Jigsaw-Feuerspritze mit Dampfpumpe, 3500 Pfund poliertes Messing, das auf die Räder eines Zirkuswagens montiert war, mit Schwungrad und einer Siebeneinhalb-Zoll-Kolbenstange. Es klang, als ziehe eine Kuh die Hufe aus dem Grund eines Flusses. Doch während die vier Gespannpferde dressiert und an Lärm gewöhnt worden waren, hatte niemand daran gedacht oder gewußt, wie ihr Verhalten bei einer Feuersbrunst trainiert werden konnte, und so waren vier Männer mit Helmen von Minenarbeitern und naß gemachten Regenmänteln nötig, um die scheuenden Führpferde zu halten, während ihre Gefährten die Pumpe anschlossen. Dann arbeitete die Pumpe, der schlaffe Wasserschlauch richtete sich auf, eine bläulichweiße Fontäne spritzte in hohem Bogen über die Feuerwand.

Das Wunder ließ schnell nach. Die Wasserleitung von den Chiricahua-Quellen war zu lang und zu schlecht abgestuft, und die kleine Pumpe war nicht dem erforderlichen Druck gewachsen. Die Wasserfontäne stieg empor und fiel, sprudelte und spuckte, und die Flammen breiteten sich weiter aus. Männer bildeten Löschketten und reichten Eimer mit Wasser weiter, das sie aus Pferdetränken geschöpft hatten. Frauen tauchten Decken und schwelende Besen in die Wassertröge und schlugen die Flammen von den Pfosten der Vordächer und einander aus den Röcken, wenn sie sich zu nahe ans Feuer herangewagt hatten. Augäpfel schimmerten weiß in Gesichtern, die von Ruß geschwärzt und von der Nase an mit Halstüchern maskiert waren. Reiterlose Pferde, die aus den Corrals freigelassen worden waren, galoppierten wiehernd und schnaubend die Allen Street hinauf und hinab.

Bei Einbruch der Dunkelheit bildeten die zerstörten Blocks Vierecke von verkohlten und eingefallenen Grundgerüsten vor dem rauchverhangenen Himmel, die an Verbindungsstellen glühten. Die Obdachlosen schliefen unter den Dächern von Freunden und auf dem Boden von Nellie Cashman's Russ House, und Mannschaften hielten draußen in Zwei-Stunden-Schichten Wache, um bei neu aufflackernden Brandherden zu löschen. In von Lampen erhellten Küchen trugen Brandbekämpfer Achsenschmierfett auf Brandblasen an Händen und Gesichtern auf. Niemand war ums Leben gekommen, und als am nächsten Tag die Sonne über der ausgebrannten Siedlung aufging, lasen die Überlebenden dieses Wissen aus der rauchenden Asche auf und polierten es mit Selbstlob, bis es glänzte.

Beim ersten Tageslicht stellten die Mexikaner, die dieses Handwerk betrieben, fünfmal so schnell Lehmziegel her als sonst, und die ersten Wagen fuhren zu den Huachucas mit Äxten und Sägen, um die erforderlichen Materialien zum Wiederaufbau Tombstones zu beschaffen. Saloonbesitzer durchsuchten die Überreste ihrer Lokale nach unbeschädigtem Inventar. Männer mit Brecheisen und Vorschlaghämmern schlugen Fundamente und vom Feuer halb zerstörte Kamine auseinander und fuhren verkohlte Balken und Möbel in Schubkarren fort.

Andere Personen waren genauso unternehmungslustig bei der Arbeit.

Virgil Earp betrat das Büro des *Epitaph* an der Fremont Street und begrüßte John Clum, der hinter seinem Schreibtisch aufstand, und den Bankkassierer Milton Clapp, der sich aus einem mit Pferdefell bezogenen Lehnsessel erhob und zu dem Neuankömmling aufblickte. Clapp war klein und mager, nur Haut und Knochen unter seinem schwarzen Anzug, und er trug eine große goldgerandete Brille, deren dicke Gläser seine Augen geschwollen wirken ließen. Virgil nickte Colonel William Herring zu, der sitzenblieb. Herring war so groß wie Virgil, aber beträchtlich fülliger. Die drei Männer führten das Sicherheitskomitee der Bürger an.

»Marshal, ich freue mich zu sehen, daß Sie nicht zu den Opfern zählen.« Clum setzte sich auf seinen hochlehnigen Drehstuhl und wies mit einer verbundenen Hand auf einen leeren Stuhl zwischen den beiden anderen Besuchern.

Virgil nahm Platz und schlug den Schoß des Gehrocks hinter den Griff seines Army Colts zurück. »Ich habe an der Brandbekämpfung in der Fourth teilgenommen und mir eine Brandblase an einem Axtstiel geholt.« Er zeigte seine Handfläche.

»Anscheinend hat George Parsons die einzige ernst zu nehmende Verletzung erlitten«, sagte Clum. »Ein Balkon stürzte unter ihm ein, und George schlug sich die Nase ein. Ich finde es erstaunlich, daß niemand ernstlicher verletzt oder getötet wurde. Die Apachen würden sagen, daß uns alle gestern die Sonne und der Mond angelächelt haben.«

»Außer George«, sagte Virgil.

»Alle außer George.« Clums Miene verfinsterte sich, als die Unterhaltung von einem seiner Lieblingsthemen abschwenkte, von seinen drei Jahren als verantwortlicher Agent in der San Carlos Apachen-Reservation. »Auf jeden Fall haben wir jetzt die Möglichkeit, Tombstone zu einer richtigen Stadt wiederaufzubauen, anstatt zu einem Durcheinander von Segeltuch- und Bretterbuden. Als erstes müssen wir die Schädlinge ausräuchern.«

»Leute, die sich Grundstücke unter den Nagel reißen«, sagte Virgil Earp.

»Die werden Sie doch bemerken.«

»Das ist nicht immer möglich. Einige davon haben sich noch vor dem Sonnenaufgang auf den Trümmern der besseren Saloons und Vergnügungslokale niedergelassen. Sie fangen an, Zelte zu errichten.«

»Das ist eine schäbige Sache. Clapp, Colonel Herring und ich sind der übereinstimmenden Meinung, daß jeder, der vor dem Ausbruch des Feuers im Besitz des Grundstücks war, der rechtmäßige Besitzer der Parzelle ist, was bald von den Gerichten bestätigt werden wird. Dennoch könnte das Monate dauern.«

»Unterdessen können die Landräuber ihre Gebäude errichten, wie es ihnen beliebt, und sich den Teufel um Ästhetik und Rechte der Besitzer scheren«, sagte Herring.

Virgil erhob sich. »Geben Sie mir vierundzwanzig Stunden Zeit.«

Clum sagte: »Gehen Sie nicht nur halb gespannt an die Sache heran.«

»Ich bin immer voll gespannt.«

»Besitz muß respektiert werden. Dieses Komitee hat nur örtliche Geltung, und wir können uns nicht erlauben, daß Gouverneur Fremont und die US-Army hier unter dem Vorwand auftauchen, die Ordnung wiederherzustellen. Das Cochise County ist kaum fünf Monate alt, und jetzt redet man bereits im Kongreß Unsinn über uns. Eine Vielzahl von Leichen in diesem Stadium würde all unsere guten Absichten zunichte machen.«

»Schieben Sie es auf das Feuer.«

»Einige dieser Landräuber sollen Revolverschwinger sein«, warf Clapp ein.

»Das sind einige davon mit Gewißheit«, sagte Virgil. »Ich kann meinen Jungs nicht befehlen, ihre Waffen zu Hause zu lassen. Eine solch gute Absicht würde zu vielen Toten führen, und alle auf unserer Seite.«

Clum strich sich über den kahlen Kopf. Sein Haarausfall hatte begonnen, bevor er zwanzig gewesen war, und seine politischen Gegner betrachteten diesen staatsmännisch wirkenden Mangel als ausschlaggebend für Clums Sieg bei der letzten Wahl. »Beschränken Sie sich darauf, ihnen Gottesfurcht beizubringen, bevor es Tote gibt.«

»Das ist Nachtarbeit.«

»Solange es bald geschieht, ist es uns gleichgültig, zu welcher Zeit Sie es tun«, sagte Colonel Herring.

»Geben Sie mir vierundzwanzig Stunden Zeit.«

Bei Sonnenuntergang war auf den verkohlten Trümmern an der Fremont und Toughnut und am oberen Ende der Allen Street eine Ansammlung von Zelten entstanden, die aus Stöcken und Planen errichtet worden waren und in runden Gruppen wie Pilze standen. Vor ihnen kochten die Besitzer an Feuern aus unverbrannten Trümmerstücken das Abendessen. Es roch nach Bohnen und Speck und Präriezwiebeln. Die Männer trugen langläufige Revolver an den Hüften. Einige warfen sich Tabaksbeutel und Prieme zu und erzählten sich Witze, die mit zunehmender Dunkelheit immer zotiger wurden.

Als es dunkel war, flackerten die Feuer wie verstreute Fetzen von brennendem Stoff. Gegen Mitternacht begannen sie einzeln zu erlöschen, dann gehäuft, und als die Reiter auf der Allen Street auftauchten, war kein Funke mehr zu sehen. Die Landräuber schliefen tief und fest in ihren Zelten.

Das erste Lasso wirbelte zweimal mit leisem Schwirren, flog durch die Luft und landete mit einem leisen Klatschen um einen Zeltpfosten an der Ecke der Sixth Street. Sofort zog sich die Schlinge zusammen, und das Pferd am anderen Ende schnaubte, als ihm die Sporen gegeben wurden, und trug seinen Reiter im Galopp nach Westen. Das Zelt flatterte davon, und der Sternenschein fiel auf den Besitzer, der sich aus seiner

Decke strampelte. Das fahle Licht fiel auf ein schläfriges, entsetztes Gesicht, das von zerzaustem Haar umgeben war.

»Landräuber, verschwinde!«

Die Grabesstimme ertönte aus der Dunkelheit über ihm. Der Mann sprang auf und hetzte in die Nacht davon. Er stolperte über die Decke, die noch um seine Beine hing und sich verhedderte.

»Landräuber, verschwinde!«

Es war eine warme Nacht, und das zweite Opfer trug nur eine Unterhose. Der Mann raffte seine Stiefel und Kleidung zusammen und stürzte davon, um in Deckung zu gelangen. Er fluchte schrill, als er in die heiße Asche seines Campfeuers trat. Einer der Reiter lachte schallend.

»Landräuber, verschwinde!«

Der dritte Mann stolperte über einen Stein vom Fundament und schlitterte in einen Haufen frischer Pferdeäpfel. Er rappelte sich beschmiert auf und rannte davon, wobei er gerade noch einem anderen Reiter ausweichen konnte, der mit einem weiteren zusammengefallenen Zelt im Schlepptau vorbeigaloppierte. Der Reiter stieß einen Rebellenschrei aus.

»Hau ab!«

Die Reiter jagten nordwärts, und die aus dem Schlaf gerissenen Männer erhaschten im Mondschein Blicke auf die Reiter, die große Hüte trugen, mit Halstüchern maskiert und schwerbewaffnet waren. Aber nur wenige Männer unterbrachen die Flucht, um sich die Reiter anzusehen.

»Haut ab, Landräuber!«

Bei der Fremont Street fehlte die Überraschung. Die Reiter feuerten mit ihren Revolvern in die Luft und auf unbewohnte Ruinen, zerschossen Fensterscheiben, die bei dem Brand nicht zerborsten waren, und löcherten Tröge, aus denen das Wasser floß. Mit ihren Lassos rissen sie leere Zelte weg. Sie preschten hin und her, ballerten in den Himmel, baten Gott, die Uniform zu segnen, und forderten gottesfürchtige Leute auf, Wyatt Earp zum Sheriff zu wählen. Die Zelte wurden auf der Allen Street auf einen Haufen geworfen, mit Petroleum übergossen und in Brand gesteckt. Als die Sonne aufging, sah sie kein Zelt mehr zwischen Fremont und Toughnut Street, und nur die Männer, die sie entfernt hatten, waren im Besitz der Grundstücke.

An diesem Tag enthielt die Ausgabe des *Epitaph* einen Leitartikel von John Clum, der die illegalen Methoden von Gesetzesbrechern anprangerte, denen undisziplinierte Nachtreiter einen Strich durch die Rechnung gemacht hatten, und der die Bemühungen von Polizeichef Virgil Earp und seiner Deputys um die Wiederherstellung der Ordnung lobte.

Am 2. Juli wurde Präsident James Abram Garfield in den Rücken geschossen, als Garfield auf dem Bahnsteig der Baltimore & Potomac Station in Washington D.C. stand und auf einen Zug nach New England wartete. Der Mörder war der Reverend Charles J. Giteau, der in seinem Amt gescheitert war und behauptete, daß Gott ihm befohlen hatte, den Präsidenten zu töten. Garfield wurde aus der Hitze und Malariagefahr des Sommers in Washington nach Elberton, New Jersey, gebracht, wo die Ärzte zuversichtlich waren, daß er genesen würde.

Während Leser des *Epitaph, Nugget* und *Prospector* die telegrafisch übermittelte Information über die Verfassung des Präsidenten verfolgten, gelangten Gerüchte nach Tombstone, daß es im Skeleton Cañon in den Guadalupes nahe der mexikanischen Grenze ein Massaker gegeben hatte. Ein Trupp von mexikanischen Maultiertreibern war von Apachen überfallen worden. Neunzehn Maultiertreiber waren getötet worden, und Silberbarren im Wert von 75 000 Dollar waren verschwunden.

»Geronimos Werk, meinst du?« Doc Holliday, der an seinem Lieblingstisch im Alhambra saß, schenkte den Rest Whisky aus der Flasche ein und bestellte eine neue und ein zweites Bier für Wyatt. Der Brandgeruch vom Feuer, das im Spielzimmer Schaden angerichtet hatte, und der Geruch von Sägemehl nach den Reparaturarbeiten erfüllten den Saloon. Tag und Nacht waren Hämmern und Sägen zu hören. Die Stadt wurde wiederaufgebaut.

Wyatt schüttelte den Kopf. »Ein verrückter Hund wie Geronimo braucht keine Silberbarren. Er hätte die Last von den Mulis abgeschnitten und die Tiere genommen. Maultierfleisch ist für einen Apachen wertvoller als Silber, sagt Clum.«

»Wer dann, wenn es nicht Geronimo war?«

»Dein Freund Billy Leonard braucht Geld.«

»So ein Coup erfordert mehr Helfer, als er sonst benutzt.«

»Dann Stilwell«, sagte Wyatt. »Oder Curly Bill.«

»Stilwell ist in der Stadt und spielt Deputy. Wenn du Curly Bill sagst, kannst du ebenfalls Ike Clanton sagen, und Ike ist ein Viehdieb.«

»Der klaut *mexikanische* Rinder. Greaser umzulegen ist nicht das gleiche, wie Weiße zu töten. Ich habe Ike zum letztenmal vor dem Brand gesehen.«

Doc zog den Korken aus der Flasche, die der Barkeeper gebracht hatte. »Ike hat weder den Verstand noch den Mumm. Wenn es jemand von diesem Clan war, dann der Alte.«

»Der Alte ist zu alt und steif für diese Arbeit. Seine Jungs erledigen so was für ihn.«

»Ich habe Ringo oder Rattlesnake Bill Johnson ewig nicht mehr gesehen.« Doc leckte Whisky von seinem Schnurrbart.

»Ein schlechter Chip ähnelt all den anderen im Stapel.«

»Wenn es Ike war, werden wir das früh genug

erfahren. Er wird versuchen, alles Marihuana in der Allen zu kaufen und es mit jeder Nutte zwischen hier und Benson zu treiben. Ich wette, daß es kein Astloch im Territorium gibt, in das er ihn nicht reingeschoben hat, bevor sich Tombstone entwickelte.«

»Beides ist nicht unsere Sorge«, sagte Wyatt.

Doc trank sein Glas leer. »Der arme Blödmann vögelt Greaser. Wenn schon der Präsident nicht sicher ist, dann hat keiner die geringste Chance auf einer Alkali-Ebene.«

»Wir leben in einer harten Zeit.«

»Es waren alles harte Zeiten, seit Honest Ape sein Amt antrat.«

»Ihr Sezessionisten werdet diesen Krieg weiterführen.« Wyatt trank sein Bier aus und zog seine Taschenuhr hervor.

»Bleib noch ein Weilchen«, sagte Doc.

»Ich habe Sadie versprochen, mit ihr am Morgen auszureiten.«

»Sie wird warten.«

Wyatts Miene wurde verschlossen. »Kate ist nicht zu Hause?«

»Sie ist sauer, weil ich ihr den Arsch vertrimmt habe, und sie verkauft ihn wieder in der Toughnut.«

»Himmel, Doc!«

»Sie wird zurückkommen. Keiner sonst wird sich mit ihr abfinden.«

»Ich weiß nicht, warum du dich mit ihr abgibst.«

»Sie ist die einzige, die meinen Husten hinnimmt. Wenn sie sich bis jetzt nicht angesteckt hat, dann wird sie sich wohl niemals anstecken. Höchstwahrscheinlich nicht.« Doc holte sein Taschentuch hervor, spuckte hinein, betrachtete den Auswurf, faltete das Taschentuch und steckte es fort. Er trank. Sein Adamsapfel ruckte zweimal auf und ab. Dann stellte Doc das Glas leer ab.

»Colorado ist das Land für dich«, sagte Wyatt.
»Mein Glück ist hier.«

Kate war nicht in der Toughnut Street, sondern im Arcade Saloon, einen Block weiter die Allen Street hinauf. Kate saß in einem der hinteren Räume, die vom Feuer verschont geblieben waren. Sie hatte die Arme auf den Tisch aufgestützt, und ihr Kinn ruhte auf den Händen. Ihre Schultern waren nackt über dem lavendelfarbenen Kleid, das sie soeben bei Glover's gekauft hatte, weil Doc all ihre anderen Sachen außer der Unterwäsche verbrannt hatte. Kate hatte die Füße unter die Querleiste des Stuhls gehakt und malte mit dem Wasserring, der sich unter ihrem Glas gebildet hatte, Kringel auf die Tischplatte.

»Dieser gottverdammte gerissene Gauner hat Doc verhext. Der üble Einfluß war Docs Ruin«, murmelte sie vor sich hin. »Nicht, daß Doc ein Heiliger ist, der mit Glanz und Gloria in den Himmel kommt. Aber er ist ein kranker Mann, der sich mit Trinken am Leben hält und sich nicht helfen kann. Wyatt trieb ihn da hinein, wie er ihn zu den Taten in Dodge und überall sonst seit Fort Griffin trieb.«

»Wozu trieb er ihn?«

Kate heftete den Blick auf den elegant gekleideten, kleinen Mann mit dem Sombrero, der ihr gegenübersaß. Sie hatte vergessen, daß sie den Tisch mit Sheriff Behan teilte. Sie lächelte schief und strich mit einem Finger über die verschmierte Tischplatte.

»Du bist nur sauer auf Wyatt, weil er dir die kleine Nutte Sadie Marcus weggenommen hat, geradewegs von deinem kleinen Pimmel. Ich wette, daß er klein ist wie das restliche von dir. Der kleine Johnny Behan mit seinem großen Hut und seinem kleinen Schwanz. Ich wette, du mußt vor dem Pissen den Hut abnehmen, weil du den Kleinen im Schatten nicht findest.«

Milt Joyce, der leitende Beamte des Kreisverwaltungsvorstands im Cochise County, grinste bei Kates Worten. Der schmale Mann mit dem schwarzen Matrosenbart und den gepflegten Händen stand beim Vorhang am Eingang und drehte einen Elchzahn am Ende seiner Uhrkette.

»Bring uns noch eine Flasche«, bellte Behan.

Als die Flasche entkorkt wurde, strahlte Kate und hielt ihr Glas hin, damit es gefüllt wurde. Eine purpurfarbene Schwellung war längs des rechten Wangenknochens zu sehen. Behan sagte: »Dieses Schwein schlägt Frauen.«

Kate berührte die Beule. »Er wollte es nicht, es ist nur der Whisky. Wenn ihn der Husten schüttelt, bis er das Gefühl hat, innerlich zu zerreißen, muß er trinken, um den Schmerz zu betäuben. Es ist, als wenn dir ein Zahn gezogen wird.« Ihr Gesicht verzog sich zu einer komischen Maske des Mitleids. »Er war ein ehrbarer Zahnarzt, bevor er den Husten bekam und bevor er sich mit diesen Earps einließ.«

»Es ist schmerzlich zu sehen, wie ein guter Mann so tief sinkt«, warf Joyce ein.

Behan nahm sein Glas und gab vor, daraus zu trinken. »Ich hab' gehört, daß er einen Nigger erschoß und deshalb Georgia verlassen mußte.«

»Da hast du eine Lüge gehört. Doc hat in seinem Leben niemanden getötet.« Sie trank ausgiebig.

»Vielleicht war es Leonard, der Philpot und diesen Passagier erschoß.«

Kate erstickte fast vor Lachen, und Joyce ging zu ihr und klopfte ihr auf den Rücken. Ihr Busen hob und senkte sich unter heftigen Atemzügen, und sie trank von neuem. Eine Brustwarze lugte über dem Rüschenausschnitt ihres Kleids hervor.

»Alles in Ordnung?« fragte Joyce.

Behan forderte ihn auf, den Mund zu halten. Er starrte Kate hart an.

»Billy Leonhard kann mit einem Gewehr kaum seinen eigenen Schatten treffen«, sagte Kate. »Doc kann rings um sich Fliegen erschießen, wenn er nüchtern ist.«

»Hat er Philpot erschossen?«

Sie schaute ihn wieder an und lächelte. »Kleiner Johnny. Hast du überhaupt noch irgendwelche Haare unter dem großen Hut?«

»Schlampige Hure!« Behan sank auf seinem Platz zurück und trank jetzt wirklich.

Joyce füllte Kates Glas auf. »Tombstone ist kein Ort für vornehme Leute«, sagte er. »Wenn man einen Fehler begeht, muß man damit weitermachen, bis man an einem Strick baumelt.«

»Eine Frau gilt hier nicht mehr als Pferdescheiße. Wenn sie höher geschätzt würde, dann hätte ich diesen gottverdammten whiskygetränkten, zahnziehenden Schrotflintenkiller schon vor Jahren verlassen.«

»Du sagst, er hat niemals jemanden getötet.«

Sie hörte nicht zu. »Eine Frau zählt hier nicht mehr als Pferdescheiße. Fragt doch Mattie Earp, die Wyatts Unterhosen schrubbt, damit Sadie sie ihm runterziehen kann.«

»Verkommene alte Fotze«, sagte Behan.

Joyce sagte: »Was Doc braucht, ist eine Zeit hinter Gittern, damit er darüber nachdenken kann, wie sein bisheriges Leben war und wie er dich behandelt hat.«

»Er war in Fort Griffin hinter Gittern«, sagte Kate. »Ich habe Feuer im Mietstall gelegt und ihn aus der Zelle geholt, als alle das Feuer bekämpften. Ich wette, das hat er vergessen.«

»Er braucht eine Erinnerung daran.«

»Danach war es in Dodge wie in den Flitterwochen. Wir waren dort Dr. und Mrs. Holliday.«

»Trink noch einen.«

Behan zog die schriftliche Aussage aus der Innentasche seines Jacketts und breitete das Papier vor Kate aus.

»Ich kann das nicht lesen«, sagte Kate.

»Es ist die Aussage, daß du anwesend warst, als Holliday den versuchten Raubüberfall auf die Benson-Kutsche und die Ermordung von Bud Philpot gestand«, sagte Joyce. Er zog den Stöpsel aus einem Tintenfäßchen und tauchte eine Roßhaarfeder hinein. »Doc kann dich nicht mehr ignorieren, wenn er das gesehen hat.«

»Er wird mich umbringen.«

»Sheriff Behan wird dafür sorgen, daß er das nicht tut.« Joyce schüttete etwas überflüssige Tinte ins Fäßchen zurück und hielt Kate die Feder hin.

Sie nahm sie zögernd. »Johnny hat seine Frau und sein Haar verloren. Es ist nicht gerade ein Trost, das zu wissen.«

»Nun, würdest du es vorziehen, zu Doc zurückzugehen?«

Kate zuckte die Achseln und schrieb ihren Namen auf den Fuß des Schriftstücks.

## 9

»Sie sind alle tot«, sagte Morgan.

»Wer?«

»Leonard, Crane und Head. Der alte Clanton ebenfalls.«

Wyatt polierte weiter seinen Stiefel. Er hielt ihn auf einem Arm und hatte eine Roßhaarbürste in der anderen Hand. »Hast du sie gesehen?«

»Ihre Gräber. Jedenfalls Leonards und Heads Gräber. Jim Crane und der alte Mann sind im Guadalupe Cañon begraben, wo sie von den Greasern zurückgelassen wurden.« Morgan trug einen schmutzigen Staubmantel, und sein Hut hatte die Form verloren. Seine Stiefel waren mit Schlamm und rotem Lehm bedeckt; es war Regenzeit. Rote Bartstoppeln waren ihm gewachsen.

»Erzähle.«

»Es ist, wie Joe Hill sagte. Crane und der alte Mann und einige andere wurden von Freunden der mexikanischen Maultiertreiber, die sie wegen der Silberbarren töteten, aus dem Hinterhalt überfallen, und Bill und Ike Haslett erschossen Leonard und Head, als sie versuchten, den Laden der Hasletts in Huachita zu überfallen.«

»Hill sagte, Leonard und Head wären von Pferdedieben umgelegt worden.«

»Das war seine einzige Lüge.«

»Starben sie sofort?«

»Leonard hat angeblich noch eine Weile gelebt.«

»Hat er etwas gesagt?«

»Nichts, was wir nutzen können.«

Eine Zeitlang war nur das Schaben von Wyatts Bürste zu hören. Sie hatten sich leise unterhalten, weil Sadie im Nebenzimmer war und sich zum Essen und einem Theaterbesuch in der Schieffelin Hall ankleidete. Wyatt hatte seine Sachen vom Haus in der Fremont Street in das Haus gebracht, das Sadie mit Johnny Behan bewohnt hatte, als sie noch zusammengelebt hatten. In letzter Zeit unterzeichnete sie beim Erhalt von Paketen als Mrs. Wyatt Earp. Es war ziemlich peinlich, wenn Matties Pakete an Sadies Tür abgeliefert wurden.

»Die Hasletts?« fragte Wyatt.

Morgan zuckte mit den Schultern. »Curly Bill hat geschworen, sie zu erwischen. Nach dem Tod des alten Mannes wird er den ganzen Kram am San Pedro übernehmen. Ike Clanton ist so doof wie ein Zaunpfosten.«

»Wenn Curly Bill sagt, daß er sie erwischen wird, dann sind sie schon so gut wie unter der Erde. Er wird Ringo und die Hälfte von Galeyville und Charleston mitnehmen.«

»So erledigt Bill die Dinge im allgemeinen«, sagte Morgan. Er stand stocksteif auf dem Teppich, weil er befürchtete, Sadies feine Dinge aus San Francisco staubig zu machen. Der Raum war überfüllt mit Tischen, Zierdeckchen, Kissen, großen Vasen, Lampen mit fransenbesetzten Schirmen, einem transportablen Harmonium, einem Phonographen und Stapel von Notenblättern. Wyatt saß auf einem Sofa, das mit geblümtem Mohair bezogen war und Schonbezüge an den Beinen und Armlehnen hatte. Man konnte sich kaum drehen oder furzen ohne irgend etwas umzuwerfen, das kaum zu ersetzen war.

»Leonard brüllte wie ein Hahn, der kastriert wird.« Wyatt zog den glänzenden Stiefel an, stand auf und stützte sich mit einer Hand auf Morgans Schulter, während er mit dem Stiefel aufstampfte, bis er richtig saß. Eine kristallene Lampe tanzte auf einem Tischchen mit Säulenfuß. »Er nannte Luther King, Jim Crane und Harry Head als seine einzigen Komplizen bei dem Überfall. Der gute Curly Bill wird uns einen Gefallen tun, wenn er die einzigen beiden umlegt, die das bestreiten können.«

»Das wird Doc nichts nutzen. Ich habe von diesem Schriftstück gehört, das Kate unterzeichnet hat.«

»Laß mich und Doc das schaukeln. Du hast deinen Teil getan.« Wyatt zog seinen Prince-Albert-Rock an und strich den Schoß über seinem American glatt. »In der Küche ist Eßbares, wenn du dich versorgen willst, während wir weg sind.«

»Danke, ich werde heimgehen. Wenn ich da etwas zerschlage, ist es schon bezahlt.«

Wyatt grinste und zeigte weiße Zähne unter dem Schnurrbart. »Als ich am ersten Morgen hier aufwachte, dachte ich, ich wäre wieder in Jims Puff in Dodge.«

»Jims Puff war niemals so.«

»Jims Mädchen waren niemals wie Sadie.«

Das Theaterstück handelte von einem Mädchen, das in einen Jungen verliebt war, der des Diebstahls angeklagt war. Am Ende hatte der Detektiv, der ihn seit dem ersten Akt verfolgt hatte, Mitleid mit ihm und ließ ihn laufen. Wyatt bevorzugte Shakespeare, aber Sadie bewunderte das rosafarbene Rüschenkleid des Mädchens.

Nach der Vorstellung brachte Wyatt Sadie nach Hause und ging von dort aus zu James Earps Haus in der Fremont Street. Dort öffnete der älteste der fünf Brüder die Hintertür und trat zur Seite, um Wyatt hereinzulassen. Der vierzigjährige James mit dem schütteren Haar und dem hufeisenförmigen Schnurrbart über einem Kinnbart, war in Fredericktown durch Kartätschenfeuer der Konföderierten verwundet worden, und sein linker Arm hing steif hinab. James war der einzige der Earps, der kleiner als ein Meter achtzig war.

»Ich habe Nellie und Hattie rübergeschickt, damit sie die Nacht bei Allie verbringen«, sagte James.

Wyatt nickte. Die große Küche war mit Familienmitgliedern und zwei Außenseitern gefüllt. Virgil war da mit unordentlich gebundener Krawatte. Warren, der jüngste Earp, lümmelte auf einem Stuhl, hatte einen Arm über die Rückenlehne gehakt, und sein rechtes Bein ruhte auf dem linken Knie, eine Pose, die Wyatt von sich selbst kannte. Warren rauchte eine General Arthur-Zigarre, und als er den Kopf wandte, um den Bruder zu begrüßen, den er am meisten bewunderte, glänzte der Flaum über seiner Oberlippe im Lampenschein.

Doc saß am Tisch und teilte sich Karten von seinem Glücksblatt aus Prescott zu einer Partie Blackjack aus. Gegenüber von ihm saß Kate. Ihr Haar lag flach und wie angeklebt an ihrem großen Kopf, und ein Cape hing um ihre Schultern. Seit Wyatt sie zum letztenmal gesehen hatte, sah sie gut zehn Jahre älter aus. Sie hielt einen Becher mit beiden Händen.

»Trink das«, sagte Virgil. »Wärm dir nicht die Hände.«

»Ich bin bis obenhin voll Kaffee.« Ihre Stimme klang krächzend.

»Das ist ja der Sinn der Sache.«

Sie trank nicht. Ihre Nase lief, und ihre Augen tränten.

»Warren!«

Warren erhob sich lässig, nahm einen blauen Wasserkrug vom Tisch und goß den Inhalt des Krugs über dem Kopf der Frau aus. Kate kreischte und spuckte, und das kalte Wasser tränkte ihr Haar und die Kleidung. Virgil schnappte den Becher, bevor sie ihn fallen ließ, schüttete den verwässerten Inhalt in die Waschschüssel und füllte den Becher von neuem mit Kaffee aus der Kanne, die auf dem Herd stand. Dann drückte er Kate den Becher in die Hand. »Trink.«

Ihre Zähne klapperten volle fünf Sekunden lang, bevor sie das Wort herausbrachte. »B-bastard.«

»Hure. Trink.«

Sie hob den Becher mit beiden Händen an und schluckte.

»Wie lange geht das schon so?« fragte Wyatt.

»Fast eine Stunde«, sagte James. »Mir geht der Kaffee aus.«

»Habt ihr es mit Salz versucht?«

Virgil rülpste. »Scheiße. Das habe ich vergessen.«

James fing Warrens Blick auf. »Im Schuppen.«

Warren stellte den leeren Wasserkrug ab und ging hinaus. Er kehrte mit einem Fünf-Pfund-Sack Salz zurück und warf ihn auf den Tisch.

»Wir wollen keine Rinderseite pökeln«, sagte James.

»Wenn du es in Portionen von jeweils einer Handvoll willst, dann hättest du das sagen sollen.« Warren setzte sich.

Virgil nahm Kate den Becher ab, gab eine Handvoll Salz aus dem Sack hinein und schüttete noch etwas Kaffee aus der Kanne nach. Kate starrte mit blutunterlaufenen Augen auf die Mischung.

»Das trinke ich nicht.«

Er schlug sie mit dem Handrücken und streifte ihr Ohr. Sie wankte und wäre vom Stuhl gefallen, doch Virgil krallte die Hand in das verfilzte Haar am Hinterkopf, zog ihren Kopf grob zurück und stieß ihr den Becher gegen die Zähne. »Trink das, oder ich schiebe es dir samt Becher und allem in deinen schwabbeligen Arsch.«

Kate bäumte sich auf, doch er preßte sie über die Rückenlehne, bis Kates Augen hervorquollen und ihr die Luft wegblieb. Als sie den Mund öffnete, um Atem zu schöpfen, setzte er den Becher an. Kaffee strömte über ihr Kinn und befleckte ihr Kleid. Sie würgte und hustete wie eine Schwimmerin, die Wasser geschluckt hat, doch er schüttete Kaffee in ihren Mund, bis der Becher leer war. Dann ließ er ihr Haar los und trat zurück. Sie würgte und spuckte. Ein Geräusch wie von einer Dampfpumpe begann tief in ihr. »Paßt auf eure Stiefel auf«, warnte Virgil und trat noch einen Schritt weiter zurück, als sich Kate vorneigte und sich in die Waschschüssel zwischen ihren Füßen erbrach.

Als es vorüber war, verharrte sie in dieser Haltung mit gesenktem Kopf. Ihre Hände baumelten zwischen den Knien, und Erbrochenes tropfte von ihrem Kinn. Warren stieß einen angewiderten Laut aus, stand auf und öffnete die Tür, um frische Luft hereinzulassen.

Virgil nahm ein Handtuch von der Rücklehne des Stuhls, den Warren verlassen hatte, und warf es Kate zu. »Mach dich sauber.«

Eine Minute verging, bevor Kate sich regte. Dann nahm sie das Handtuch und wischte sich mechanisch das Gesicht ab. Inzwischen hatten sich die Earps in der Ecke beim Herd versammelt. Doc steckte seine Karten ein und erhob sich am Tisch, um sich zu den Earps zu gesellen.

»Was denkst du?« fragte Wyatt.

Virgil sagte: »Ich denke, sie wird eine kranke Nutte sein.«

»Das meine ich nicht.«

James zündete eine Zigarre an und schnippte das Streichholz in den Herd zwischen die verkohlten Leichen der Ahnen des Zündholzes. »Eine Hure, das ist sie. Huren wissen immer, was das Beste für Huren ist.«

»Wenn sie nüchtern sind«, sagte Doc. »Mir tut das wirklich leid, Wyatt.«

Wyatt sagte: »Das kannst du am besten zeigen, indem du sie aus der Stadt jagst, sobald diese Sache erledigt ist. Sie hat Virge und mich bereits fünftausend an Kautionsgeld gekostet, damit keiner von uns eingelocht wird.«

»Ich war schon im Knast. Mir hätte das nichts ausgemacht.«

»Billy Blab würde draußen pinkeln gehen, während die Lyncher kommen würden. Und ich wäre ein trauriger Kandidat für das Sheriffamt, wenn ein Freund als Mörder im Gefängnis wäre.«

»Glaubst du, daß sich Billy beim Pinkeln hinhockt?« Warren grinste.

Virgil rieb an einem Kaffeefleck auf seiner Hemdmanschette. »Ich hab' heute mit dem alten Fuller gesprochen, Doc. Du bist um vier Uhr auf ihn gestoßen, als er Wasser zur Stadt transportierte. Am Tag, an dem die Kutsche nach Benson überfallen wurde. Du hast deinen Gaul hinten am Wasserwagen angebunden und bist mit Fuller gefahren. Gegen sechs wart ihr in der Stadt.«

Doc hatte einen Schluck aus einer Taschenflasche getrunken, deren Silberbezug abblätterte und Zinn darunter enthüllte. Er verkorkte die Taschenflasche. »Habe ich angehalten, um etwas zu trinken?«

»Die Kutsche war gegen sechs im Tal, und du konntest zeitlich nicht zu Drew's gelangen, um sie um zehn zu überfallen«, sagte Virgil. »Fuller wird das vor Gericht beschwören.«

»Sein Junge Wes ist kein Freund.« Doc steckte die Taschenflasche weg.

»Er ist noch weniger ein Freund für den alten Mann. Andere erinnern sich, daß du in dieser Nacht im Alhambra am Farotisch warst. Kate ist der einzige Zeuge, der etwas anderes sagt.«

»Und wir haben Kate«, sagte Wyatt.

»Ja«, stimmte Doc zu. »Wir haben Kate.«

Sie setzten Kate die ganze Nacht hindurch zu. Gegen Mitternacht ging der Kaffee zur Neige, und sie flößten ihr warmes Wasser und Salz ein und belohnten sie anschließend mit einem Glas Brandy, das sie sofort in einem Zug leertrank. Virgil und Wyatt redeten abwechselnd leise auf sie ein und schlugen sie gelegentlich, während Doc Warren beim Monte ausnahm und James im Wohnzimmer George McClellans Memoiren las. Er schlief bei brennender Lampe ein. Kate suchte dreimal das Toilettenhäuschen auf, während Warren draußen Wache hielt. Im Morgengrauen kehrte James' Frau Nellie mit ihrer Tochter zurück und half Kate, sich zu säubern. Sie lieh Kate ein altes Kleid und ein Umhängetuch für den Weg zum Gefängnis. Nellie, selbst eine ehemalige Prostituierte, war eine große Frau, und sie schrubbte Kate ab und kleidete sie mit maskuliner Grobheit und einem Minimum an Mitgefühl an. Sie hatte mit ähnlicher Gleichgültigkeit zugesehen, als Hattie verprügelt worden war, weil sie sich mit einem der McLaurys eingelassen hatte.

Doc hielt Virgil zurück, als er Kate hinausbegleiten wollte. Kates Gesicht war geschwollen, und ihre Augen waren rotgerändert, aber sie stand wieder fest auf den Beinen.

»Es ist nicht nötig, daß sie eingesperrt wird. Sie wird jetzt parieren, nachdem sie gesehen hat, was ihr sonst blüht. So ist das immer bei ihr.«

»Wir können uns nicht darauf verlassen«, erwiderte

Wyatt. »Virgil wird dafür sorgen, daß sie es bequem hat.«

Virgil öffnete die Hintertür. »Gehen wir, Kate. Ich verhafte dich wegen Trunkenheit in der Öffentlichkeit und weil du in die Schüssel gekotzt hast, in der Nellie Jims Hemden kocht.«

Doc wünschte Kate gute Nacht.

Die Schwellungen waren zurückgegangen, und Kate trug ein neues Kattunkleid mit Turnüre und hielt ein Spitzentaschentuch im Ärmel, als sie ein paar Tage später in Richter Wells Spicers Gerichtssaal an der Fremont Street die Hand auf die Bibel legte. Kate nahm auf dem Ahornstuhl neben der Richterbank Platz und identifizierte ihre Unterschrift am Fuß eines mit Whisky befleckten Papiers für den Ankläger, einen breitschultrigen Mann mit einem braunen Bart, der bis zu seiner Uhrkette hinabhing. Der Anklagevertreter fragte sie, ob ihr der Text des Dokuments bekannt sei.

Kate wischte einen Fussel vom Kleid. »Ich erinnere mich, daß ich irgendein Papier unterschrieben habe, als ich mit dem kleinen Johnny Behan und Milt Joyce jede Menge getrunken habe. Ich erinnere mich nicht, was auf dem Papier stand oder ob überhaupt etwas darauf geschrieben war.«

Spicer, fast kahlköpfig und mit einem löffelförmigen faltigen Gesicht mit wenig bemerkenswerten Zügen, schlug mit dem Hämmerchen, um Ruhe zu verschaffen, warnte Sheriff Behan davor, Obszönitäten im Gerichtssaal von sich zu geben und wies schließlich die Klage gegen John Henry Holliday wegen versuchten Postkutschenüberfalls und Mord ab.

Als Kate wieder in Flys Pension war, fand sie ihre Reisetasche an der Tür und Doc ausgestreckt in seiner Weste auf dem Bett. Docs Augen waren geöffnet und besonders leuchtend, was stets ein Anzeichen auf einen nahe bevorstehenden Anfall war. Eine Flasche Whisky stand auf dem Boden in seiner Reichweite.

»Sieh dich um, ob ich irgendwas von deinen Sachen vergessen habe«, sagte er. »Du hast noch zwei Stunden, bevor die Kutsche nach Benson fährt. Von dort aus kannst du mit dem Zug weiterfahren.«

»Ich habe Freunde in Globe.« Kate rührte sich nicht von der Stelle.

»Dann fahr nach Globe.«

»Ich habe kein Geld für eine Fahrkarte.«

»Deine Handschuhe liegen dort auf dem Schreibtisch.«

Nach kurzem Zögern ging sie zum Schreibtisch und nahm die Handschuhe aus Ziegenleder, die jetzt an den Fingerspitzen fleckig waren und an denen ein Perlenknopf fehlte. Die Handschuhe hatte sie nach Docs großem Gewinn in Prescott aus Chicago bestellt. Ein dickes Bündel Banknoten rutschte aus einem der Handschuhe heraus.

»Das sind weitere 500, die ich Wyatt schulde«, sagte Doc.

Kate steckte die Handschuhe und die Banknoten in ihre Handtasche. »Ich werde schreiben, wenn ich mich niedergelassen habe.«

»Wenn du willst.«

An der Tür wandte sich Kate noch einmal um. »Wer wird sich um dich kümmern, wenn es dir dreckig geht? Wyatt doch nicht.«

»Dieselbe Person, die es vor dir tat.«

»Da warst du noch nicht so schlecht dran.«

»Nichts war da so schlecht.«

»Du und Morgan, ihr redet stets über Billy Breakenridge.« Ihre Wangen färbten sich. »Wenn die Leute über dich und Wyatt Bescheid wüßten, dann würden sie vielleicht über dich reden.«

Zu einer anderen Zeit wäre er vom Bett gesprungen und hätte sie verprügelt. Jetzt regte er sich nicht. Da wußte sie, daß er sehr krank war. Ermutigt sagte sie: »Du wirst mir schreiben und mich bitten, zurückzukommen.«

Er erwiderte nichts.

Sie nahm ihre Reisetasche und ging.

Und sie würde wiederkommen.

Die Hitze des Spätsommers verschlang die Pfützen, die vom Gewitterregen übriggeblieben waren und ließ die Erde aufspringen, als die Lachen verschwunden waren. Danach kamen die Herbststürme, heiß und trocken, wenn sie von Mexiko heraufbliesen, und kalt und mit eisigem Regen, wenn sie von den schneebedeckten Gipfeln der Rincons herabfegten. Die Regenstürme peitschten den Sand und brachten den Geruch von verbrannter Erde und rostigem Eisen. Am 8. September stoppten im Schlamm in der Nähe von Hereford in einem Arroyo vier Männer die Postkutsche nach Bisbee, erbeuteten die Geldkassette von Wells Fargo, einen Postsack mit 2500 Dollar, 750 Dollar in Bargeld und Schmuckgegenstände von den vier Passagieren. Der Kutscher, ein erfahrener Kenner der Saloons in Tombstone und Charlestone, identifizierte zwei der Räuber als Pete Spence, einen Nachbarn der Earps in der Fremont Street, und Frank Stilwell, seit kurzem Deputy des Cochise County.

Sheriff Behan übertrug Billy Breakenridge das Kommando einer Posse, die aus Deputy Dave Neagle, dem örtlichen Wells Fargo Agenten Marshall William, Fred Dodge, und – worauf Williams bestanden hatte – aus Wyatt und Morgan Earp bestand. Sie folgten den tiefen Spuren im grauen Schlamm durch die Mule Mountains nach Bisbee, einer Siedlung von Minenarbeitern, die aus Adobe- und Bretterhütten an einen Hügelhang genagelt zu sein schien. Dort saß Breakenridge als erster ab und murmelte vor sich hin, daß er einen Happen essen wolle.

Morgan sagte: »Laß dich nur nicht von uns erwischen, wenn du den Happen mit Stilwell ißt.«

Breakenridge wandte sich mit offenem Mund um. Dann schloß er ihn und ging davon.

»Kleiner Schwuler«, sagte Morgan.

Die übrigen Männer teilten sich in zwei Gruppen. Nach zwanzig Minuten betraten Wyatt, Williams und Dodge einen Saloon, dessen Wände aus Lehm und dessen Boden aus hartgestampfter Erde bestand. Wyatt setzte sich zu Stilwell an den Tisch, legte seinen American auf die Tischplatte und sagte dem Mann, der dort saß, daß er verhaftet sei.

»Weshalb?« Stilwell füllte sein Glas aus der Flasche, die auf dem Tisch stand.

»Weil du deinen Stiefelabsatz auf dem Trail verloren hast und dir hier einen neuen verpassen lassen mußtest. Fred fand den alten Absatz in den Mule Mountains, und wir kommen soeben vom Schuhmacher.«

Stilwell verzog den Mund zu einem Lächeln. Er war glattrasiert – was hier nicht üblich war – und trug einen Schlapphut, den er in den Nacken geschoben hatte. Eine seiner unverkennbaren kurzen Zigarren hing im Mundwinkel. Stilwell war kaum älter als der junge Warren. Er trug seinen Stern nicht, aber die Stelle, an der er an seiner Weste gesteckt hatte, war deutlich zu sehen.

»Ich kassiere Steuern für das County«, sagte er. »Ich habe es nicht nötig, Kutschen zu überfallen.«

Fred Dodge, ein mit Wyatt befreundeter Profispieler, der in seinem Regenmantel und mit dem herabhängenden Schnurrbart verblüffende Ähnlichkeit mit Morgan Earp hatte, zündete sich eine Zigarette an und ließ das noch brennende Streichholz in Stilwells Glas fallen. »Wer sagte was von Postkutschenüberfall?«

Wyatt sagte: »Frank, jeder weiß, daß du so viele Kutschen gestoppt hast, daß die Gäule schon schneller auf deine Stimme reagieren als die Fahrer.«

»Warum willst du Schwierigkeiten machen, Wyatt? Du weißt, daß ich nur mit Johnny zu reden brauche und zehn Minuten später wieder frei bin.« Stilwell blickte finster auf das Zündholz, das in seinem Whisky schwamm.

»In Schwierigkeiten machen bin ich ein As, Frank.«

»Komm mir nicht auf die blöde Tour. Du bist nur darauf aus, Johnny schlecht aussehen zu lassen.«

»Dazu braucht er keine Hilfe.«

»Ich werte dieses Gelaber als das deines Freundes, dieses Postkutschenräubers, Hochstaplers und schwindsüchtigen Hurensohns Doc Holliday «

»Er steht hinter dir, Frank«, sagte Wyatt.

Stilwell wurde blaß. Dann lächelte er wieder verzerrt und schnippte die Asche von der Zigarre, ohne sie aus dem Mund zu nehmen. Die Asche fiel auf den Tisch. »Die Bude hier ist in einen Hügel gebaut, und selbst Doc Holliday ist nicht mager genug, um durch den Kamin hereinzurutschen.«

»Ich habe gelogen, Frank. Wollte nur sehen, wie du dir in die Hose machst.«

»Das Dumme bei euch Leuten ist, daß ihr nach dem Dienst vergeßt, wer eure Freunde sind.«

»Wenn das der Fall wäre, dann wäre ich schießend hier reingekommen. Es könnte immer noch dazu kommen.«

Fred Dodge stand beim Tisch mit der Hand auf dem Revolvergriff, und Marshall Williams war an der Türschwelle und hielt eine Winchester in der Armbeuge. Stilwell atmete aus und hielt Wyatt seinen Colt's Navy am Lauf und mit dem Griff nach oben hin.

Wyatt nahm die Waffe nicht. Lampenschein fiel auf seine blauen Augen. Stilwell lächelte von neuem und drehte den Revolver so, daß der Griff nach unten wies. Jetzt nahm Wyatt die Waffe.

»Curly Bill hat mich diesen Trick gelehrt«, sagte Stilwell. »Er hat ihn bei Fred White angewandt.«

»Ich hörte, daß Fred sich selbst erschoß, als er Bill entwaffnen wollte.« Wyatt reichte die Waffe an Dodge weiter, der die Trommel drehte, daß es wie das Rasseln einer Klapperschlange klang. Dann steckte er den Revolver hinter seinen Gurt.

»Vielleicht. Ich hatte ohnehin nicht vor, diesen Zirkusscheiß bei einem richtigen Gesetzesmann anzuwenden.«

»Ich bin ein Geschäftsmann.« Wyatt erhob sich und nahm den American vom Tisch. »Sehen wir mal nach, wie Morg und Neagle mit deinem Kumpel zurechtkommen.«

»Was ist mit meinem Whisky? Dodge hat den versaut.«

Wyatt steckte eine Hand in das Glas und fischte das Streichholz heraus. »Trink aus, Frank.«

Stilwell fegte das Glas vom Tisch. Whisky spritzte, und das Glas kollerte über den Boden.

»Ihr Earps fühlt euch jetzt groß«, sagte Stilwell und stand auf. »Aber die Sonne scheint nicht den ganzen Tag auf den Arsch des gleichen Hundes.«

»Das ist eine wirklich originelle Formulierung, Frank. Ich lerne jedesmal was Neues, wenn ich dich verhafte.«

Pete Spence, der fast so dünn wie Doc war und tückische Augen und fast kein Kinn hatte, wurde von Morgan Earp und Dave Neagle außerhalb von Bisbee im Schlaf überrascht und verhaftet, ohne daß ein Schuß fiel. Die beiden Trupps ritten mit jeweils einem Gefangenen durch die Mule Mountains zurück, und Billy Breakenridge hielt die Verbindung zwischen ihnen.

»Mach dir keine Sorgen, Billy«, sagte Morgan. »Wenn wir sie erschießen müssen, heben wir ihre Arschlöcher für dich auf.«

In Tombstone erklärte Sheriff Behan das County als zuständig für Stilwell und Spence, doch William erwirkte durch eidliche Strafanzeige mit Virgil Earp als Deputy U.S. Marshal Haftbefehle wegen Raub der Post. Virgil und Wyatt brachten das Paar mit der Kutsche nach Tucson und sorgten dafür, daß es vor Gericht gestellt wurde.

Am 19. September starb James A. Garfield in Elberton, New Jersey. Chester Alan Arthur, ein Fünfzigjähriger aus Vermont, wurde als 21. Präsident der Vereinigten Staaten vereidigt. Wyatt sah ein Bild von ihm in der Zeitung von Tucson und fand, daß Arthur aussah wie ein Büffelbulle, den er in Kansas erschossen hatte, während der Bulle eine Kuh bestiegen hatte. Virgil hoffte, daß Arthur ein besserer Republikaner war als sein Vorgänger.

Die Brüder waren immer noch in Tombstone anwesend, als am 11. Oktober Milt Joyce, der sich zusätzlich zu seinem Posten als Beamter des Kreisverwaltungsvorstandes vor kurzem in den Oriental Saloon eingekauft hatte, den betrunkenen und fiebernden Doc Holliday durch die Schwingtür auf die Allen Street hinauswarf. Doc lag einen Augenblick lang im Staub und in Pferdeäpfeln, und dann stemmte er sich an einem Stützposten des Gehsteigs hoch, zog seine beschmutzte Weste zurecht und schwankte mit einer Hand in der Rocktasche wieder in den Saloon.

»Schnapspanschender Hurensohn!« Das Taschenfutter riß, und Docs Colt's Lightning spuckte Feuer. Flaschen zerbarsten hinter der Bar.

Stühle kippten um. Joyce kam um das ferne Ende der Bar herum, riß einen Schofield aus der Tasche und sprang auf Doc zu. Doc feuerte von neuem, und Joyces Partner Parker fiel mit einem Fluch hinter die Bar. Joyce und Doc prallten zusammen, und der Lauf des Schofields riß eine klaffende Wunde über Docs Ohr. Sie stürzten zu Boden. Joyce landete oben. Der Colt's Lightning krachte wieder, während sie miteinander rangen. Doc schlug Joyce mit der freien Hand ins Gesicht, und Joyce biß Doc zwischen Daumen und Zeigefinger in die Hand. Abermals blitzte und krachte der Schofield, doch eine Hand packte Joyces Handgelenk und verdrehte es, und ein zweiter Zuschauer schlug Doc nieder und entwand ihm die Waffe. Inzwischen wallte im Saloon ein Pulverrauchschleier, und es stank nach verfaulten Eiern.

Eine Kugel hatte Parkers großen Zeh am linken Fuß zerschmettert. Eine andere hatte Joyces rechte Hand durchschlagen, während er mit Doc gerungen hatte und sich in die Blechverkleidung der Decke über der Bar gebohrt. Richter Wells Spicer hörte beide Parteien an und belegte Doc wegen schwerer tätlicher Beleidigung und Reparaturkosten von 11 Dollar 25 zu einer Geldstrafe von zwanzig Dollar. Morgan Earp, der von dem Zwischenfall im *Nugget* las, bemerkte bei seiner Frau Lou, daß Doc betrunken niemals einen Bretterzaun treffen konnte.

Nachdem Doc die Strafe bezahlt hatte, packte er seinen Koffer und fuhr mit der Kinnear & Co.-Kutsche nach Benson.

Er kehrte mit Kate zurück.

## 10

Ike Clanton bahnte sich einen Zickzackweg zwischen Tischen im Alhambra, lehnte sich dabei schwer auf Stühle und sitzende Gäste und hielt gelegentlich an, um sein Ziel ins Auge zu fassen: Wyatt Earp, der Doc Holliday an dessen Faro-Tisch vertrat. Ikes Gesicht war mit geplatzten Äderchen gesprenkelt, und das Knie seiner schwarzen Hose glänzte, nachdem er Tabaksaft auf den Boden gespuckt und nicht richtig gezielt hatte. Die Krone seines Huts streifte eine Chesterfield-Lampe, und Schatten tanzten über die Wände, doch Ike nahm keine Notiz davon. Er ließ sich schwer auf den Stuhl gegenüber von Wyatt fallen. Ike roch nach Pferd und Whisky.

»Fühlst du dich heute glücklich?« Wyatt stapelte die Chips wieder auf, die Ike umgestoßen hatte, und rückte die Karten zurecht. Er hatte das Jackett ausgezogen und trug rote, seidene Ärmelhalter.

»Ich habe dich im Oriental gesucht.«

»Dieses Lokal kommt langsam in einen schlechten Ruf.«

»Heute ist ein Stinktier weniger drin.«

Wyatt stapelte weiter Karten. »Du bist betrunkener, als du aussiehst, wenn du so was zu mir sagst.«

»Du hast überall über unsere Transaktion herumgetönt«, sagte Ike. »Ich sagte dir, daß ich Bussardscheiße werde, wenn Curly Bill und die anderen davon erfahren.«

»Ich habe keinem etwas gesagt.«

»Marshall Williams weiß über alles Bescheid. Er hat mich soeben darauf angesprochen.«

»Ist er am Trinken?«

»Etwas.«

Wyatt rieb ein Zündholz an und drehte eine General Arthur-Zigarre über der Flamme. »Marsh klopft nur auf den Busch. Er schickte das Telegramm mit der Frage nach der Belohnung nach San Francisco, und vermutlich hat er uns gesehen, als wir uns unterhielten. Ich nehme an, du hast dich bluffen lassen und in deiner Wut die ganze Geschichte herausposaunt.« Wyatt zündete die Zigarre an.

»Er weiß es, so oder so. Du hast es ihm erzählt.«

»Ja, ich laufe herum und erzähle jedem, der zuhört, daß meine Pläne, Sheriff zu werden, nicht hinhauen.«

»Frank sagte, was wir tun werden, wenn du uns verpfeifst.«

»Dann bin ich ein zweimal toter Mann, denn er hat bereits Morgan gesagt, daß er uns alle killen will, weil wir seine Freunde Stilwell und Spence verhaftet haben.«

»Nun, du hast es Doc Holliday erzählt. Er schickte weder Telegramme noch sah er uns miteinander reden.«

»Doc und Billy Leonard waren befreundet. Warum sollte ich Doc erzählen, daß ich Leonard fertigmachen will?«

»Er redet im Suff, und er hat es jedem erzählt.«

Wyatt mischte das Kartenblatt. »Er ist seit zehn Tagen nicht in der Stadt. Wie kann er da viel verbreitet haben? Aber er kommt mit der Abendkutsche. Wir werden uns anhören, was er zu sagen hat.«

Sie spielten bis 17 Uhr, und dann ging Ike das Geld aus. Er verließ das Spielzimmer, kaufte eine Flasche Whisky auf Pump und setzte sich allein an einen Tisch im Schankraum. Ein paar Bekannte aus Charleston schauten herein, um zu sehen, wer alles in der Stadt war, und sie zogen weiter, als sie feststellten, daß Ike trank und nicht in der Stimmung zu einer Unterhaltung war. Nach einer Weile legte Ike den Kopf auf die Arme und begann zu schnarchen. Wyatt rüttelte ihn wach, als es an der Zeit war, und stützte ihn auf dem Weg zum Wells Fargo Office, drei Türen weiter die Allen Street hinauf. Es war ein windstiller Tag, eine Atempause vor den Herbststürmen. Rockschöße hingen unbewegt hinab, und der Staub auf der Straße wallte nur zögernd auf, als die Postkutsche darüber fuhr, und senkte sich dann wie eine Farbschicht.

Doc trug einen Staubmantel über seinem grauen Anzug und einem aprikosenfarbenen Hemd. Als er Kate Fisher, mit Haube und Baumwollcape, vor der Station beim Aussteigen half, blickte Wyatt durch sie hindurch, als wäre sie Luft.

»Doc, habe ich dir je erzählt, daß Ike Clanton und ich irgendeinen Handel miteinander abgeschlossen haben?« fragte Wyatt.

Doc schaute zu Ike, der fast bewußtlos im Eingang

des Wells Fargo Büros lehnte, und dessen Hose vorn feucht war. »Nein.«

»Ike behauptet, daß ich dir was erzählt habe.«

»Ike ist ein Lügner.«

»Du hast alles herumposaunt!« stieß Ike hervor. Er konnte kaum klar sehen.

»Was herumposaunt?« fragte Doc.

Ike öffnete den Mund, bemerkte die Leute, die sich auf dem Gehweg versammelt hatten, um in die Kutsche zu steigen, und klappte ihn wieder zu. Er torkelte aus dem Hauseingang, schwankte davon und prallte gegen Leute. Doc schaute ihm mit fiebrig glänzenden Augen nach.

»Paß auf diese Schreihälse auf«, sagte Doc. »Sie haben es an sich, Leute zu finden, die ihnen zuhören.«

»Wenn Curly Bill oder Ringo einer davon ist, werden sie ihn schnell genug zum Schweigen bringen. Wie war es in Tucson?«

»Besser als in Globe.«

Wyatt ging darüber hinweg. »Ich hörte, daß du Schwierigkeiten im Oriental hattest, während ich weg war.«

»Wenn Joyce nicht an Bleivergiftung wegen seiner Hand krepiert ist, dann habe ich keine Lust, darüber zu reden.« Doc nahm Kates Reisetasche vom Fahrer entgegen. Er schwankte unter dem Gewicht. Doc war dünner, als Wyatt ihn in Erinnerung hatte, und auf seiner rechten Hemdmanschette war ein Blutfleck. Wyatt wollte Doc die Reisetasche abnehmen, aber Kate kam ihm zuvor. Er fragte Doc, ob mit ihm alles in Ordnung war.

»Ich bin nur durstig.«

»Es wird alles in Ordnung sein, wenn ich ihn ins Bett bringe.« Kate schaute Wyatt nicht an. »Er sollte hier nicht in der frischen Luft herumstehen.«

»Stimmt, ich brauche Tabakrauch und Whisky.«

»Alhambra?« schlug Wyatt vor.

»Oriental.«

Kate murmelte etwas vor sich hin und ging mit ihrer Reisetasche davon.

Doc blickte grimmig drein. »Sie ist zur Abstinenzlerin geworden.«

»Das hast du Jims Salz zu verdanken«, erwiderte Wyatt. »Doc, sag mal...«

»Was war das von diesem Handel mit Ike?« fragte Doc.

Wyatt nahm Docs Koffer und ging mit Doc zum Oriental, ohne weiter über Kate zu sprechen.

Einige Stunden später betrat Wyatt das Haus, in dem er mit Sadie wohnte, und zog sich im Dunkeln aus. Sein Nachthemd raschelte, als er sich ins Bett neben Sadie legte. Sie roch eine Bierfahne.

»Du bist wach«, sagte er.

»Ich habe nicht geschlafen. Marietta Spence war heute abend hier.«

»Ich will nicht, daß du mit irgend jemand sprichst, der Verbindung zu diesen Postkutschenräubern hat. Der *Nugget* hat genug über mich und Doc und den Stand der Dinge in dieser Sache mit der Benson-Kutsche hergezogen.«

»Ich kam mit Marietta nach Tombstone. Sie ist eine Freundin.« Sadie setzte sich auf. In der Dunkelheit nahm Wyatt den Geruch von Zitronenkraut und Seife wahr. »Sie hörte ein Gespräch zwischen Pete und Frank McLaury. Frank und Ike wollen dich, Virgil und Morgan herausfordern, und dann sollen euch Pete und die übrigen aus dem Hinterhalt töten.«

Einen Augenblick lang atmete Wyatt nur tief und sagte nichts.

»Wann soll das stattfinden?« fragte er dann.

»Das wußte Marietta nicht.« Sadie legte eine Pause ein. »Ich glaube ihr.«

»Es ist großherzig von Pete, sie einzuweihen.«

»Frauen schnappen so manches auf. Ihr Männer vergeßt unsere Anwesenheit. Marietta sagte, Pete hätte sich völlig verändert, seit er frei ist. Sie hat ein blaues Auge.«

»Ike übertreibt meistens.«

»Frank McLaury nicht.«

Wyatt atmete tief durch. »Ike hat jedem, der ihm zuhörte, davon erzählt, daß er keinen Handel mit mir gemacht hat. Es paßt zu Curly Bill, ihn und Frank zu einem Beweis zu drängen, daß sie keine Feiglinge sind, indem sie uns zum Kampf herausfordern. Curly Bill schlägt fast aus jeder Situation Kapital.«

»Was hat er gegen dich und deine Brüder?«

»Nichts Persönliches. Curly Bill muß man einfach mögen. Es geht nur ums Geschäft. Um die Macht in Tombstone und im County. Und wir haben in Tombstone das Sagen.«

»Was wirst du tun?«

Wyatt tastete in der Dunkelheit und fand die Schleife, mit der ihr Nachthemd zugebunden war. »Ike dazu treiben, etwas Dummes zu tun.«

Die Herbststürme verlangsamten die Arbeiten an den Dächern, die im Juni weggebrannt waren, und trieben braunen Staub heran, der sich an Tür- und Fensterrahmen festsetzte. Des Morgens brachten sie Kälte von den verschneiten Gipfeln der Berge, daß sich Reif auf den Fenstern bildete und Dampf wie Rauchwolken aus den Corrals aufstieg, in denen sich Pferde drängten.

Um ein Uhr am Morgen des 26. Oktober 1881 folgte Doc Holliday, der einen Mantel trug, Ike Clanton in die Imbißbar neben dem Hauptraum des Alhambra und grinste ihn über den Tisch hinweg an. Docs Ohren standen ab, und seine Haut war über den Knochen gespannt wie die Maske des fröhlichen Tods.

»Was willst du haben, du Hurensohn eines Rinder klauenden Cowboys?«

Die Imbißbar war zu dieser späten Stunde alles andere als verlassen. Bei Sonnenuntergang erwachte das Nachtleben und kroch aus hundert Höhlen hervor, und wenn die Ladenbesitzer ihre Lampen und Kerzen ausbliesen, setzten die Barkeeper die mit Gas betriebenen Ventilatoren in Gang, die Kartengeber entfernten die Hüllen von neuen Kartenspielen für die Minenarbeiter, die auf Erzwagen aus dem Bergland herunterkamen, und für die Cowboys, die auf Pferden und Wagen aus dem Tal kamen, um die Puppen tanzen zu lassen. Es herrschte so lebhafter Betrieb wie um neun Uhr abends, und die Stunden waren die gleichen nur in umgekehrter Reihenfolge, so daß um Mitternacht der Verkauf von Essen mit dem am Mittag konkurrierte. Geschirr klapperte, und die Geräusche verstummten bei Doc Hollidays hohen, schleppenden Worten.

Ike stopfte weiter die karierte Serviette in seinen Kragen. »Ich will keinen Ärger.«

»Du hast meinen Namen beschmutzt.«

»Das habe ich nicht.«

»Du bist ein verdammter Lügner.«

Morgan, der im Saloon nebenan trank, stellte sein Glas ab. »Gib mir diesen Schrotschießer«, sagte er.

Der kahlköpfige Barkeeper blickte auf die verkürzte Schrotflinte in der Halterung unter der Bar hinab und schüttelte den Kopf. Morgan zog seinen Revolver, überprüfte die Ladung und schwang sich über die Barriere, die den Saloon vom Speiseraum trennte.

Ike wischte sich mit einer Ecke der Serviette Tabaksaft aus dem Bart. Er war fast nüchtern, obwohl sein Gesicht noch aufgedunsen und gerötet war. Hinter Doc entdeckte er Morgan Earp, mit gelöster Krawatte und zorngerötetem Gesicht. Ike sagte nichts.

»Ich höre, daß du die Earps umlegen willst«, sagte Doc. »Zieh dein Eisen und fang mit mir an.« Seine weiße Hand ruhte zwischen den Aufschlägen seines Mantels.

»Ich habe nie gesagt, daß ich irgend jemanden umlegen will. Bring mir jeden, der das behauptet, und ich werde beweisen, daß er lügt.«

»Ziehst du nun dein Eisen, du kleiner Scheißer, der Huren verprügelt?«

»Ich bin unbewaffnet.«

»Ihr Hurensöhne von Cowboys lauft immer mit einem Eisen herum. Zieh deines und kämpfe, wenn du Mumm hast.«

Ike stand auf, schwankte und fand sein Gleichgewicht wieder. Doc trat einen Schritt zurück. Seine Hand war jetzt unter dem Mantel. Ike ging hinter ihm vorbei zur Tür, die zur Straße führte.

»Du Hurensohn, wenn du nicht bewaffnet bist, dann geh und bewaffne dich.«

Morgan verstellte Ike den Weg. Der Revolver steckte wieder in seiner Tasche. »Ja, du Hurensohn, du kannst allen Kampf, den du willst, sofort haben.«

»Ich will jetzt keinen Kampf.« Ike ging um Morgan herum.

Virgil Earp stand draußen auf dem Gehsteig mit einem kurzen Plaidmantel über dem Stern des Deputy Marshals. Wyatt gesellte sich zu ihm, als Ike herauskam, sagte jedoch nichts. Morgan Earp tauchte hinter Ike auf, packte ihn an der Schulter und riß ihn herum. »Du solltest bewaffnet sein, wenn du wieder auf die Straße rauskommst.«

Sie standen jetzt alle auf dem Gehsteig, und Doc lehnte sich gegen den Türrahmen. Doc sah mehr krank als betrunken aus, aber Ike wurde es fast schwindlig, als er Docs und Morgans Atem roch. Virgil sagte: »Bring Doc nach Hause, Morg. Ike, geh zurück zum Grand und schlaf deinen Rausch aus.«

»Ich will nicht hinterrücks abgeknallt werden.«

Morgan atmete scharf ein, und Kleidung raschelte. Wyatt schritt an Ike vorbei und hielt seinen Bruder am Arm fest. »Das wird nicht passieren.«

»Ich wollte es gerade diesem Hurensohn zeigen.«

»Heute nacht gibt es hier keinen Krawall, es sei denn, von mir«, sagte Wyatt. »Verschwinde, Ike.«

Nach einer Weile ging Ike über die Allen Street davon. Seine breiten Schultern waren hochgezogen, so daß es von hinten aussah, als ruhe der Hut darauf. Der Rest der Gruppe löste sich auf. Doc und Morgan gingen die Fourth Street hinauf. Virgil verschwand im Occidental. Wyatt machte sich auf den Weg zur Fifth Street. Schritte pochten hinter ihm auf den Brettern des Gehsteigs. Wyatt wandte sich um und wich zurück in den Schatten. Ike blieb stehen. Seine bullige Gestalt hob sich als dunkler Fleck vor dem Gaslicht an der Ecke ab.

»Earp, gehst du ein Stück mit mir?«

Wyatt entspannte sich ein wenig. »Wenn es nicht zu weit ist. Ich muß noch ein Spiel im Eagle Brewery beenden.«

Sie bogen zusammen um die Ecke. Ike blickte auf die abgestoßenen Spitzen seiner Stiefel.

»Ich war nicht ganz auf dem Posten, als Holliday mich im Alhambra anpöbelte. Aber das bin ich jetzt, wenn er noch in der Nähe ist.«

»Er ist zu Bett gegangen.«

»Dann werden wir es am Morgen Mann gegen Mann austragen. Dieses Gerede von einem Kampf dauert jetzt schon lange an, und ich denke, es ist an der Zeit, daß wir es beenden.«

»Ich werde gegen keinen kämpfen, wenn es sich vermeiden läßt«, sagte Wyatt. »Beim Kämpfen ist kein Geld zu verdienen.«

Sie blieben vor der Tür in der abgeschrägten Ecke des Eagle Brewery Saloons stehen. Gelber Lampenschein fiel heraus und warf Schatten auf die Fifth Street. Ikes Augen wirkten wie tot in seinem feisten Gesicht.

»Du mußt nicht denken, daß ich am Morgen hinter euch allen her sein werde.«

Die beiden trennten sich, und Ike ging in den Occidental Saloon, wo er bis zum Tagesanbruch mit Tom McLaury, Johnny Behan und Virgil Earp pokerte, der mit seinem großen Colt's Army auf dem Schoß Karten austeilte. Die Einsätze waren hoch, und die Gespräche drehten sich allesamt um das Spiel.

Harry Jones fand Wyatt Earp, der im Spielzimmer des Oriental saß, die Jacke ausgezogen hatte und Geld zählte und stapelte. Die Tür des schwarzen Tresors stand offen, und der Raum war von Licht erfüllt, in dem Staubkörnchen tanzten. Es war kurz nach zwölf Uhr mittags. Im Hauptraum waren die Stühle auf den Tischen, und der Barkeeper Frank Leslie kehrte Staub und Glasscherben auf dem Boden zu kleinen Haufen zusammen.

»Was hat das zu bedeuten?« fragte Jones.

Wyatt hob die Augenbrauen. Das lange, gelbliche Gesicht des Anwalts wirkte lebhafter als üblich.

»Ike Clanton jagt euch Jungs mit einer Winchester und einem Sechsschüsser.«

»Wo jagt er?«

»Er lief die Fremont rauf, als ich ihn zuletzt sah.«

»Hat er was gesagt?«

»Er sagte: ›Sobald diese verdammten Earps ihre Visagen heute auf der Straße zeigen, wird der Tanz eröffnet.‹ Soll ich das Bürgerkomitee zusammentrommeln?«

»Nein, ich gehe runter, suche ihn und stelle fest, was er will.«

»Ich wette, daß dieser kleine Scheißer Behan ihn aufgestachelt hat.«

»Dazu hat Johnny-Schlappschwanz keinen Mut.« Wyatt schlug ein Gummiband um jeden der Banknotenstapel und legte sie in den Safe zurück.

Jones sagte: »Wenn er einen schlappen hätte, dann hätte ich keinen Grund, ihn zu hassen.«

Wyatt erhob sich und zog seinen Mantel an. Er bedeckte den glatten Zederngriff seines .44ers und zog den Mantel so zurecht, daß er den Revolver durch den Schlitz in der Seitentasche ziehen konnte. »Du hast deine größte Chance vertan, als du ihn bei der Verhandlung von Docs Postkutschenraub nicht reingelegt hast. Du warst da, als Harry Woods und Johnny Behan diese Anklage zurechtbastelten. Jetzt kannst du nur zu deiner Frau zurückschleichen und sie an allen vieren fesseln, damit sie nicht wieder fremdgeht.«

»Ja, diese Stadt ist voller Frauenräuber.«

Wyatt hielt den Blick auf Jones gerichtet, bis er das Spielzimmer linkisch und mit geröteten Wangen verließ.

Zu diesem Zeitpunkt trat Virgil Earp, der wie Wyatt am Mittag aus dem Bett aufgestanden war, auf der Fourth Street zwischen Fremont und Allen hinter Ike Clanton und schlug ihm die Mündung seines Army Colts hinter das rechte Ohr. Ikes Knie gaben nach, und Virgil schnappte die Winchester mit der freien Hand, während Morgan, der seinen Bruder dorthin begleitet hatte, den Frontier Colt aus Ikes Hosenbund zog.

Virgil blickte auf den Mann hinab, der auf dem Gehsteig zusammengesunken war. »Ich hörte, du jagst uns, Ike.«

Ike atmete keuchend. Sein Hut war ihm über die Augen gerutscht, und er blutete hinter dem Ohr. Als er die Hand zum Ohr hob, trat ihm Morgan gegen den Ellenbogen.

»Steh auf, du Hurensohn. Wir bringen dich zu Richter Wallace.« Die Augen des jüngeren Earp waren rotgerändert und eingesunken, und sein Gesicht war grau. Er war nicht im Bett gewesen.

Im Gericht an der Fremont hingen Porträts von Garfield, dem toten Präsidenten, und von Fremont, dem abgesetzten Gouverneur. Vor dem Gerichtssaal herrschte ein Kommen und Gehen von Anwälten und der Art

Bürger jeden Alters, die eine Gerichtsverhandlung so gut wie einen Hahnenkampf auf der Toughnut Street fanden. Richter Wallace war nicht anwesend. Virgil und Morgan trugen Ike fast hinter die Absperrung und setzten ihn auf die saubere Kiefernbank an der Ostwand. Virgil reichte seinem Bruder die Winchester.

»Erschieß ihn nicht, bevor ich mit dem Richter zurück bin.«

Virgil war noch keine Minute fort, als Wyatt eintrat und sich auf die Bank setzte. »Nun, Ike, du hast uns gefunden.«

»Dafür werdet ihr bezahlen.« Ike saß vornübergebeugt da und preßte ein schmutziges, gefaltetes Taschentuch hinters Ohr. »Wenn ich jetzt einen Sechsschüsser hätte, dann würde ich gegen euch alle kämpfen.«

Morgan stand am Ende der Bank und hielt Ikes Winchester mit dem Kolben auf dem Boden abgestützt. Er trat von der Wand fort, drehte den Revolver, den er Ike abgenommen hatte, und hielt ihm die Waffe mit dem Griff hin. »Wenn du einen Kampf willst, gebe ich dir das Eisen.«

Ike sprang von der Bank auf. Jim Campbell, einer von Behans Deputys, der ständigen Dienst im Gericht hatte und gelegentlich als Preiskämpfer auftrat, stieß Ike hart zurück auf die Bank. Der Deputy war vierschrötig, schnurrbärtig und hatte das Haar kurz geschnitten wie John L. Sullivan. »Kein Theater hier, Jungs.«

Wyatt erhob sich und ging zu der Barriere. Seine Knöchel traten hervor, als er sich darauf stützte.

»Du Rinder klauender Hurensohn, wenn du so scharf auf einen Kampf bist, dann trage ich es überall mit dir aus, sogar am San Pedro unter deinen Leuten.«

»Ich werde mit Vergnügen kämpfen.«

»Dann werde ich die Geldstrafe für dich bezahlen, und wir kämpfen es gleich hier aus.«

»Ich brauche nur ein bißchen Platz.«

Wyatt verließ das Gebäude. Er überquerte die Fremont Street und bahnte sich einen Weg durch einen Strom von Schaulustigen, die kamen, um sich anzusehen, wie Ike Clanton wegen des Tragens von Feuerwaffen in der Öffentlichkeit mit einer Geldstrafe belegt wurde. Einige der Leute fragten Wyatt nach Einzelheiten, erhielten jedoch keine Antwort. Auf der Fourth Street begegnete er Tom McLaury, der von der Allen heraufkam. Tom, der Dandy der Abordnung aus Charleston, trug einen guten grauen Stetson mit silbernem Band und eine Rindslederweste über einem dunkelblauen Flanellhemd, das ihm aus der Hose hing, und dessen Schoß vom starken Wind angehoben wurde. Tom war größer als sein Bruder Frank, und sein Schnurrbart war so sorgfältig gestutzt wie der von Wyatt.

Wyatt blieb vor Tom McLaury stehen. »Ich versprach soeben deinem Freund Ike, mit ihm zu kämpfen, wo immer er will, und du kannst dich daran beteiligen.«

»Ich habe keinen Streit mit dir.« Tom bemühte sich um ein Lächeln.

»Keine Ausflüchte. Du und dein Viehdieb von Bruder, ihr redet seit Wochen von einem Kampf gegen uns.«

»Ich habe nie etwas gegen dich gesagt oder getan. Ich weiß nicht, woher du das hast. Ich bin euer Freund.«

»Bist du bewaffnet?«

»Es hat etwas mit Hattie zu tun, nicht wahr?«

Wyatt trat näher an ihn heran. Ihre Hutkrempen berührten sich fast. »Ich fragte, ob du bewaffnet bist.«

»Nein, ich habe mit keinem Streit.«

Wyatt schlug ihn mit der linken Hand, zog den American mit der Rechten und drosch Tom den Lauf an die linke Schläfe unter der Hutkrempe. Der Stetson flog ihm vom Kopf. Tom taumelte zurück und hob die Hände. Wyatt schlug ihn von neuem mit dem Revolver, und Tom verlor das Gleichgewicht. Abermals sauste der American hinab und hinauf und wieder hinab. Tom hockte jetzt auf dem Gehsteig und kreuzte die Arme schützend über dem Kopf.

Der Strom der Fußgänger hatte sich um den Schauplatz versammelt. Wyatt stand vor dem benommenen Mann, atmete heftig und ließ die Hand mit dem Revolver sinken. Dann steckte er den American weg und bahnte sich einen Weg durch die Menge.

»Ich könnte diesen Hurensohn umbringen.«

Er hatte keine Zigarren mehr. An der Verkaufstheke in Haffords Laden war niemand, und so warf er einen Quarter auf die Theke und nahm sich eine Handvoll Humos-Zigarren aus der Dose neben der bronzenen Kasse. Er stand vor dem Laden und rauchte, als Frank McLaury, Ikes brutaler jüngerer Bruder Billy und der blasse Tom McLaury ohne ein Wort an ihm vorbei die Fourth Street hinaufgingen. Frank führte einen Rotschimmel am Zügel, der gesattelt war. Wyatt ließ den Zigarrenstummel fallen, trat ihn mit dem Absatz aus und folgte den Männern.

Sie waren alle in Spangenbergs Waffenladen, als Wyatt dort eintraf. Frank McLaurys Pferd stand auf dem Gehsteig und steckte den Kopf durch die offene Tür in den Laden. Es hob den Schweif und ließ eine Ladung Äpfel auf die Planken fallen.

Im Geschäft waren Billy Clanton und Frank McLaury damit beschäftigt, Patronen aus einer Kiste auf der Theke in die leeren Schlaufen ihrer Gurte zu schieben. Wyatt schob die rechte Hand durch den Schlitz in seiner Manteltasche, umfaßte den Griff seines Revolvers und packte mit der Linken die Gebißkette des Rotschimmels. Das Pferd schnaubte.

Tom McLaury, der gerade jenseits der Türschwelle stand, wandte sich um. Billy und Frank traten aus dem Halbdunkel des Ladens hervor. Billys Hand lag auf dem Colt, der aus dem Holster an seiner Hüfte ragte.

»Verstoß gegen die Verordnung«, sagte Wyatt. »Pferdescheiße auf der Straße.«

»Laß mein Pferd los!«

Franks Stimme klang schrill. Er war sogar noch kleiner als Johnny Behan und trug seine Hose hoch, so daß sein Sakko fast bis zu den Knien hinabhing und sein Revolver auf gleicher Höhe mit dem Ellenbogen war. Das Gesicht unter der schmalen Hutkrempe spiegelte wilden Zorn wider.

»Wenn es dort ist, wo es hingehört.« Wyatt hielt die Hand weiterhin in der Tasche und zog den Rotschimmel vom Gehsteig fort. Er warf die Zügel über den Haltebalken und band sie mit einem Ruck an.

Frank sagte: »Das ist das letzte Pferd von mir, an das du jemals Hand anlegen wirst.«

»Große Worte für einen Maultierdieb vom Mississippi.«

Ike Clanton kam hinzu. Er war jetzt waffenlos, und unter dem schief auf dem Kopf sitzenden Hut war ein weißer Verband zu sehen, der das Sauberste an ihm war.

»Wer hat dich freigelassen?« fragte Wyatt.

»Ich habe meine Geldstrafe bezahlt.« Ike wollte in den Laden gehen.

Wyatt legte ihm eine Hand auf den Arm. »Wenn du dort bewaffnet rauskommst, dann schlage ich dir den Schädel ein.«

Bevor Ike etwas erwidern konnte, tauchten Virgil und Morgan Earp auf. Ihre Mäntel waren offen, und die Griffe ihrer Revolver waren zu sehen. Wyatt ließ Ike los, und Ike ging zu den anderen in den Waffenladen.

Virgil sagte: »Gehen wir runter zu Hafford's.«

»Ist Doc schon auf?« fragte Morgan.

An diesem Morgen war es schlimmer als sonst. Doc befleckte die Seiten der Waschschüssel mit blutigem Auswurf und hatte das Gefühl, die Lunge auszuhusten...

## 11

Sie war am 7. November 1850 als Maria Katharina Horony in Budapest geboren worden, das erste Kind von Katharina Boldizar aus Debrecen und Michael Horony, und sie kam mit ihren Eltern und vier überlebenden Brüdern und Schwestern 1863 in die Vereinigten Staaten. Zwei Tage vor ihrem dreizehnten Geburtstag traf sie in Davenport, Iowa, ein. Ein Bruder, Imre, war mit vier Jahren an Fieber gestorben, und ein anderer, Julius, war während der Überquerung des Ozeans im Zwischendeck abgemagert und blaß geworden und starb ebenfalls. Seine Leiche wurde in Segeltuch eingenäht und, beschwert mit zwei handgeschmiedeten Kaminhunden, die seit einem Jahrhundert im Besitz der Familie gewesen waren, ins Meer versenkt. Michael, der Patriarch, kaufte eine kleine Farm und starb siebzehn Monate nach ihrer Ankunft zwischen den Kartoffelreihen an einem Herzanfall. In der Familie Horony war der Tod wie ein schrecklicher alter Onkel, der des Sonntags kam, um im Wohnzimmer den starken Tee zu trinken, der Onkel, der seine Knochenhand auf die Knie der Jungen und Alten legte, sich für sein kurzes Bleiben entschuldigte und vor dem Weggehen versprach, wiederzukommen.

Mary Katherine, als die sie jetzt bekannt war, denn die gesamte Familie hatte zu dieser Zeit die Feuerprobe der Amerikanisierung hinter sich, reifte schnell. Mit vierzehn Jahren, wenn sie in schwarzem Trauerkleid mit ihrer Mutter in der Stadt auftauchte, um Besorgungen zu machen, hielt man sie oftmals fälschlich für eine erwachsene Frau. Um 1860 war das Trauern in Mode, und dank der Witwe von Whitehall und der alarmierenden Kette von Särgen, die von Manassas, Sharpsburg, Antietam und der Wildnis mit dem Zug kamen, waren die Schaufenster der Geschäfte und die Kataloge des Versandhandels voller Trauerkleidung aus Seide, Baumwolle und Samt und dazu passenden Handschuhen, die mit chinesischer Tusche gefärbt waren. Die stattliche Jugendliche, die sich ihrer Wirkung nicht bewußt war, bot mit ihrem spitzenverzierten schwarzen Hut, dem Cape und Spangenschuhen mit Onyxknöpfen einen fesselnden Anblick auf den Straßen von Davenport. In diesen Jahren, in denen sie vergleichsweise schlank war, hatte sie ein exotisches ovales Gesicht, überhaupt nicht das Mondgesicht, das sie später haben würde, ihre Stirn war hoch und gewölbt, die Augen waren wie die eines engelhaften kleinen Jungen, die Lippen voll und ständig zu einem Lächeln verzogen, das sie von ihrer Mutter nachahmte, die glaubte, daß eine freundliche Miene das Altern eines Gesichts verhinderte. Wenn sie die lange, dicke Nase ihrer ungarischen Vorfahren hatte, so verstärkte das nur die gesamte hübsche Männlichkeit ihres Aussehens.

Ihre jungen fraulichen Formen wölbten das Cape, das sie für die milden Tage des frühen Herbstes zu sehr einzwängte, doch sie erwähnte nichts davon. Wenn man sie darauf angesprochen hätte, dann hätte Mary Katherine als Erklärung eine Erkältung vorgetäuscht, jedoch keine so ernste, daß sie das Bett hüten mußte, weil dann alles vergebens gewesen wäre. Denn unter dem Cape trug sie ihr bestes Kleid über einem strapazierfähigeren Kleid, zwei Petticoats und drei Schlüpfern, genug um den kleinen Handkoffer zu füllen, den sie zurückgelassen hatte, weil es nicht möglich gewesen war, ihn in die Stadt zu schmuggeln.

Ihre Chance kam in dem Geschäft, während ihre

Mutter unter dem geduldigen Blick des Besitzers hinter der Theke Knoblauchzehen verglich und auswählte. Mary Katherine schlenderte zu einem Stapel von Damenhüten in der Ecke neben dem Kleiderstoff, gab vor, sich für die gefärbten Straußenfedern zu interessieren, und als sich der Kaufmann abwandte, um die Knoblauchzehen zu wiegen, öffnete Mary Katherine die Tür sehr vorsichtig, damit das Glöckchen am Griff nicht klingelte, und verließ den Laden. Dann rannte sie die drei Blocks zum Uferdamm, so schnell es ihre Beine unter fünf Schichten Stoff schafften. Dort am Kai wurde die *U.S. Oleander* beladen. Eine halbe Stunde lang stand sie bangen Herzens, weil sie wußte, daß ihre Mutter sie suchte, zwischen den Passagieren, die darauf warteten, an Bord zu gehen, und stahl sich dann auf das Unterdeck, während sich der Mann, der die Fahrkarten kontrollierte, mit einer fetten Frau stritt, die darauf beharrte, daß ihr fast zwei Meter großer Sohn mit dem bläulichen Schatten eines Barts unter zwölf Jahren und somit berechtigt sei, zum halben Preis mitzufahren.

Auf dem Unterdeck gab es eine abenteuerliche Mischung von Gerüchen. Für ein Mädchen, das nahe bei einem Hafen aufgewachsen war, hatten die Gerüche von Juteballen, Melasse in Fässern und frisch gesägtem Bauholz nichts Neues, doch wenn sie sich mit den verschiedenen feinen Düften von eleganten Frauen und mit dem Geruch des Wassers mischten, das gegen das Schiff klatschte, und sich das Schiff tatsächlich unter ihr bewegte, als sie das Deck überquerte, nahm die Mischung einen besonderen Zauber an. Die Duftmischung war unvergleichlich und bewirkte nur, daß eine alternde Lady wieder zu einem jungen Mädchen wurde, für das nichts unerreichbar war. Sie stellte dennoch enttäuscht fest, daß selbst auf diesem schönen, weißgetünchten Schiff der Geruch von Fisch aus den Fässern mit eingesalzenem Lachs alles überlagerte. Es erinnerte sie unangenehm an die Reise über den Ozean und an den Tod ihres Bruders Julius, der stumm in seiner Hängematte gestorben war.

Doch die Vergangenheit war kein passender Gegner für die Gegenwart. Das Schrillen der Dampfpfeife, das sie oft in der Stadt, jedoch nie aus nächster Nähe gehört hatte, und das Vibrieren unter ihren Schuhsohlen eröffneten die Zukunft.

Ein Matrose beendete diese Zukunft. Nachdem er ein paar Minuten lang beobachtet hatte, daß sie ohne Begleitung zwischen den Decks herumwanderte, verlangte er, ihre Fahrkarte zu sehen, und als sie zu lange in ihrer kleinen Handtasche danach suchte, brachte er Mary zur Brücke. Der Kapitän war ein rotbärtiger Mann Anfang Vierzig mit einem länglichen, gebräunten Gesicht unter einem schwarzen Derbyhut. Der Kapitän hatte eine vom Rauch geschwärzte Pfeife im Mund und trug eine lohfarbene Lederjacke mit abgescheuerten Ellenbogen über einem gestreiften Hemd ohne Kragen. Er roch ebenfalls nach Fisch wie alles an Bord außer den Passagieren. Er stand hinter dem Steuerrad und hörte sich den Bericht des Matrosen an, unterbrach ihn einmal, um die Dampfpfeife zu betätigen, und schickte ihn dann weg.

»Wie heißt du, Mädchen?«

Er sprach undeutlich mit rauher Stimme, und sie mußte erst die Worte auseinanderklauben, bevor sie antwortete.

»Kate.«

»Wie heißt du mit Nachnamen, Kate, Mädchen?«

In der verglasten Kabine roch es stark nach Fisch. »Fish.«

»Fisch?«

»Fisher. Ich bin Kate Fisher.«

Er drehte leicht das Steuerrad und paffte an der Pfeife. »Nun, Kate Fisher, Mädchen, was machen wir mit dir?«

»Ich werde für die Passage arbeiten.«

»Ich habe genug Arbeiter.«

»Sie werden mich nicht zurückbringen.« Das war keine Frage, sondern eine Feststellung.

»Das würde ich tun, wenn ich das wollte, aber ich muß einen verflixten Fahrplan einhalten.« Seine Sprechweise erinnerte sie an die der englischen Matrosen unter der Crew während der Überquerung des Atlantiks. Der Kapitän war jedoch kein Engländer. »Ich würde dich in Saint Looey an Land setzen, wenn ich nicht wüßte, daß man dich fünf Minuten nach unserem Ablegen vergewaltigen und dir die weiße Kehle durchschneiden würde. Der Krieg fordert seinen Tribut von Gentlemen, weißt du.«

»Ich bin einundzwanzig und kann auf mich aufpassen.«

»Du bist achtzehn oder jünger, oder ich kann nicht schätzen.« Er betätigte zweimal kurz die Dampfpfeife und korrigierte den Kurs, um einem Floß voller Fischer auszuweichen. »Bist du katholisch, Kate Fisher?«

Sie fragte sich, ob Römisch-Katholische einen eigenen Geruch haben, und ob er so offensichtlich für ihn war wie sein Fischgeruch für sie. »Ja.«

»Dann habe ich einen Platz für dich. Geh jetzt runter und sag diesem verdammten, barbarischen Isherwood, er soll seine Schweißpfoten von dir lassen, bis wir anlegen. Sag ihm das auf nette Weise, wohlverstanden. Er hat in Hannibal eine Frau umgebracht, und er hat deswegen schreckliche Alpträume.«

Sie fand nie heraus, ob seine Worte über den Matrosen scherzhaft oder ernst gemeint waren. Als das Schiff in St. Louis im Dock lag, brachte der Kapitän sie landeinwärts zu einem großen Steingebäude hinter einer Kathedrale, die fast so groß war wie das Zentrum von Davenport, und dann verschwand er für immer aus ihrem Leben. Sie erfuhr nie seinen Namen, aber in späteren Jahren, als sie vom Whisky und den Erinnerungen überwältigt wurde, lächelte sie höhnisch über seine gutmütig-derbe Unschuld und verachtete ihn.

Die Mutter Oberin des Klosters war eine dicke Französin von unbestimmbarem Alter, mit einer Nase, die doppelt so groß war wie ihre, einem Furunkel daneben und einem Damenbart. Sie übergab Kate – denn von jetzt an war Mary Katherine nur noch unter diesem Namen bekannt – einer sehr kleinen und dünnen Frau in Nonnentracht. Die Nonne brachte sie in einen anderen Raum, wo Kate sich ausziehen und in einen hölzernen Zuber mit kaltem Wasser steigen und ihre Knöchel umfassen mußte, während die Nonne ihr den Rücken mit brauner Seife und einem rauhen Lappen schrubbte, bis er schmerzte. Aus einem Eimer wurde ihr eiskaltes Wasser über den Kopf geschüttet, und dann trocknete sie sich zitternd mit einem dünnen Tuch ab und zog einen sauberen Schlüpfer an – keinen von ihren behaglichen Leinenschlüpfern, sondern einen aus grauer, langfaseriger Kunstwolle, der ihre Schenkel wundscheuerte – und ein einfaches weißes Baumwollunterhemd. Sie setzte sich auf eine Holzbank, zog grobe schwarze Strümpfe an, die an einfachen Strumpfbändern befestigt wurden, und schnürte ein Paar abgenutzte braune Männerschuhe, die zu groß waren und sich innen wellig anfühlten.

Als sich die Nonne mit einer Schere näherte, versuchte Kate zu flüchten, doch die grazile Frau war schneller und viel stärker. Sie verdrehte ihr den Arm, daß sie aufschrie, und setzte sie auf die Bank. Kate war noch benommen vom Schmerz, als die Nonne ihr feuchtes, schwarzes Haar packte und mit drei Schnitten im Nacken abschnitt. Spiegel waren in dem Kloster nicht erlaubt, und als Kate an diesem Abend in eine Kammer zu einem Dutzend Mädchen eingesperrt wurde, die allesamt der Haare beraubt waren, miteinander flüsterten und sie ohne Begrüßung anstarrten, legte sie sich weinend auf ihre schmale Pritsche und war überzeugt davon, schrecklich auszusehen. Ein paar Tage später, als ihr erlaubt wurde, in Begleitung der Nonne durch den Hof in die Kathedrale zu gehen, bewunderte Kate das jungenhaft verklärte Gesicht, das sich, eingerahmt von einem Kopftuch, im Weihwasser widerspiegelte. Obwohl sie kurz niederkniete und dann zu einer Kirchenbank eilte, bevor die Nonne ihr eine Kopfnuß wegen der Sünde der Eitelkeit geben konnte, entschloß sie sich, niemals mehr ihr Haar lang wachsen zu lassen.

Der Name Big Nose Kate wurde im Kloster geboren. Die anderen Mädchen nannten sie so, als sie ihren Namen erfuhren, und machten Witze über sie, die zuvor Mutter Oberins schrecklichem Furunkelgesicht vorbehalten gewesen waren. Als ein Mädchen den Spitznamen zum erstenmal in ihrer Anwesenheit aussprach, schlug Kate es nieder. Sie setzte sich rittlings darauf und wollte ihr die Augen auskratzen. Eine Nonne trennte sie und versohlte ihnen beiden den nackten Hintern, bis sie bluteten. Trotzdem wurde der Spitzname schnell bekannt, und selbst die Nonnen benutzten ihn schließlich, um sie von den anderen beiden Kates in ihrer Obhut zu unterscheiden.

So stammte der Spitzname Big Nose Kate aus jener Zeit, aber mehr als nur der Name. Bei späteren Gelegenheiten, wenn die Geistlichkeit sich über ihr Gewerbe entrüstete, erklärte Kate, daß der einzige Unterschied zwischen einem Gotteshaus und einem Bordell das spitze Dach sei, und diejenigen, die das hörten, nahmen an, sie wolle sie nur schockieren, doch worüber sie niemals sprach, das waren die privaten Lektionen in der Klosterzelle der Nonne. Dort entdeckte sie zwischen Gesangbüchern, lateinischen Wörterbüchern und Weihkerzen, daß die Nonnen nie wie die Mädchen unter dem Kratzen der rauhen Kunstwollschlüpfer zu leiden hatten, weil sie nie welche trugen. Die Kost im Kloster bestand überwiegend aus Lachs von den Flußschiffen, und die Nonne schmeckte danach, und trotz des ironischerweise angenommenen Nachnamens aß Kate den Rest ihres Lebens nie mehr Fisch. Nach einigen Lehrstunden praktizierten die Mädchen untereinander auf ihren Schlafstellen, was sie von der Ordensschwester gelernt hatten. Obwohl Kate oftmals teilnahm, gewann sie mehr Kenntnis als Befriedigung bei diesen Lektionen. Für sie wurde das Kloster eine Lektion in dem allgemeinen Verlangen nach körperlicher Erfüllung, das sie ins Grab mitnehmen würde.

Es gab nur zwei Möglichkeiten, aus dem Kloster herauszukommen.

Flucht war keine. Als Kate in der ersten Woche dort war, hatte sich ein sechzehnjähriges Mädchen, dessen Baby in ein Waisenhaus flußabwärts gegeben worden war, aus der Kathedrale davongestohlen, während die Ordensschwester in heilige Andacht versunken gewesen war, und dieses Mädchen war zwei Tage und eine Nacht fort. Sie versuchte, sich an Bord eines Flußbootes zu schleichen, wurde erwischt und kletterte am Kai hinab, verfolgt von einem dicken Matrosen, der unten ausrutschte und ihre Spur verlor. Am zweiten Tag erwischte sie ein Stadtpolizist, als sie in den Abfällen einer Mülltonne hinter einem Restaurant wühlte. Er erkannte die schmutzige Ordenstracht und lieferte das Mädchen bei der Oberin ab, die sich während der langen Genesungszeit nach dem Auspeitschen liebevoll um sie kümmerte. Andere Versuche wurden unternommen, während Kate im Kloster war, doch keiner kam so nahe an einen Erfolg heran, obwohl die Bestrafung die gleiche war. Die Stadtväter von St. Louis waren streng katholisch, und die Polizei war stets bereit, beim Einfangen von Ausreißerinnen zu helfen.

Einer der beiden gebilligten Wege in die Freiheit bestand darin, volljährig zu werden. Mit dem Erreichen des 21. Lebensjahrs hatten die Mädchen die Wahl, ins

Noviziat einzutreten oder das Kloster zu verlassen. Eine überraschende Anzahl entschied sich für das erstere, und Kate konnte diese Mädchen immer unter den Novizinnen erkennen, welche die Nonnen im Klassenzimmer ablösten und im Schlafsaal für Ordnung sorgten. Sie erkannte es an ihrem gebrochenen Willen. Sie selbst hatte weder vor, das mit ihr geschehen zu lassen, noch wollte sie von den Nonnen wegen ihrer aufgescheuerten Schenkel Salbe erbetteln und Lachs in der Klosterzelle der Ordensschwester schmecken. Der zweite Schlüssel zur Freiheit – einer gewissen – war eine Heirat.

Eines der unausgesprochenen Zwecke des Klosters war es, als eine Art Auswahlstätte für Pioniere zu dienen, die Frauen suchten. Mehrmals in der Woche trampelten Männer mit hohen Stiefeln und neuen Anzügen durch das Klassenzimmer und den Schlafsaal, um sich die Mädchen anzusehen und mit einigen zu sprechen. Mutter Oberin bezeichnete sie als Siedler, welche die religiösen Gegebenheiten erkundeten, bevor sie sich in der Gegend niederließen, aber keines der Mädchen glaubte das, und die Oberin bemühte sich auch nicht sonderlich, überzeugend zu sein. Kate sprach mit einigen der Männer, war jedoch abgestoßen von der unverblümten Art, wie sie ihren Körper unter der Tracht musterten, und von ihrem säuerlichen Geruch nach Erde, und sie verloren ihrerseits das Interesse, wenn ihre Fragen nach Kates Angehörigen unbeantwortet blieb. Kates Wille war außerdem so stark wie ihrer, wenn nicht stärker, was sie von ihrer Mutter und von der Ordensschwester zur Genüge kannte. Wenn die Männer einkauften, dann tat sie das ebenfalls. Als die Schwester ihr Verhalten bemerkte und sie während der privaten Lektion wegen der Sünde des Stolzes tadelte, täuschte Kate Unwissenheit vor. Und anstatt sich verlocken zu lassen, den wahren Grund der Besuche zuzugeben, preßte die dünne Frau nur die Zähne aufeinander und hob ihre Nonnentracht an.

Einmal im Monat wurden die Zähne der Mädchen von einem Dentist namens Silas Melvin untersucht. Melvin war ein pedantischer, kleiner Mann mit rosigem Gesicht, randloser Brille und schwarzem Haar, das sich zur Stirnglatze lichtete, obwohl er erst Ende Zwanzig war. Er war lächerlich penibel mit seiner Kleidung angesichts seines schäbigen Jacketts und der an den Enden hochgebogenen Kragen, und die anderen Mädchen, die ihn Tante Silas nannten, waren davon überzeugt, daß er sich nichts aus Frauen machte. Kate war sich dessen weniger sicher und klärte den Punkt eines Tages, indem sie sich von einem Mädchen eine Tracht lieh, die ein paar Größen kleiner war. Dann reckte sie die Brüste, daß die Spitzen gegen den gespannten Stoff stießen, während Silvas Melvin sich über sie neigte, um ihre Zähne zu begutachten. Er ließ seinen kleinen Spiegel fallen, und das Glas zerklirrte.

Sie mochte seinen Duft nach Sauberkeit. Er bewunderte ihr ›griechisches Profil‹ und lobte ihre prächtigen Zähne. Am meisten gefiel ihr die Tatsache, daß er offenkundig Angst vor der Oberin hatte und ihr auswich, so oft es ging, ohne beleidigend zu sein. Ein Mann, der eingeschüchtert werden konnte, verkörperte die Freiheit. Kate ermunterte ihn, und bald machte er seine Visiten zweimal monatlich unter dem Vorwand, daß in der Stadt Paradontose grassierte. Niemand glaubte es. Zu diesem Zeitpunkt stand allgemein fest, daß Tante Silas in Big Nose Kate verknallt war.

Mutter Oberin gab dem Paar ihren Segen. Gebildete Männer hatten ihrer Meinung nach einen starken Einfluß auf rebellische junge Frauen. Trotz der Tatsache, daß sein strenger Protestantismus eine Trauung in der katholischen Kirche ausschloß, war Mutter Oberin zuversichtlich, daß beide im Laufe der Zeit zum gemeinsamen Glauben finden würden; was die Sache zu einem Sieg des Vertrauens machte. So kam es, daß Kate ein halbes Jahr nach ihrer Aufnahme im Kloster von einem Pastor der presbyterianischen Kirche getraut wurde.

Dr. und Mrs. Silas Melvin buchten eine Dampferfahrt auf dem Mississippi. Kate war kein blinder Passagier mehr, sondern eine große, hübsche Frau in Korsett und Taftkleid, mit einem flachen, mit Blumen geschmückten Hut und ihrem kurzgeschnittenen Haar; die Kleidung war ein Teil der bescheidenen Aussteuer, die ihr der Ehemann geschenkt hatte, der sie bewunderte. In Vicksburg, der Stadt, die langsam aus den Ruinen des Kriegs wiederauferstand, stiegen sie in einen Schlafwagen der Eisenbahn um und fuhren über neu glänzende Schienen durch verbrannte Felder, auf denen die verbogenen, rostigen alten Geleise lagen, die von Shermans Truppen auf dem Weg nach Atlanta herausgerissen worden waren. Dort in Atlanta ließ sich das Paar nieder.

In den späten 1860er Jahren war diese Stadt immer noch erschüttert von Sherman. Die meisten der niedergebrannten Blocks waren geräumt worden, doch der Gestank von verkohlten Trümmern würde Kate den Rest ihres Lebens an ihre erste Ehe erinnern. Witwen übernahmen Wascharbeiten, und so viele Hinterhöfe waren voller Wäscheleinen mit Wäsche, daß Kate sich fragte, ob noch irgendwelche Männer in Atlanta übriggeblieben waren. Doch sie waren auf den Straßen, mit langen Haaren und wuchernden Bärten in Lumpen der Konföderierten-Uniformen, mit eingesunkenen Augen, Krüppel, die bettelnd schmutzige Hände ausstreckten. Nachts überfielen sie ihre Wohltäter in Gassen, die nach Abfällen stanken. Trotz allem wurde Atlanta wiederaufgebaut. Fachleute wurden dringend gebraucht, aber weil sich keiner erlauben konnte, ihre Dienste zu bezahlen, waren sie rar. Bald nachdem Silas sein Praxisschild aufgehängt hatte, war seine Praxis voller Patienten. Obwohl es kein Geld gab, speisten die Melvins fürstlich. Silas Patienten brachten Schweinefleischpastete, frischen Fisch, Wildbret, Körbe mit Eiern und Flaschen mit Milch. Kate nahm schnell an Gewicht zu.

Bald wurde offensichtlich, daß nicht allein das üppige Essen daran schuld war. Als es Kate eines Morgens so übel war, daß sie nicht frühstücken konnte, holte der besorgte Silas einen Doktor, der unter General Bragg als Stabsarzt gedient hatte. Der Arzt untersuchte Kate und gratulierte ihr und ihrem Mann zu der Schwangerschaft, während er einen großen Apfelkuchen anstelle seines Honorars entgegennahm.

Kate gebar Silas einen Sohn.

Der Sohn starb.

Niemand wußte, warum er starb. Kate nicht, die ihn so liebevoll badete und umsorgte, wie sie sich um Silas' Zahnarztinstrumente kümmerte, die zwischen dem Benutzen in der Küche ausgekocht werden mußten, wie die Schüssel vom Blut gesäubert werden mußte. Melvin nicht, der den Jungen gleich nach der Schulzeit in Baltimore Zahnheilkunde studieren lassen wollte und sich schon auf den Tag freute, an dem er Dr. Melvin senior und sein Sohn Dr. Melvin junior sein würde. Und gewiß nicht der Arzt, der den Totenschein ausschrieb, den Kopf schüttelte und sagte, daß der Krieg immer noch Opfer in Atlanta fordere. Da der Junge als Presbyterianer getauft worden war, konnte er kein katholisches Begräbnis bekommen, wie Kate es erbat, doch der örtliche Priester, ein Patient von Silas, stimmte zu, eine Messe im Haus des Paars zu halten, nach der ein presbyterianischer Geistlicher offiziell am Grab predigte.

Silas starb bald darauf. Das Gelbfieber grassierte in der Stadt, und da die Symptome mit denen der Seuche übereinstimmten, schrieb Braggs ehemaliger

Stabsarzt als Todesursache ›Gelbfieber‹ auf den Totenschein. Kate wußte, daß es ebensowenig die Todesursache war wie das gebrochene Herz wegen seines verstorbenen Sohnes, was der Arzt Kate vertraulich zu verstehen gab. Es war ›Onkel Tod‹, der wiedergekommen war, um ihrer Familie seine Aufwartung zu machen.

Die Industrie war nach Atlanta gekommen, und mit ihr Geld des Nordens. Kate beerdigte Silas neben ihrem Sohn, verkaufte das Haus und die Praxis an einen Dentisten aus Vermont und fuhr mit dem Zug nach Westen. Als sie aus dem Abteilfenster schaute und die grüne Landschaft des Südens vorbeiziehen sah, konnte Kate nicht wissen, daß sie den Schritten eines anderen folgte, der aus Atlanta wegzog, und dem Onkel Tod ein paar Monate zuvor aufgezwungen hatte, Atlanta zu verlassen. Es war ein Dentist wie Silas, doch damit endete schon die Ähnlichkeit, wie es bei jedem der Fall war, den sie sonst noch jemals kennenlernen würde.

Sie lernten sich 1877 in einer Ansammlung von Adobehütten und Bretterunterkünften am Fuß des Government Hill, südlich von Fort Griffin, Texas, kennen. Er war ein sehr dünner Mann von fünfundzwanzig Jahren, der schlimm hustete und eine Vorliebe für bunte Hemden und graue Anzüge aus gutem Stoff hatte, die an ihm schlotterten. Sie war Big Nose Kate, drall mit siebenundzwanzig und dem Ansatz eines Doppelkinns, aber noch längst nicht dick, und sie arbeitete in John Shansseys Saloon, nachdem sie eine Beteiligung mit dem finster wirkenden Ex-Boxer vereinbart hatte. Dentisten waren gefragt, und obwohl dieser an der Spitze seines Zelts am Stadtrand ein Schild mit der schludrig geschriebenen Aufschrift JOHN HENRY HOLLIDAY, D.D.S angebracht hatte, verbrachte er die meiste Zeit in Shansseys Saloon und spielte Poker und Faro. Die Männer, mit denen er spielte, waren alle groß und schmutzig und stanken, doch sie kauften ihre

Chips mit dicken Banknotenbündeln, die sie vom Zahlmeister von Fort Griffin für den Verkauf von Büffelfellen erhalten hatten. Die Ausbeute war in diesem Jahr so üppig gewesen, daß sie Hunderte Dollars verspielten und torkelnd und lachend vom Spieltisch aufstanden. Manchmal blieben sie auch sitzen, doch die Stimmung blieb freundlich am Tisch durch Hollidays Art. Er lächelte, wenn er die gewonnenen Chips einstrich, erzählte mit seiner weichen schleppenden Stimme Niggerwitze und trank ständig aus dem Whiskyglas, das immer zu seiner Rechten stand.

Kate begann als seine Partnerin. Einige der Büffeljäger hatten in der fernen Zivilisation Frauen und Liebste, für die sie Geld sparten, das sie nicht für Verpflegung und den Lebensunterhalt brauchten. Es war Kates Aufgabe, ihre Bekanntschaft zu machen und dafür zu sorgen, daß sie ihr Drinks kauften und dann angeheitert versuchten, diese Geldreserven am Spieltisch zu verdoppeln und verdreifachen. Kate kam gut mit den stillen Männern zurecht. Sie bezauberte sie, schüchterte sie ein, beschämte sie und schäkerte mit ihnen – denn sie hatte vor langer Zeit gelernt, daß ein betrunkener und sexuell erregter Mann bereitwilliger Geld ausgibt als ein nur betrunkener – und die privaten Lektionen der Ordensschwester hatten sie gelehrt, daß kein Schwur dem Verlangen des Körpers gewachsen ist. Wenn ein Spieler dann mit dem Umdrehen einer Karte den Verdienst eines ganzen Jahres Büffeljagd und Abhäuten verlor und Anzeichen von Aufsässigkeit zeigte, genügte für gewöhnlich ein Ausflug in Kates Zimmer oben im Saloon, um ihn wieder aufzumuntern, wie Doc es formulierte. Dafür erhielt sie einen Anteil des Gewinns, nachdem Shanssey seine Prozente abgezogen hatte.

Beim Sonnenaufgang gingen sie zu Docs Zelt zurück, wo Kate Docs Rücken mit Alkohol einrieb, Doc umsorgte, wenn ihn Hustenanfälle schüttelten, und mit ihm schlief, wenn er die Kraft dazu hatte. Er war ein launischer Liebhaber, kräftiger, als er aussah, und er nahm sie hart und mit der gleichen Konzentration, die er am Spieltisch hatte, bis es ihm kam und er keuchend auf ihr zusammensank. Wenn er sich dann wieder regte, hatte sie ein Glas Whisky für ihn bereitstehen, und er trank es auf einen Zug leer und schlief ein. Ihr Geschäft ging danach zurück. Sie wußte, warum. Die anderen Männer von Fort Griffin befürchteten, sich bei ihr mit dem anzustecken, was Doc hatte. Es machte ihr nichts aus. Docs Einnahmen ernährten sie beide, und für ihn zu sorgen, wenn es ihm dreckig ging, gab ihr etwas, um das sie betrogen worden war, als ihr Sohn und Mann so plötzlich gestorben waren. Jeder Nachmittag, an dem Doc aus dem Bett stieg, ein frisches Hemd anzog und seinen Platz am Spieltisch in Shansseys Saloon einnahm, war wie ein Stück Boden, das sie gegen den schrecklichen ›Onkel‹ verteidigte.

Sie teilten Geheimnisse, soweit es ihre selbstsüchtige Art zuließ. Einmal erzählte Doc ihr beim Trinken von seiner Kusine in einem Kloster in Atlanta, der er immer noch Briefe schrieb.

Kate erkannte auf Grund des Namens, daß die Kusine eine alte Rivalin aus der Schulzeit war. Doc verprügelte sie, weil sie das erwähnte, als er nüchtern war. Danach brachte Kate das Thema nicht mehr zur Sprache, nicht mal, wenn er sie anschaute, und sie wußte, daß er sie in Gedanken mit dem Engel des Herrn in der alten Heimat verglich, und sie ihn am liebsten aufgeklärt hätte, was sie im Kloster erlebt hatte. Sie schwieg nicht aus Furcht. Wenn sie sich überhaupt irgendwelche Gedanken über solche Dinge machte, dann glaubte sie, daß sie Doc liebte.

Kate war nicht im Saloon, als Doc und Ed Bailey in Streit gerieten. Bailey war Büffeljäger und gelegentlich Scout für die Army. Er trug einen Revolver aus Armeebestand. Doc erwischte Bailey dabei, daß er während des Pokerns heimlich einen Blick auf Docs abgelegte Karten warf, und er ermahnte ihn ruhig, ›Poker zu spielen‹, was die Art des Gentlemans war, einen Gegenspieler aufzufordern, das Betrügen zu unterlassen. Bailey zog seine Hand von den abgelegten Karten fort, nahm sich zwei Karten vom Stapel und schaute sich weiterhin Docs abgelegte Karten an. Als Doc seine Karten mit dem Bild nach unten ablegte und den Pott kassieren wollte, forderte Bailey ihn zum Kampf heraus, und seine Hand stieß unter den Tisch. Doc zog ein Messer mit perlmuttbesetztem Griff aus der Innentasche seines Jacketts und stieß es Bailey in den Leib.

Der Deputy eines Marshals war anwesend. Er warf sich auf Doc, entwand ihm das Messer und nahm ihm zwei Revolver ab, während Bailey noch zu verhindern versuchte, daß seine Gedärme über den Gurt herausquollen. Doc wurde als Gefangener in ein Hotel gebracht, während ein Wagen bereitgemacht wurde, mit dem er nach Albany, der Hauptstadt des Shackleford County, zur Verhandlung gebracht werden sollte.

Die Geschichte, die später erzählt wurde, war voller Lynch-Mobs und Vigilanten, und Kate trug Männerkleidung, als sie in einem Stall Feuer legte und Doc befreite, indem sie den Deputy mit der Waffe bedrohte, der als Bewacher zurückgeblieben war, während die anderen das Feuer bekämpften. Das mit der Männerkleidung und dem Feuer stimmte, doch es waren nur Gesten, um den Verdacht von dem Deputy abzulenken, ein alter Kunde Kates, dem sie hundert Dollar dafür bezahlt hatte, daß er sich das Feuer draußen anschaute, während sie und Doc davonspazierten.

Im Morgengrauen brachte John Shanssey zwei Pferde zu den Pyramidenpappeln am Collins Creek, wo sich die vom Gesetz Gesuchten versteckt hatten. Von dort aus ritten sie vierhundert Meilen nach Dodge City, Kansas, wo Cowboys nach mehr Spielen lechzten, bei denen sie ihr Geld verlieren konnten, und wo Doc einen Freund namens Earp hatte.

Das war vor vier Jahren. Kate vermißte Dodge; nicht die Stadt selbst, die Bretterhütten an einer grasbewachsenen und mit Kuhscheiße gesprenkelten Straße, und gewiß nicht das profitbringende Einvernehmen, das Doc als Spieler mit Wyatt Earp von der örtlichen Polizei hatte, ein Mann, dem sie mißtraute, sondern sie vermißte die Wochen, in denen Doc wirklich als Zahnarzt in einer Praxis gearbeitet hatte, und Kate Bekannten als Mrs. Holliday vorgestellt worden war. Das alles hörte auf, als Doc des Nachts nicht mehr heimkam, sondern mit Wyatts jüngerem Bruder Morgan trank und wettete, ob der nächste Besucher des Long Branch ein Halstuch oder eine Krawatte tragen würde. Kate und Doc hatten deshalb immer öfter Streit und handfeste Auseinandersetzungen. Er brach ihr das Nasenbein, sie zerkratzte ihm das Gesicht und verschwand bei Nacht und Nebel nach Ogallala. Er sagte, sie würde wiederkommen. Sie prophezeite ihm, er würde in einem Brief um ihre Rückkehr betteln. Sie hatten beide recht. Es ging ihm schlecht, und er schrieb ihr in seiner schönen Handschrift – stets tadellos, ob er betrunken oder nüchtern war –, daß er sie brauchte, und Kate antwortete mit ihrer Rückkehr. So wiederholte sich das in Colorado, New Mexico und Arizona, und auf allen Wegen folgte ihnen der ›Onkel‹. Er und Doc waren alte Bekannte.

Als Kate Doc das erste Mal in Tombstone verließ, fuhr sie nach Globe, dem Zentrum der Kupferminen, und steckte die fünfhundert Dollar, die er ihr geschenkt hatte, als Anzahlung in ein Hotel, das ohne große Umbauten zu einem Bordell wurde. Sie traf mit den Mädchen eine Vereinbarung, die jedem gefiel. Während ihrer Versöhnung mit Doc ließ sie die Bücher in der Obhut ihres intelligentesten Mädchens. Trotz ausführlicher Anweisungen wirtschaftete das Mädchen das Geschäft herunter, hielt sich nicht an Kates sorgfältig aufgestellte Regeln, warf Soll und Haben durcheinander oder vernachlässigte die Bücher, und bei ihrer Rückkehr mußte Kate die Finanzen der vergangenen Monate wieder in Ordnung bringen. Daß das Mädchen in die eigene Tasche gewirtschaftet hatte, stand fest, doch Kate konnte sich nicht lange genug konzentrieren, um die genaue Summe zu ermitteln. Ihr Auge war noch von Docs Schlag geschwollen, und ihre Rippen schmerzten, wenn sie sich bewegte oder tief atmete. Schlimmer noch, sie fühlte sich schuldig, weil sie ihn verlassen hatte, obwohl die Ermittlungen wegen der Toten auf der Fremont Street noch im Gange waren. Als sie den Brief mit der vertrauten schwungvollen Handschrift erhielt, stand sie so schnell auf, um ihn entgegenzunehmen, daß sie sich vor Schmerzen krümmte.

5. November 1881

Liebe Kate,
Sie haben mich wieder ins Gefängnis gesperrt …

## 12

John Carles Fremont, Mathematiklehrer-*plus*-Erforscher des Nordwestens-*plus*-Soldat-*plus*-Senator-*plus*-Gichtkranker und seniler Gouverneur des Arizona Territoriums, trat am 15. Oktober 1881 unter der schonungslosen Ermunterung von Präsident Arthur mit klingelnden Sporen zurück. John J. Gosper wurde ernannt, um die Lücke zu füllen, bis der Nachfolger gewählt werden konnte, doch da kein Porträt von Gosper zur Verfügung stand, blieb das gerahmte Bild des gereizt wirkenden Fremont, der ein Schwert und eine zusammengerollte Landkarte hielt, im Gerichtssaal des Cochise County an der Wand hinter der Richterbank hängen. Wie im Leben war der Blick des alten Adlers über den Saal und dessen Inhalt hinweg gerichtet, hinaus an den Whetstone Mountains vorbei, wo der Ruhm lag und damit etwas Passenderes als die Obhut über ein felsiges Wüstengebiet, in dem Abenteurer und wilde Indianer lebten.

Unterhalb des Porträts saß Richter Wells Spicer wie ein unwürdiger Erbe. Er kratzte sich am Kopf und ließ das Haar zerzaust. Der Blick seiner kleinen Augen folgte den gekritzelten Linien auf dem Blatt vor ihm, und er zeichnete mit emotionsloser, einschläfernder Stimme ein orales Bild von seiner Schäbigkeit mit grauem Kragen, schief hängender Krawatte und ausgebeultem Jackett mit Flecken auf den Revers. Nach dem Äußeren und dem Auftreten wirkte er nicht wie der Jurist, der seit Juni 1880 wie ein Eisenpfosten zwischen der habgierigen ›Townlot Company‹ und dem umstrittenen Besitz an Tombstones drei Hauptstraßen stand. Gemälde trügen; ebenfalls persönliche Eindrücke.

»Glaubwürdige Zeugen bezeugen, daß jeder der Verstorbenen oder wenigstens zwei davon sich ergeben wollten«, sagte Spicer mit monotoner Stimme und drehte ein neues Blatt um. »Andere Zeugen von gleicher Glaubwürdigkeit bezeugen, daß William Clanton und Frank McLaury bei der Aufforderung, sich zu ergeben, ihre Revolver zogen, und daß beide Parteien fast gleichzeitig feuerten.«

Draußen trieb der Wind frühe Schneeflocken gegen die Fenster, daß es klang, als würden getrocknete Erbsen dagegenprasseln. Der Wind pfiff um die Scheiben und durch Ritzen, an Stellen, an denen der Kitt herausgefallen war, und die Hängelampen schaukelten und flackerten bei jeder Bö. Dennoch war es im Gerichtssaal warm, sogar heiß. Deputy Jim Campbell heizte den Ofen mit Mesquite und Cottonwood, und die Zuschauer, die dichtgedrängt auf den Bänken saßen, strahlten Körperwärme aus. Der Geruch von Schweiß und Wolle hing wie eine unsichtbare Wolke im Gerichtssaal.

»Es ist umstritten, ob Thomas McLaury überhaupt bewaffnet war außer mit einem Winchester-Gewehr, das im Scabbard des Pferdes neben ihm steckte. Ich werde auf diesen strittigen Punkt nicht näher eingehen, weil er nicht von entscheidender Bedeutung ist…«

Hinter dem Geländer, auf der Bank, auf der Ike Clanton am Tag des Kampfs gehockt hatte, saß jetzt Wyatt Earp in kerzengerader Haltung. Ein hoher Kragen schien sein rundes Kinn zu stützen, und seine Hände, die mit Handschellen gefesselt waren, ruhten auf seinen Oberschenkeln. Doc Holliday hockte zusammengesunken neben ihm. Er trug ein blaßgelbes Hemd unter einem dunkelgrauen Flanelljackett, hatte die Hände in den Taschen und die Stiefel übereinandergeschlagen – der träge jüngere Prinz ohne Hoffnung auf den Thron. Sein Blick schweifte durch den Saal. Auf Wyatts anderer Seite saß Tom Fitch, der Anwalt der beiden. Sein Kinn ruhte auf der Brust, und er starrte auf die Dielen zwischen seinen Füßen. Sein grau werdender Schnauzbart war leicht gewölbt. Gelegentlich zeigte Fitch die Andeutung eines Lächelns.

»Zeugen der Anklage bestätigten eindeutig, daß William Clanton beim ersten Schußwechsel fiel oder erschossen wurde. Und Claiborne sagt, daß Clanton erschossen wurde, als der Revolver nur etwa einen halben Meter von seinem Bauch entfernt war. Doch es steht fest, daß es keine Brandflecke oder Pulverspuren an seiner Kleidung gab…«

Virgil Earp hatte das Ende einer Bank auf der Galerie mit Beschlag belegt, damit er sein heilendes Bein auf den Gang ausstrecken konnte. Er trug den Stern des Deputy U.S. Marshals auf seiner Weste – nur sein städtisches Amt hatte er verloren, nicht das Amt des

Bundes –, und er hatte einen Spazierstock über den Rücken der Bank vor sich gehakt. James Earp, verdrießlich und offensichtlich mit Schmerzen von seiner im Krieg verletzten Schulter, saß neben ihm. Morgan und Warren waren abwesend. Der erstere erholte sich noch zu Hause von seiner Rückenwunde, der zweite vagabundierte schon seit vor dem Kampf irgendwo im Territorium herum. Die Frauen waren zu Hause und warteten auf Nachrichten.

»Wenn ich all die Aussagen bedenke, bin ich der Meinung, daß ihr Gewicht die Aussage von Wyatt Earp unterstützt und erhärtet, daß William Clanton und Frank McLaury auf die Aufforderung hin, sich zu ergeben, ihre Waffen zogen oder im Begriff dazu waren ...«

Ike und Phin Clanton saßen am fernen Ende derselben Bank, durch ein halbes Dutzend Leute von James Earp getrennt. Ike kaute heftig auf seinem Priem, hatte den Kopf zwischen die Schultern gezogen und schaute sich um. Phin saß mit sanfter Miene und einem staunenden Ausdruck in den Augen da. Er wurde als der Idiot der Familie betrachtet. Andere Bewohner von San Pedro waren ebenso anwesend wie einige der Vigilanten, einschließlich John Clum, der sich Notizen für seine Zeitung machte; der größte Teil der Zuschauer auf der Galerie bestand jedoch aus Bürgern von Tombstone, die seit einem Monat den Fall in den Artikeln des *Epitaph* und *Nugget* verfolgt hatten und aus einem Art Herdengefühl heraus gekommen waren, weil sie spürten, daß hier so etwas wie Geschichte gemacht werden würde. Sie sagten sich, daß die Läden geschlossen bleiben und die Erneuerung von Türangeln warten konnte, bis der Prozeß zu Ende war, vorausgesetzt, er dauerte nicht zu lange.

»Die Aussage von Isaac Clanton, daß diese Tragödie das Ergebnis eines Plans seitens der Earps war, ihn zu ermorden und dadurch zu verhindern, daß er verriet, was die Earps ihm über den Geldtransport der Wells Fargo & Company preisgegeben hatten, reicht nicht als eine glaubwürdige Theorie angesichts der unumstößlichen Tatsache, die äußerst bedeutend in diesem Fall ist, nämlich: daß Isaac Clanton überhaupt nicht verletzt wurde, jedoch als erster und am leichtesten hätte getötet werden können, wenn das der Zweck des Angriffs gewesen wäre ...«

Auf der ersten Bank saß der Anklagevertreter, ein dunkelbraun gekleideter Mann, zu dessen Linker Johnny Behan in Cut und makellosem Stehkragen und zu dessen Rechten ein dünner Mann in schwarzem Frack und Seidenweste saßen. Silberne Strähnen schimmerten im langen, braunen Haar des dünnen Mannes und glänzten in seinem halbkreisförmigen, dunklen Bart. Die silbernen Strähnen milderten etwas den grimmigen Ausdruck der funkelnden braunen Augen unter den buschigen Brauen, die sich fast so lebhaft bewegten wie die Tom Fitchs. Die Earps und Holliday kannten diesen Mann. Sein Name war William R. McLaury – Will für seine toten Brüder. Er war ein bedeutender Anwalt aus Fort Worth, der am fünften Verhandlungstag Schwung in die Verhandlung gebracht hatte, um die Anklage voranzutreiben. Er hatte den ruhigen Richter Spicer dazu gebracht, Wyatt und Doc eine Zeitlang ins Gefängnis einzusperren, und seither hatte er die Zeugen der Verteidigung mit einem Minimum an Redekunst und einer Art Killerinstinkt in die Mangel genommen. Darin ähnelte er sehr seinem verstorbenen jüngeren Bruder Frank: Die Killerader hatte verschiedene Wege mit dem gleichen Ziel genommen. Als er Spicers Urteil anhörte, wirkte sein Profil wie aus Walzblech gepreßt und zeigte keine Reaktion, obwohl viele Zuschauer versuchten, etwas an seiner Miene abzulesen.

Zum erstenmal bei dieser Verhandlung hob der

Richter die Stimme. Zuschauer, die bei seinem monotonen Tonfall eingedöst waren, hoben den Kopf.

»Angesichts der Geschichte des Countys und der heute allgemein unbestrittenen Existenz zum äußersten entschlossener, gefährlicher Gesetzloser in unserer Mitte, Gesetzloser, die sich zu Banden zusammenschließen, ihren Lebensunterhalt mit Verbrechen verdienen und weder Menschenleben noch Besitz respektieren, und angesichts der Tatsache, daß zur gleichen Zeit Männer mit Repetiergewehren und Sechsschüssern durch die Straßen marschieren und verlangen, daß der Polizeichef und seine Assistenten entwaffnet werden sollen, ist diese Forderung sowohl ungeheuerlich als auch alarmierend!«

Er las jetzt nicht vom Blatt ab, sondern schaute Ike Clanton an, und seine blassen Züge hatten etwas Farbe angenommen. Hier war endlich der wahre Spicer, der Mann, der die Verschwörung der Townlot Company mit der Land Office Commission als ein ›Betrug seitens einer Reihe von Gaunern‹ gebrandmarkt hatte. Die Leute auf der Galerie neigten sich angespannt vor. Doch inzwischen wandte sich Spicer wieder seinen Akten zu, und seine Stimme nahm den üblichen monotonen Klang an.

»Das Beweismaterial, das mir in diesem Fall vorgetragen wurde, reicht nach meinem Urteil nicht zu einer Verurteilung der Angeklagten in einem Schwurgerichtsverfahren. Ich glaube nicht, daß irgendeine Jury, die in diesem Territorium zusammengestellt werden kann, aufgrund des mir vorliegenden Beweismaterials mit den darauf anzuwendenden Paragraphen des Gesetzes die Angeklagten irgendeiner Straftat für schuldig findet.

Es mag sein, daß meine Beurteilung falsch und meine Auslegung des Gesetzes unzutreffend ist; doch es ist mein eigenes Urteil und mein Verständnis des Gesetzes, wie ich es niedergeschrieben finde, und danach muß ich handeln und entscheiden, und nicht nach den Ansichten irgendwelcher anderer Personen. Ich habe, über vier Wochen lang geduldig und aufmerksam das Beweismaterial in diesem Fall geprüft und wenigstens vier Fünftel meiner Freizeit in diesem Zeitraum geopfert, um ernsthaft das mir vorliegende Beweismaterial zu studieren, und dies ist die Schlußfolgerung, die ich daraus ziehen muß.«

Ike spuckte aus, streifte den Rand des Spucknapfs am Fuß seiner Bank und besprenkelte den Boden jenseits davon. Das Geräusch löste die Spannung im Gerichtssaal, und danach schienen die Leute wieder zu atmen.

Spicer legte das letzte Blatt Papier beiseite und nahm das Hämmerchen. »Ich schließe die Erfüllung der mir auferlegten Pflicht mit den Worten des Gesetzes: Da es keinen ausreichenden Grund gibt, die hier genannten Wyatt S. Earp und John H. Holliday der hier aufgeführten Straftat für schuldig zu befinden, ordne ich ihre Freilassung an.« Das Hämmerchen knallte auf die Richterbank.

Eine Barriere brach, und die Zuschauer im Gerichtssaal, natürlich mit Ausnahmen, öffneten die Pforte der Galerie und neigten sich über das Geländer, um den Angeklagten die Hände zu schütteln oder ihnen auf den Rücken zu klopfen. Doc, der nicht so unsanft behandelt werden wollte, täuschte einen Hustenanfall vor, woraufhin sich die Gratulanten von ihm abwandten und Wyatt bedrängten. Wells Spicer erhob sich und ging ruhig durch die Seitentür in sein Richterzimmer. Seine Akten und das Hämmerchen nahm er mit. Souvenirjäger waren eine Plage an der Siedlungsgrenze.

Johnny Behan ging zu Jim Campbell hinüber, um mit ihm zu reden. Will McLaury klemmte seine abgewetzte Aktentasche aus braunem Leder unter den Arm und ging durch den Mittelgang hinaus, der jetzt frei war, weil sich die meisten Leute um Earp und Holliday drängten. Vor der Tür begegnete der Anwalt Ike Clanton.

»Was kommt jetzt?« fragte Ike.

»Du hast gehört, was Spicer gesagt hat.«

»Nicht alles. Der Mann redet, als hätte er den Mund voller Scheiße.«

McLaury musterte ihn einen Augenblick lang. Er hielt die Aktentasche zwischen Ellenbogen und Rippen und streifte die Folie von einer Zigarre. Phin Clanton lungerte bei den Bänken herum und beobachtete, und der Ausdruck seiner Augen war wie der eines Hundes, der von einer Bewegung fasziniert ist. In der Wärme des Gerichtssaals war offenkundig, daß sich keiner der Brüder im Laufe der Woche gebadet hatte.

»Das Geschworenengericht wird tagen«, sagte McLaury. »Mit den richtigen Zeugen und Aussagen unter Eid, wird es zu einem Anklagebeschluß kommen. Es liegt an uns, für diese Beweise zu sorgen. Wenn ich von Anfang an die Anklage vertreten hätte, dann wäre der Fall schon erledigt, und Earp und Holiday wären in Handschellen auf dem Weg nach Yuma.«

»Angenommen, die Jury fällt keinen Anklagebeschluß. Was dann?«

McLaury zündete die Zigarre ohne Zeremoniell an. Eine nach Pferden riechende Gruppe aus Charleston hatte sich zu ihnen gesellt, Männer mit Flanellhemd und gestreifter Hose, überwiegend Cowboys, die der Anwalt nicht kannte. Aber er erkannte John Ringos abstehende Ohren, den Schnauzbart und den Sombrero, den er niemals abnahm. Obwohl Ringo so stark stank wie die anderen, hatte er ein adrettes Aussehen, das McLaury an das von Doc Holliday erinnerte. Es war nicht ihre einzige Ähnlichkeit.

Bevor McLaury die Frage beantworten konnte, bat John Clum um Verzeihung und drängte sich zwischen ihm und der Gruppe hindurch zur Tür hinaus. Ringos Blick folgte Clum und heftete sich dann wieder auf

McLaury. Seine Augen waren glanzlos wie zwei alte Pennys.

Der Anwalt schaute fort. »Warten wir's ab, bis es soweit ist.«

Er entschuldigte sich. Aber Ringo ertappte ihn noch dabei, daß er dem Bürgermeister und Herausgeber des *Epitaph* nachschaute.

Ringo und die Gruppe weniger auffälliger Cowboys, die anwesend waren, um Spicers Urteil zu hören, waren die Vorhut einer Armee, wenn auch keiner besonders uniformierten oder disziplinierten. Nach der Verhandlung, die jetzt in der freien Zeit zwischen dem Herdentreiben im Herbst und dem Round-up des Frühjahrs endete (und in einer Saison, in der die Vaqueros, die für die Grandes jenseits der Grenze ritten, acht Pesos für den Kopf eines amerikanischen Viehdiebs erhielten), trafen die Cowboys jetzt nach und nach zu Pferde und mit Wagen aus Galeyville und Charleston ein und kampierten außerhalb der Stadt oder quartierten sich im Grand Hotel ein, dessen Besitzer sie immer willkommen hießen, weil sie für die Zimmer im voraus bezahlten und sofort für alle Beschädigungen aufkamen. Die Garderobe füllte sich mit Revolvern und Gewehren, mit Namensschildchen der Besitzer an den Abzugsbügeln, und es blieb kein Platz für Mäntel oder Gepäck. Das machte nichts aus, denn die Gäste hatten ihre meiste Habe in Deckenrollen, die sie auf ihre Zimmer mitnahmen. Selbst Curly Bill Brocius, über dessen Grinsen und Lockenkopf mehr diskutiert wurde, als man ihn sah, seit die Anklage des Mordes an Marshal Fred White niedergeschlagen worden war, wurde eines Nachts im Occidental gesehen, als er einer Reihe Cowboys Drinks spendierte. Es sprach sich überall herum, daß Curly Bill und Ringo einen Trupp nach Huachita geführt hatten, nachdem ihre Treunde Leonard und Head dort getötet worden waren, und die Haslett-Brüder vor ihrem eigenen

Laden niedergestreckt hatten. Aber solche Geschichten ohne Zeugen galten dort draußen und zu diesen Zeiten oft als Schauermärchen. Es hieß, daß Ike Haslett, der angeblich voller Kugellöcher für die Coyoten liegengelassen worden war, eine Woche später in Benson gesehen wurde, wo er in einem Saloon Whisky und Essen bestellte. Man munkelte, daß sein Bruder Bill noch vor dem Ende des Jahres als Fahrer einer Straßenbahn in San Francisco entdeckt werden würde; und so wurden die beiden als kerngesund erklärt.

Kämpfe entbrannten, und im Bird Cage gab es eine unblutige Schießerei wegen des Strumpfbands einer Tänzerin. Behan vereidigte zwei neue Männer als Deputys und setzte sie in Wechselschicht mit Breakenridge und den anderen ein. Es war eine Zeit, in der selbst Behan Grund hatte, den Stadtrat zu bedrängen, Virgil Earp als Polizeichef abzusetzen. Wyatt spielte unterdessen Faro im Oriental und kassierte von seiner Beteiligung am Eagle Brewery Saloon, und Virgil half seinem Bruder James als Barkeeper im Sampling Room. Sie hatten Morgan, der sich jetzt von seiner Verletzung erholte, und ihre Frauen in eine Suite im Cosmopolitan Hotel umquartiert, nachdem sie im Haus an der Fremont Street einen Schrecken bekommen hatten. Ein Mann, der als Frau verkleidet gewesen war, hatte an Virgils Tür geklopft, und als sich James gemeldet hatte, war die Person mit einer gemurmelten Entschuldigung in der Dunkelheit verschwunden. Wyatt nahm an, daß jeder, der an dem Kampf auf der Fremont Street beteiligte Earps ermordet worden wäre, wenn er die Tür geöffnet hätte. Er quartierte Sadie in Mrs. Youngs Pension ein. Allie und Lou hatten darauf bestanden, Mattie einzuladen, mit ihnen ins Hotel zu ziehen.

Docs Kunden am Spieltisch im Alhambra waren jetzt für gewöhnlich neue Gesichter in Tombstone – Fremde, die sich damit brüsten wollten, daß sie – ob als Gewinner oder Verlierer – mit dem Mann gespielt hatten, auf dessen Konto zwei der drei Toten des Kampfs beim O.K. Corral gingen. (Denn so wurde jetzt der Schauplatz des Kampfes fälschlich bezeichnet, nachdem der Tatort während der Verhandlung mehrfach so genannt worden war.) Außer den Fremden spielten nur noch die Sorte der Unerschütterlichen aus dieser Gegend mit Doc, die es gewohnt waren, jeden Einsatz zu akzeptieren und jedes Risiko einzugehen. Die übrigen hielten sich fern und vermieden es, eine Zielscheibe abzugeben. Wenn sich Herausforderer an den Tisch setzten, fragte Doc sie, was es für ein Gefühl war, gegen einen Mann wie ihn zu spielen, und es vergnügte ihn, wenn sie zusammenzuckten, wann immer er in eine Tasche griff, um dann nur eine Zigarre oder sein Taschentuch hervorzuholen. Alles, was er während dieser Zeit tat – trinken, spielen, husten oder sich entschuldigen und durch die Tür hinaus auf die Gasse gehen, um zu pinkeln – wurde registriert und notiert. Er schrieb Kate, daß er so berühmt wie Eddy Foy werden würde, und er arbeitete Pläne aus, wie er seinen Ruhm in Profit umwandeln konnte. Er schaffte es, einem Heizer der A.T. & S.F. ein paar falsche Goldbarren zu verkaufen, die von Leadville übriggeblieben waren, aber danach kam er sich schäbig vor. Einer Legende fiel das Betrügen zu leicht.

Die meiste Zeit spielte jedoch keiner mit ihm, und er legte inmitten von unbesetzten Tischen Patiencen, während John Mellgren und Joe Meagher, die Besitzer des Saloons und Docs stille Teilhaber beim Spielgewinn, ihren schwindenden Anteil aufteilten und sich darüber stritten, wer Doc bitten sollte, woanders zu spielen. Wenn wenig zu tun war, trank Doc mehr. Er hatte seinen Konsum auf fast drei Liter pro Tag gesteigert, und ohne Kates Drängen, etwas zu essen, nahm er nur selten etwas im Speiseraum von Mrs. Flys Pension oder im Can-Can zu sich. Er magerte alarmierend ab. Seine Hose schlotterte an ihm, und wenn er unter einer Gaslaterne stand, um sich eine Zigarette anzuzünden, wirkten seine Augen in dem gespenstischen Schein wie leere Höhlen, und das Licht schien durch ihn hindurch zu glühen. Aber man sah ihn niemals torkeln oder schwanken.

Johnny Ringo begegnete ihm eines Spätnachmittags im Dezember auf der Allen Street. Beide Männer waren betrunken. Sie trugen Mäntel, und ihr Atem kräuselte sich weiß in der Frostluft.

»Ich hörte, deine Hure läßt sich jetzt in Globe besteigen«, sagte Ringo.

Doc grinste, und die Haut spannte sich an seinem Schädel. »Ja, sie haute ab, als sie hörte, daß du in der ganzen Stadt Filzläuse verbreitest.«

»Was machen schon ein paar mehr an einem Brutplatz aus?«

»Wie machen wir's?« Doc nahm seine Zigarre aus dem Mund.

Ringos Haltung veränderte sich. Langsam knöpfte er mit der linken Hand seinen Mantel auf und zupfte das blaue Halstuch los, das um seinen Hals geknotet war. Er drehte das Halstuch zwischen beiden Händen und schob ein Ende zwischen die Zähne. Dann schlug er mit der rechten Hand den Mantel zurück hinter den gelblichen Elfenbeingriff eines Colts, der in einem mit Öl befleckten Holster steckte.

Doc öffnete seinen grauen Mantel und trat vor, um das herabbaumelnde Ende des Halstuchs zu nehmen. In diesem Augenblick trat Billy Breakenridge vom Gehsteig hinter Ringo, schlang die Arme um ihn und hielt ihn fest.

»Du kleine Fotze!« Ringo bäumte sich in der Umklammerung auf, doch der Deputy war kräftig und hielt ihn fest, daß die Knöchel der ineinander verschlungenen Hände weiß hervortraten.

Sein Hut fiel ihm vom Kopf.

Doc grinste immer noch. »John, ich hätte nie gedacht, daß du und Billy ein Liebespaar seid.«

Wyatt Earp gesellte sich hinzu, ohne Hut und Mantel, nur in seinem Prince-Albert-Rock. Er hatte die Szene aus dem Cosmopolitan beobachtet. »Laß es dabei bewenden, Doc.«

»Den schaffe ich.«

»Ihn vielleicht. Aber da ist ein offenes Fenster oben im Grand Hotel, das mir nicht gefällt.«

Ringo gab den Widerstand auf, um zu Atem zu kommen. Breakenridge riß Ringos Revolver aus dem Holster, gab Ringo frei, trat zurück und richtete die Waffe auf ihn. »Du bist verhaftet wegen des Tragens von Waffen auf der Straße.«

Doc sagte: »John, ich glaube, dich kann jeder spielend fertigmachen. Ich hätte fast meinem guten Namen geschadet.«

»Es paßt zu euch Earps, euch hinter Billys Rock zu verstecken.« Ringo keuchte. Die Luft war von einer Whiskyfahne erfüllt.

»Ich bin kein Earp«, erwiderte Doc.

»Für mich bist du ein Bastardbruder der Earps und ein halber Nigger.«

»Du bist ein erstklassiger Pferdedieb, John. Ein Kampf aus dem Hinterhalt sollte unter deiner Würde sein.«

Es hatte sich eine kleine Menge von Händlern und Minenarbeitern angesammelt, durch die sich Jim Campbell mit dem Revolver in der Hand einen Weg bahnte. Er und Breakenridge nahmen Ringo in die Mitte und brachten ihn zur Fremont Street. Ringo überragte beide Deputys um fast einen Kopf.

»Behan wird ihn mit Sechsschüsser und allem laufen lassen«, sagte Wyatt.

Doc blickte zum offenen Fenster im zweiten Stock des Grand Hotels hinauf. »Ich nehme an, es ist zu kalt, um zu sagen, daß sie nur frische Lutt reinlassen wollten.«

»Ich wette, daß sie eher 'ne Schrotladung herauslassen wollten.«

»So ein Spiel hätte ich Ringo nie zugetraut. Er ist ein ehrbarer Killer.«

»Will McLaury hat einen vollen Geldbeutel.«

Wyatt begleitete Doc durch die Tür des Maison Doree. Eine Girlande aus orangefarbenen Blumen flatterte daran. Die Gaslampen brannten bläulich im Halbdunkel des Winterabends. Wyatt und Doc setzten sich an einen Ecktisch. Wyatt bestellte Steak und Spiegeleier für beide. Doc änderte die Bestellung; er verzichtete auf das Steak. Er gab einen Schuß Schnaps aus der Taschenflasche in seinen Kaffee. »Was ist mit diesem Billy Breakenridge los? Hätte nicht gedacht, daß er auf einmal eine Kämpfernatur hat.«

»Mädchen kämpfen ebenfalls.« Wyatt schaute zu, während Doc trank. »Ich kann nicht dauernd Kaution für dich bezahlen, Doc. Das Honorar für Tom Fitch kostet mich den größten Teil meiner Wasser- und Landrechte, und in den letzten beiden Tagen war ich der einzige Kunde, den ich an meinem Spieltisch hatte. Ich verlor«, fügte er hinzu.

Doc zog ein dickes Bündel Banknoten aus einer Innentasche und zählte dreihundert Dollar in Fünfzigern auf den Tisch. »Das ist der Rest, den ich dir für Kate schulde.« Er steckte die übrigen Banknoten weg.

Wyatt nahm das Geld nicht sofort. »Du mußt jeden schlechten Zahn in Tombstone gezogen haben.«

»Ich habe einigen Reisenden den Sechsschüsser verkauft, mit dem ich Tom McLaury umgelegt habe.«

»Du hast Tom nicht mit dem Sechsschüsser, sondern mit einer Schrotspritze erledigt.«

»Das werden sie nicht erfahren.«

»Wie viele Eisen hast du verkauft?«

»Zwei alte Colts und eine Derringer-Pistole mit einem defekten Schlagbolzen. Spangenberg wollte mir zwanzig für alle drei Eisen geben. Ich erhielt zweihundert für jedes.«

»Hast du sie mit einer Kerbe verziert?«

»Ja, nachdem ich das erste Eisen losgeworden war. Die Leute hätten sonst geschmollt.«

»Und was passiert, wenn sich die drei Käufer zufällig begegnen?«

»Vermutlich nichts. Solche Typen können vor lauter Muffensausen nicht schießen.«

»Das klingt wie ein Streich von Bat Masterson.« Wyatt steckte die Banknoten in seine Brieftasche.

»Hoffentlich nicht. Ich kann Bat nicht leiden.«

Die Spiegeleier für Doc wurden serviert. Er pickte mit der Gabel ins Eigelb und beobachtete, wie es zerrann, aber er aß nicht. Er füllte seine Kaffeetasse aus der Taschenflasche auf.

Wyatt sagte: »Dieser Trick mit dem Halstuch ist völlig verrückt. Wenn man keinen Bauchschuß abbekommt, verbrennt einen das Mündungsfeuer.«

»Besser das als der Husten.«

»Wir waren uns alle darin einig, nirgendwo allein hinzugehen, bis sich diese Sache abgekühlt hat.«

»*Ihr* wart euch darin einig. Ich habe mein Blatt nicht aufgedeckt.«

»Du hast an diesem Tag schnell genug mitgemischt.«

»Das war ein anderes Spiel.«

»Zieh wenigstens ins Hotel«, sagte Wyatt. »Wir halten das Zimmer auf der anderen Seite des Gangs für dich frei.«

»Das kann ich nicht. An der Fremont ist es zu ruhig, seit ihr Earps ausgezogen seid.«

»Wir können etwas Ruhe gebrauchen.«

Der Kellner brachte Wyatts Steak, und Wyatt schöpfte Ketchup aus einem Porzellanschüsselchen. »Du hast gehört, daß man am Donnerstag versuchte, John Clum in der Kutsche nach Benson abzuschießen.«

»Wenn es im *Epitaph* steht, wird es wohl stimmen.«

Doc verzog das Gesicht und schob den Teller mit den Spiegeleiern von sich, ohne zu essen.

»Ich tippe auf Ringo, oder noch mehr auf Frank Stilwell. Wenn es Ringo war, wäre Clum nicht einfach davongekommen und wegspaziert. McLaury hat uns alle auf der Liste.«

»Das sind alles Cowboys und Pferdediebe.«

»Das bringt einfach nichts. Ich kam her, um Geld zu machen, keine Witwen. Die Karre ist verfahren, Doc. Ich gehe nach Kalifornien, sobald ich einen Käufer für meine Wasser- und Holzrechte finde.«

»Wie du willst.«

Wyatt kaute einen Bissen Steak. »Du weißt, daß ich zum Spielen in den Alhambra umziehe. Der Oriental ist ein ungastlicher Saloon, seit du versucht hast, Milt Joyce die Hand abzuschießen.«

»Ich wollte nicht die Hand, sondern was anderes treffen.«

»Dieser Fusel ist nicht gut für deine Treffsicherheit.«

Doc schüttete noch etwas mehr Schnaps in seine Tasse. Es war kein Kaffee mehr drin.

»Ich spiele noch eine Weile hier, und dann sehe ich mich in Colorado um«, sagte Doc.

»Colorado soll gut für schlechte Lungen sein.«

»Ich wette, daß mich zuerst eine Kugel erwischt«, sagte Doc.

## 13

Morgan war der erste der Earps, den Josephine Sarah Marcus kennengelernt hatte, als sie mit der Pauline Markham Theatertruppe nach Tombstone gekommen war, und für sie blieb er der bei weitem bestaussehende der Brüder.

Sie sah ihn zum erstenmal an der Benson-Station, kurz vor der Abfahrt der Kutsche, als er in Wildlederjacke und Latzhose und mit einer Schrotflinte bewaffnet aus der Station schlenderte und lässig und geschmeidig auf den Beifahrersitz stieg. Morgans Hut war so weit in den Nacken geschoben, wie es ging, und sein Haar und der Schnurrbart hoben sich hellblond vom Rotbraun seines Gesichts ab. Im strahlenden Sonnenschein waren seine Augen klar und blau. Zu jener Zeit hatte sie Johnny Behan kennengelernt und sich in ihn verliebt, und als der Zeitpunkt der Trennung von ihm kam, war Wyatt mit den gleichen blauen Augen und blonden Haaren und den besseren Zukunftsaussichten da gewesen. Dennoch gefiel ihr Morgans natürlicheres, weniger auffallend gutes Aussehen weiterhin.

Im Gegensatz zu seinen Brüdern hatte Morgan keine Beteiligungen im Cochise County. Der Lohn, den er von Wells Fargo erhielt, ging für Essen und Miete, für Spielen, Whisky und einen gelegentlichen Besuch des Bird Cage drauf, wo er (wie es hieß) ein Favorit der mütterlichen mexikanischen Huren und der kurvenreichen Tänzerinnen war. Im Umgang mit ehrbaren Frauen zeigte er eine scheue Höflichkeit, die nur schwach an Wyatts höflichen Schliff erinnerte, doch in Gesellschaft von Männern war er dafür bekannt, daß er Eingedösten Wäscheleinen um die Knöchel band und Senf in unbeaufsichtigte Tabaksbeutel strich. Wenn es dann einen Wutausbruch der Betroffenen gab, lächelte Morgan nur vergnügt vor sich hin, während andere vor Lachen brüllten. Wenn sein Bargeld zur Neige ging, löste er Wyatt am Kartentisch im Alhambra ab oder schaufelte Schlacke in die Fördermaschine der Vizina an der Toughnut. Er quittierte den Dienst, sobald er genug Geld hatte, um seine Kreditwürdigkeit in der Stadt zu erneuern. Seine finanzielle Verantwortungslosigkeit und die Vernachlässigung seines Äußeren – was einige für Absicht hielten – brachte den ehrgeizigen und pedantischen Wyatt in Rage, doch es war ein offenes Geheimnis, daß Morgan sein Lieblingsbruder war. James war ein erwachsener Mann, als die übrigen Earps noch Jungen waren, und Virgil war durch seinen Kriegsdienst von zu Hause fort gewesen, bevor Wyatt irgendeine Beziehung zu ihm entwickelt hatte. Warren, ein kleines Kind, als Wyatt seine Reisen begonnen hatte, war wie ein Fremder für ihn. Morgan war seit dem Knabenalter Wyatts Schützling, und wenn Morgan in späteren Jahren gegen den Puritanismus seines älteren Bruders rebellierte, verhinderte seine Weigerung, sich ernst zu nehmen, daß die Familie zu überheblich wurde. Auseinandersetzungen zwischen den beiden wurden schnell voller Sarkasmus geführt (die Earps waren sarkastisch) und endeten stets damit, daß Wyatt Morgans widerspenstiges blondes Haar zerzauste.

Trotz all seiner Ziellosigkeit war Morgan Lou treu, der schwarzhaarigen, stillen jungen Frau, mit der er zusammenlebte. In der Öffentlichkeit benahmen sich die beiden wie in den Flitterwochen, und niemals hörte jemand, daß sie sich anschrien, wenn sie allein waren, wie es bei Virgil und der kleinen, energischen Allie der Fall war, und wie es auch Wyatts und Sadies Nachbarn hörten, wenn es hitzige Reibereien zwischen den beiden willensstarken Persönlichkeiten gab. Sadie, die von einem glücklichen Zuhause fortgelaufen war, um sich der Theatergruppe anzuschließen, und die Johnny Behan wegen Wyatt verlassen hatte, schätzte Treue; für sie war sie ein ehrfurchtsgebietendes Attribut. Obwohl sie mit all der Gleichgültigkeit eines Kindes der Industriellen Revolution wußte, daß Wyatts Entschlossenheit, Besitz und einen gesellschaftlichen Rang zu erlangen, ihm eine bessere Zukunft sicherte, beneidete sie Lou und fand, daß Morgans gutes Aussehen für sie verschwendet war. Daß Lou und Allie sich mit Mattie Earp verbündet hatten, um sie, Sadie, wegzuekeln, bestärkte sie nur in dieser Überzeugung. Sie kannte Lou nicht und fand, daß Morgan eine bessere verdiente.

Das Leben im Rampenlicht hatte für Sadie früh den Reiz verloren. Das Theater, das dem Mädchen in der Pubertät eine Fluchtmöglichkeit aus San Francisco und dem Leben in einer jüdischen Familie der Mittelklasse geboten hatte, erwies sich bald als mobile Falle. Ihre Identität, abgesehen von den weinenden Naiven und Schiffsjungen, die sie ständig auf der Bühne spielte, wurde zusammen mit ein paar Habseligkeiten in einen verschrammten Handkoffer gepackt, und angesichts der Dieberei auf der Tournee bestand stets die Gefahr, ihn zu verlieren. Mit ihrem mittelmäßigen Talent und nach einer zerbrochenen Romanze mit einem Chormitglied der *Pinafore*-Truppe war das Leben so inhaltslos wie die Segeltuchkulissen, die in dem einzigen gefederten Wagen der Theatergruppe transportiert wurden, während die Mitglieder der Truppe auf Wagen mit Holzachsen über unebene Straßen holperten. Dies war wenig Komfort für ein Mädchen, dem seit dem Schulalter die Bedeutung des Materiellen eingebläut worden war. Als der braunäugige Johnny Behan Visionen von politischer Karriere und Senatorenfrauen in Ballkleidern in ihr weckte, verließ Sadie das Theater und schaute nicht zurück. Jetzt dachte sie nur noch daran, wenn die Sonne unterging.

Auf der Bühne war die Stunde der Dämmerung die hektischste, eine wilde Suche nach verstreuten Garderobenstücken und ein Stimmengewirr, wenn alle Schauspieler gleichzeitig Texte von unterschiedlichen Szenen übten, wenn verschüttete Fettschminke den Boden glitschig machte und Bühnenarbeiter mit Kulissen und Requisiten herumfummelten. Dann hatte Sadie durch die Vorhänge zum Publikum hinausgespäht und Lampenfieber gehabt. Ohne all das war es eine ruhige und einsame Zeit – zu dunkel zum Lesen, zu hell, um eine Lampe anzuzünden, und all die Ehemänner waren auf dem Weg nach Hause zu Frauen, die das Abendessen zubereiteten. Die Dampfpfeifen bei den Minen kündigten den Feierabend an, und das ferne Pfeifen, verzerrt und gedämpft vom Wind, klang entsetzlich klagend, als ob Gänse um ihre verstorbenen Gänseriche trauerten. Sadie fürchtete sich davor, in der Dämmerung allein zu sein.

Deshalb war ihr Morgan an diesem Tag ein doppelt willkommener Besucher. Auf sein Klopfen hin öffnete sie die Tür. Er stand mit dem Hut in der Hand auf der Veranda und sah adretter aus als üblich, abgesehen von einer nicht ganz zugeknöpften Weste. Er duftete nach original Yankee-Seife.

»Ich wollte dich nicht stören«, sagte er. »Ich werde wieder gehen.«

Sie hatte vergessen, daß sie ein Kopftuch trug. Sie band es ab, und ihr schwarzes Haar fiel fast bis zu ihrer Hüfte. »Du störst nicht. Ich packte nur gerade einige Sachen. Wyatt will, daß ich morgen ausziehe und in Mrs. Youngs Pension wohne. Wo ist er?«

»Draußen in den Dragoons. Er zeigt irgendeinem reichen Engländer ein Waldstück, das er verkaufen will. Wyatt wird erst morgen zurück sein, und er bat mich, mal bei dir vorbeizuschauen.«

Sie lud Morgan zum Abendessen ein und servierte ihm etwas, das in Bauers Fleischerladen als Kalbfleisch durchging. Dazu Brötchen und Soße. Sie sprachen von gemeinsamen Freunden, einschließlich Harry und Kitty Jones, zwischen denen das Eis nach der Behan-Episode getaut war, und die sich wie Frischvermählte aufführten. Morgans Tischmanieren waren wie die Wyatts untadelig. Er butterte seine Brötchen mit der Präzision eines Chirurgen, der mit dem Skalpell umgeht, und benutzte die Serviette, die er in den Ausschnitt seiner Weste gestopft hatte, um sich die Mundwinkel und den Schnurrbart abzutupfen. Die Unterhaltung fiel ihm nicht so leicht, und als er zum drittenmal ihre Kochkunst lobte, fragte Sadie, was ihn beschäftigte.

Er trank sein Wasserglas leer, bot an, ihr Glas mit

Wasser aus dem Krug zu füllen und schenkte sich selbst Wasser nach. Er bewegte sich vorsichtig; seine Schulterwunde war gerade erst verheilt.

»Wenn Wyatt wegzieht, wirst du ihn dann begleiten?«

»Wenn er es will.«

Morgan nickte und trank.

»Machst du dir Sorgen wegen Mattie?« fragte sie.

»Wir haben uns an sie gewöhnt. Besonders die Frauen.«

»Das dachte ich mir.«

»Wirst du ihn heiraten?«

Sie schüttelte ihre Serviette aus und faltete sie. »Er hat mich nicht danach gefragt.«

»Das ist eine Antwort.« Er erhob sich.

»Bist du deswegen hergekommen?«

Er holte seinen Mantel und Hut. »Ich gehe besser raus, damit es kein Gerede gibt, aber wenn du nichts dagegen hast, dann würde ich gern eine Weile auf deiner Veranda sitzen.«

Sie beteuerte, daß sie überhaupt nichts dagegen hatte, und dankte ihm für das Kompliment. Es war in der Siedlungsgrenze üblich, daß Cowboys viele Meilen ritten, nur um auf den Veranden ehrbarer Frauen zu sitzen. Sadie dachte noch an die Unterhaltung mit Morgan und fragte sich mit einem Anflug von Illoyalität, ob Morgan und Lou Probleme miteinander hatten. Sie versuchte zu flirten. »Es wird meinem Ansehen helfen, wenn ein so hübscher Mann vor meinem Haus kampiert.«

»Ich bin bewaffnet.«

Das war eine sonderbare Erklärung.

Viel später, als Sadie im Bett war, knarrte eine Diele der Veranda. Sadie zog einen Morgenrock an, nahm vom Frisiertisch eine Allen Sidehammer, die Wyatt ihr als Taschenwaffe gegeben hatte, und zog im prunkhaft ausgestatteten Salon den Vorhang am Fenster beiseite.

Morgan kauerte auf der Veranda, Schnee bedeckte die Schultern seines Mantels und die Hutkrone.

»Morgan, du süßer Dummkopf, komm sofort herein!«

Er erwachte von ihrer Stimme, die von der Türschwelle herüberklang, und stand schnell auf, wobei Schnee von ihm abfiel. Als er erkannte, wer dort auf der Türschwelle stand, bewegte er sich leicht, und sie sah, daß er die Hand von einem Revolver im Gurt zurückzog, bevor er den Mantel darüber zuknöpfte.

»Ich bin dort eingeschlafen«, sagte er. »Hab' versäumt, mich auf den Weg zu machen.«

»Du wirst erfrieren.«

»Nun, wenn du mich so drängst, dann sollte ich die Einladung besser annehmen.«

Sie blickte auf den kleinen Revolver, den sie immer noch in der Hand hielt, und schob ihn in die Tasche ihres Morgenrocks. Als Morgan im Haus war, schloß sie die Tür, schob den Riegel vor und richtete mit Laken und einer Steppdecke auf dem Sofa im Salon ein Schlaflager für Morgan her. »Darf ich wissen, was das sollte?« Sie nahm ihm Hut und Mantel ab.

»Tombstone ist nicht der richtige Ort für eine alleinstehende Frau.«

Am Morgen, als Morgan noch schlief, kam Johnny Behan am Küchenfenster vorbei und ging zur Vordertür. Sadie war angekleidet. Sie ging durch den Salon und trat hinaus auf die Veranda, bevor Behan an die Tür klopfen konnte. Er trug seinen Sombrero und einen schwarzen einreihigen Mantel, der bis unter die Knie reichte, und in dem er groß wirkte, obwohl er gerade Sadies Größe hatte. Seine Augen waren rotgerändert, und er roch nach Sen-Sen, was stets ein Anzeichen darauf war, daß er getrunken hatte.

»Du bist morgens so hübsch wie in der Nacht«, bemerkte er. »Das habe ich schon immer gesagt.«

»Was willst du?«

»Kann ein Mann seine Frau nicht mal an einem Morgen besuchen?«

»Ich bin nicht deine Frau.«

»Du warst schnell genug damit, meinen Namen im Papago Cash Store zu benutzen, als wir zusammen waren.«

»Ich habe gefragt, was du willst.«

»Du hast dich auf einem Grundstück niedergelassen, das mir gehört«, sagte er. »Ich bin gekommen, um dich zu enteignen.«

»Dieses Haus gehört mir.«

»Das Grundstück ist auf meinen Namen eingetragen.«

»Ich habe es auf deinen Namen eintragen lassen«, erwiderte sie.

Er grinste und zeigte gerade, weiße Zähne unter seinem Schnurrbart. »Das war kurzsichtig von dir. Ich lasse nicht zu, daß du mit diesem Mörder auf meinem Besitz schläfst. Du kannst dein Haus woanders hinstellen oder ausziehen.«

»Du bist betrunken.«

»So hattest du mich am liebsten. Du sagtest, so dauert es länger bei mir, und du kannst aufholen.«

»Du bist kein Gentleman.«

»Wenigstens bin ich keine Hure. Ich kann mit den Papieren dienen, wenn du sie sehen willst.« Er knöpfte seinen Mantel auf.

Als er unter den Mantel griff, kam Morgan durch die Tür und schlug Behan ins Gesicht. Behan ruderte haltsuchend mit den Armen, stürzte rücklings von der Veranda und setzte sich auf den Boden. Er betastete seinen Mund, zog die Hand zurück und sah, daß sie blutig war. Als er sich aufrappeln wollte, trat Morgan von der Veranda herunter, stieß ihm das Knie unters Kinn und schlug ihm in die Magengrube. Behan krümmte sich zusammen und erbrach sich. Morgan packte ihn am Kragen. Sadie schob sich zwischen die beiden Männer und stieß Morgan an der Brust zurück. »Du wirst ihn umbringen!«

»Genau das hatte ich vor.« Morgan ließ jedoch die Faust sinken, die an den Knöcheln blutete. Behan riß sich von Morgans anderer Hand los und hob seinen Sombrero auf.

»Du bist eine besondere Frau«, sagte er zu Sadie. Seine Augen waren glasig, und die untere Gesichtshälfte war mit Blut und Erbrochenem verschmiert. »Du treibst es immer nur mit einem Earp.«

Morgan wollte auf ihn losgehen. Behan wandte sich hastig ab und überquerte stolpernd die Fremont Street.

»Seit gestern ist er besoffen und prahlt mit seinen Absichten herum«, sagte Morgan.

Sadie befingerte die Brosche an ihrem Hals. Sie fragte sich, wieviel Morgan von ihrem Gespräch mit Johnny gehört hatte. »Wenn er noch einen Tag gewartet hätte, dann hätte er hereinspazieren und sich das Haus und das Grundstück ohne Unterhaltung nehmen können.«

»Das war es nicht, was er wollte.«

»Das klingt wie in einem moralisierenden Theaterstück.« Sadie küßte ihn. Die Geste überraschte Morgan. Das hatte er überhaupt nicht gemeint.

## 14

»Da ist der kleine Johnny Behan, der große Häuserdieb des Arizona Territoriums.«

Behan, der geschwollene Lippen hatte und schwankte, ging wortlos an Docs Tisch im Oriental vorbei und bestellte an der Bar einen Whisky. Doc rief Buckskin Frank Leslie hinter der Bar zu, dem Sheriff viel zusätzliches Eis für sein blaues Auge zu geben, falls Morgan Earp kurz vorbeischauen sollte. »Oder hat ihm Sadie das Veilchen verpaßt?«

Leslie starrte zurück und sagte leise etwas zu Behan. Der Barkeeper, mit Schnauzbart und blaßgrauen Augen, trug einen Peacemaker in einem Spezialholster am Gurt, das die Waffe kaum verhüllte. Parker, Joyces Partner, saß auf einem Lehnstuhl unter einem Gemälde von Custers letzter Schlacht und hatte den bandagierten linken Fuß neben den Zapfhähnen auf die Bar gelegt. Sein großer Zeh, von dem Doc im Oktober die Spitze des ersten Glieds abgeschossen hatte, eiterte immer noch.

»Hör auf, ihn zu reizen«, sagte Virgil.

Er saß Doc gegenüber und teilte mit ihm eine Flasche Whisky. Obwohl Virgils Wade soweit geheilt war, daß er ohne seinen Spazierstock gehen konnte, hatte er sich daran gewöhnt, das Bein zwischen Tischen auszustrecken. Wer vorbei wollte, mußte ausweichen, oder er stolperte.

»Wozu ist ein kleines Arschloch gut, wenn nicht zum Reizen?« sagte Doc laut.

Virgil neigte sich über den Tisch und fluchte, als er ein leichtes Stechen im Bein verspürte. »Fordere keine Scherereien heraus. Eine Schießerei zu diesem Zeitpunkt bringt uns alle vors Geschworenengericht.«

Doc sagte laut: »Johnny kann einen Waffenabzug nicht von seinem kleinen Pimmel unterscheiden.«

»Ich werde dich persönlich abknallen, du schwindsüchtiger Bastard«, zischte Virgil.

Doc hielt mit dem Mund voll Whisky inne und schluckte dann. Der Adamsapfel ruckte auf und ab. Seine Augen wurden matt.

Wyatt kam während der folgenden Stille herein und setzte sich. Kalte Luft strömte aus seinem Trailmantel aus Pferdefell, dessen Fellseite er innen trug. Wyatt trank einen Schluck aus dem Glas seines Bruders und verzog das Gesicht. »Ich hab' euch im Alhambra gesucht. Ich dachte, wir wären mit Joyce und Parker fertig.«

»Es ist wie mit Ritters Beerdigungsinstitut«, sagte Doc, ohne Virgil aus den Augen zu lassen. »Das Geschäft lief sofort, als wir herkamen.«

»Ich verstehe. Wenn McLaury lange genug wartet, kommt es noch soweit, daß wir uns gegenseitig abknallen und ihm Blei ersparen.«

Virgil setzte sich zurück und rülpste in eine fleischige Faust. Er hatte während seiner Genesung zugenommen. Sein Gesicht war fülliger geworden, und sein weißes Hemd spannte sich unter der Weste. Der Stern lag flach auf einem Wulst Stoff. »Wenn er wie seine Brüder ist, wird er ein Jahr warten, bis er was unternimmt.«

»Und wenn er nur ein halbes Jahr wartet, werden wir von hier fort sein.«

»Hast du das Holz verkauft?«

Wyatt schüttelte den Kopf. »Der englische Hurensohn wollte mich erst auszahlen, wenn er den Profit von seiner ersten Ladung eingestrichen hat. Das ist, als ob man ein Bett kauft und erst dafür bezahlt, wenn man lange genug darin geschlafen hat.«

»Der Kerl roch, daß du unbedingt verkaufen willst.«

»Ich werde dem nächsten, der mir solch einen Handel vorschlägt, den Riecher einschlagen.«

Doc sagte: »Ich habe dir geraten, das Waldstück mit Silbernuggets zu würzen. Bei angeblichen Silbervorkommen hättest du spielend leicht verkauft.«

»Ich habe schon Probleme genug.«

»Dieses Varieté-Girl hat einen Padre aus dir gemacht.«

Doc zog ein Kartenspiel hervor und teilte für eine Pokerpartie zu dritt aus, bis sich Sherman McMasters und Turkey Creek Jack Johnson, ein Freund Wyatts aus Deadwood, dazu gesellten. Sie brachten ihr Glück mit, und Virgil gingen nach elf Uhr die Chips aus. Er stand auf, um nach Hause zu gehen.

»Wenn du noch ein paar Spiele abwartest, komme ich mit«, sagte Wyatt, der am meisten gewonnen hatte.

»Ich wäre bis zum Sonnenaufgang hier, bis du endlich ein Ende findest.«

Die Luft draußen war kalt und klar nach dem Tabakqualm, der unter der Decke des Oriental hing. Die Sterne waren von Wolken verdeckt, und der Wind, der von den Whetstones herabblies, trug den Geruch von Schnee heran. Gelber Lichtschein aus den Saloons fiel auf die Allen Street und breitete sich bis zur Ecke des Eagle Brewery Saloons auf der anderen Seite der Fifth Street aus. Gegenüber vom Oriental auf der Allen war das zweistöckige Adobegebäude, das die Huachuca Water Company errichtete, finster und skelettartig, und die scheibenlosen Fenster wirkten wie Augenhöhlen in einem Elfenbeinschädel. Virgil zog seine Weste herunter, steckte die Hände in die Taschen seines Ulstermantels und überquerte die Fifth Street. Sein Bein schmerzte, doch es war zu ertragen.

Er hörte nicht das Krachen, nur die Echos, die in den Bergen hallten. Licht blitzte, und etwas traf ihn von links. Er taumelte. Aus dem Augenwinkel heraus sah er, daß eine Fensterscheibe des Eagle Brewery Saloon zerbarst, und dann nahm Virgil wahr, daß etwas Warmes, Feuchtes an seiner linken Seite unter der Kleidung hinunterlief. Er zog die linke Hand aus der Tasche. Etwas schlug gegen seinen Handrücken, fuhr zwischen den Fingern hindurch und klatschte in den Staub zu seinen Füßen.

Fünf Männer tauchten aus der Türöffnung des Neubaus der Huachuca Water Company und hetzten in zwei Richtungen davon. Drei Männer rannten die Fifth Street hinab Richtung Toughnut, zwei liefen ostwärts über die Allen Street davon. Lange Waffenläufe reflektierten das Licht der Gaslampen.

Einen Augenblick lang stand Virgil wie angewurzelt da und wußte nicht, was er tun sollte. Er war auf dem Weg zum Eagle Brewery Saloon gewesen. Der Gedanke schwand langsamer als seine Kraft. Schließlich wandte er sich um und kehrte zum Oriental zurück, wo Wyatt und Doc mit einigen anderen im Gefolge soeben mit ihren Revolvern in den Fäusten herauskamen. Es war sonderbar, aber Virgil war am meisten besorgt bei dem Gedanken, daß sein Bein nicht mehr schmerzte.

»Wyatt«, sagte er. »Mich hat's erwischt.« Und dann rief jemand »Fangt ihn auf!« und Dunkelheit hüllte ihn ein.

Diesmal war Allie Earp vor den Ärzten zur Stelle. In einem Kleid, das Virgil ihr zu Weihnachten geschenkt hatte und mit dem sie ihn bei der Heimkehr begrüßen wollte, eilte sie den Männern voraus, die ihren Mann trugen, und hielt die Türen für sie auf, als sie durch die Halle des Cosmopolitan eilten und Virgil bäuchlings auf einen Tisch im Speisesaal legten. Allie hatte das unheimliche Gefühl, das schon erlebt zu haben; es kam und ging und kehrte zurück, so daß bestimmte Gedanken und Bewegungen vertraut waren, jedoch nur in dem Augenblick, in dem sie da waren. Sie konnte es nicht voraussagen.

Bald darauf trat Dr. Goodfellow ein, gefolgt von Dr. Matthews, der mit seinem Tic zwinkerte, und sie schnitten Virgils Mantel, Gehrock, Weste, Hemd und Unterwäsche auf wie Schlachter, die ein totes Tier abziehen. Sie legten zerfetztes Fleisch und die Wirbelsäule frei, und die Knochen waren überwältigend weiß und sauber im Kontrast zu dem Blut und dem schmuddeligen Grau seiner Unterhose. Allie schnappte nach Luft, als sie das sah, und ihr stockte der Atem, als Virgils Ärmel zusammen mit einer Handvoll Schrotkugeln und Knochensplittern abgeschnitten wurde.

Virgil war bei Bewußtsein. »Mach dir nichts draus, Allie. Ich habe noch einen Arm übrig, mit dem ich dich umarmen kann.« Seine Stimme klang dünn und verzerrt, und er preßte die rechte Gesichtshälfte auf den Tisch.

Goodfellow und Matthews drehten ihn herum. Die Tischplatte war voller Blut, und so sahen auch die Arme und die Hemden der Ärzte aus, bevor sie fertig waren. Beide hatten die Hemdsärmel fast bis zu den Schultern aufgerollt. Allie sah, daß Matthews Handgelenke rosig und haarlos waren, während Goodfellows Arme bis zu den Ellenbogen schwarz behaart waren; mehr die Arme eines Blechschneiders als eines Chirurgen. Die Muskeln traten hervor, als er eine Tischdecke in Streifen zerriß und mit einem Streifen Virgils Oberarm abband, daß darüber und darunter die Haut weiß wurde. Als das erledigt war, schien die Blutung aus den anderen Wunden zuzunehmen. Die Luft war vom Geruch des Bluts erfüllt.

Wyatt kam jetzt herein. Seine blauen Augen wirkten wie Nagelköpfe in dem Gesicht, das fast so bleich wie das seines Bruders war.

»Er wurde mehrmals getroffen.« Matthews kramte in seiner verschrammten Arzttasche und reichte Goodfellow eine gelbbraune Flasche mit Äther.

Wyatt sagte: »Es knallte fünfmal.«

»Erstaunlich«, sagte Goodfellow und entkorkte die Flasche. »Wenn er ein paar Schritte näher bei den Schützen gestanden hätte, dann hätten Sie genausogut den Leichenbestatter rufen können.«

»Virge fiel nicht mal. Er ging über die Straße zurück und sagte mir, daß er getroffen worden war.«

»Er hat die Konstitution eines Bullen. Das hilft.« Goodfellow neigte sich mit der Flasche über Virgil. Virgil schob die Flasche mit der unversehrten Hand zurück.

»Wyatt, wenn man mich unter die Erde bringt, laß nicht zu, daß sie mir vorher den Arm abnehmen. Wenn ich begraben werden muß, dann will ich beide Arme an mir haben.«

»Niemand begräbt dich heute, Virge.«

»Gib mir dein Wort drauf.«

»In Ordnung.«

Goodfellow hielt die offene Flasche unter Virgils Nase und forderte ihn auf, normal zu atmen. Virgil gehorchte, und bald darauf flatterten seine Lider. Der Chirurg verkorkte die Flasche.

»Eine Amputation wird nicht zu vermeiden sein. Ich habe noch nie einen schlimmer verletzten Arm gesehen.«

»Sie haben gehört, was er gesagt hat«, wandte Wyatt ein.

»Sie müssen verstehen, daß der Ellenbogen weg ist.« Matthew zwinkerte mit seinem Tic. »Selbst wenn wir den Arm retten können, wird er bis an sein Lebensende ein nutzloses Anhängsel bleiben. Ihr Bruder wird wünschen, wir hätten ihm den Arm abgenommen, damit er ihm nicht im Weg ist. Das heißt, *wenn* er überlebt.«

»Jim kommt zurecht, und der hat seinen Arm seit dem Krieg nicht mehr benutzt. Wenn Virge stirbt, ist es einerlei, ob mit einem Arm oder mit zweien.«

Goodfellow blickte Allie an. Sie nickte. »Wie Sie wollen«, sagte er. »Sagen Sie dem Hotelpersonal, daß wir saubere Handtücher brauchen, so viele man auftreiben kann. Und wenn saubere knapp sind, sollen sie weitere leihen oder auskochen. Dann bleiben Sie draußen. Wir müssen ein Knochenstück entfernen und die Blutung stoppen.« Blut tropfte jetzt auf den Boden wie Regentropfen aus einem lecken Dach.

Wyatt und Allie gingen hinaus, und Wyatt sprach mit dem Hotelangestellten an der Rezeption. Morgan und Jim waren in der Halle mit Lou und Mattie, Wyatts Frau, die bei Allie gewesen war, als die Schüsse gefallen waren. Nach kurzer Unterhaltung mit Morgan blieb Lou, um mit Mattie und Allie zu warten. Die

Männer gingen. Wyatt hatte kein einziges Wort mit Mattie gewechselt.

Die Schrotladungen, die den Bizeps und die Bänder in Virgil Walter Earps linkem Arm zerfetzt und das Kugelgelenk des Ellenbogens zerstört hatten, waren ebenfalls in die Seite und die Lendengegend des Körpers gedrungen und hatten sie aufgerissen, was den Blutverlust und das Risiko einer Infektion vergrößerte. Verirrte Schrotkugeln waren unter der Haut den linken Oberschenkel hinab steckengeblieben und hatten sie wie mit einem Muttermal bis zum Knie gefärbt. Während Matthews den Druck der Aderpresse regulierte, um den Brand zu verhindern, entfernte Goodfellow die Schrotkügelchen mit einer Pinzette, spülte die Löcher mit Alkohol, verband die Seite und entfernte vier Zoll Knochen aus dem Arm, wobei er für die kleineren Splitter eine Pinzette benutzte.

Als er schließlich den Arm in Mull und mit Handtüchern umwickelt hatte, war der Verband an der Seite des Patienten blutdurchtränkt und mußte gewechselt werden. Matthews ließ von den Hotelangestellten Handtücher auskochen und bringen, die schließlich in einem blutigen Haufen auf dem Boden landeten. Mehrmals zeigte der Patient Anzeichen darauf, zu erwachen, und er mußte wieder betäubt werden.

Wegen des Äthers hatten die Ärzte angeordnet, daß das Feuer im Ofen gelöscht wurde. Goodfellows Atem bildete weiße Wölkchen, und Dampf stieg von den Wunden auf. Von Zeit zu Zeit wärmte der Doc seine steif werdenden Finger in dem Dampf. Beide Männer schwitzten trotz der Kälte. Schweiß rann an Goodfellows Nase hinab, bildete dicke Perlen an der Nasenspitze und tropfte dann mit hörbarem Platschen in die blutigen Öffnungen. Matthews stank nur. Von dem Coroner ging ein süßlich-schaler Geruch von verwesenden Leichen aus; so kam es jedenfalls seinem Gefährten vor, der stets um die Rettung von Leben kämpfte und den Tod als unerträgliche Beleidigung für seinen Berufsstand betrachtete. Der Boden wurde klebrig unter ihren Schuhsohlen.

Schließlich richtete sich Goodfellow auf, und seine Knochen knackten. Matthews entkorkte eine andere Flasche aus seiner Arzttasche und reichte sie seinem Kollegen, der daran schnüffelte.

»Äthylalkohol?« fragte Goodfellow.

»Ich erhalte Muster aus San Francisco. Patentrechtlich geschütztes Arzneimittel.« Ein jungenhaftes Lächeln verjüngte das längliche Gesicht des Coroners um Jahre.

»Widerlicher Stoff.« Goodfellow setzte die Flasche an, schluckte, wartete, bis sich die Wärme in seinem Körper auszubreiten begann, und gab die Flasche Matthews zurück, der einen Schluck trank und zwinkerte.

Dieser verflixte Tic, dachte Goodfellow.

Sie riefen den Portier und zwei Kellner. Die Männer halfen ihnen, den Patienten auf ein Bett in einem Zimmer im Erdgeschoß zu betten. Allie und Lou folgten ihnen von der Halle aus. Sie hatten Mattie nach oben geschickt, als ihr die Augen zufallen wollten. Mattie verbrachte im Augenblick, die meiste Zeit mit Schlafen.

»Wir konnten die Blutung nicht stoppen, nur verlangsamen«, sagte Goodfellow zu Allie. Er hatte sich gewaschen und seine alte, schäbige Jacke über sein blutbeflecktes Hemd gezogen, hatte es jedoch versäumt, das verschmierte und verkrustete Blut an der Seite seiner langen Nase abzuwaschen. Er war nicht alt, aber er sah mit der großporigen, fettigen Haut, der herabhängenden Unterlippe und Schuppen im Bart so aus. Matthews, kein großer Diplomat im Umgang mit Angehörigen von Patienten, war bereits gegangen. »Wenn er die nächsten vierundzwanzig Stunden überlebt, sind seine Chancen gut. Er ist ein großer und kräftiger Mann. Der schwere Mantel hat das Schlimmste verhindert.«

»Er hat ihn kurz vor unserer Abreise in Dodge City gekauft. Wir stritten noch darüber, ob er ihn in Arizona brauchen würde.« Allie schaute auf Virgils Gesicht. Der Schlafende sah bleich und sehr jung aus.

»Es hat den Anschein, als ob wir immer streiten«, sagte Allie. »Einmal sollte er für mich eine Haube aus Kattun kaufen, und er kam mit einer aus Spitze zurück, weil er nicht wußte, was Kattun ist. Wir hatten einen schrecklichen Streit deswegen. Ich glaube, wer uns gehört hat, muß angenommen haben, wir verstehen uns nicht.« Sie wischte sich mit dem Handrücken über die Augen.

Goodfellow blickte fort. »Wir werden uns später wegen einer Infektion Sorgen machen. Ich werde bei Sonnenaufgang hier sein, um den Verband zu wechseln. Unterdessen sollte jemand bei dem Patienten bleiben.«

Lou bot sich an, mit ihr zusammen am Krankenbett zu bleiben, doch Allie forderte sie auf, in ihr Zimmer zu gehen und zu schlafen. »Du hast selbst einen Mann, für den du wachbleiben kannst.« Allie stellte einen Stuhl neben das Bett, in dem Virgil jetzt leise schnarchte, und hielt seine rechte Hand. Die Hand war doppelt so groß wie ihre, und trotz der Schwielen fühlte sie sich weich und leicht feucht an und wirkte im Schein der Lampe fast knöchellos wie die eines Babys. Während der Nacht hörte Allie es tropfen. Als die Sonne rot durch das Fenster schien, wurden ihre Strahlen von einer Lache unter dem Bett reflektiert.

Allie war jetzt sicher, daß Virgil sterben würde, doch sie empfand weder Furcht noch Trauer, nur eine Benommenheit, und darunter das Gefühl, so etwas schon erlebt zu haben.

Bei ihrer mitternächtlichen Suche in dem leerstehenden Gebäude der Huachuca Water Company fanden Wyatt, Morgan und Doc Holliday eine Fülle von

Schrotpatronenhülsen und einen abgetragenen Sombrero, in dessen ledernes Schweißband J. I. CLANTON in Großbuchstaben eingeprägt war. Während John Clum damit beschäftigt war, im Schein von Zündholzflammen Schrotkugellöcher in den Vorbaupfosten vor dem Eagle Brewery zu zählen, um die genaue Zahl im Leitartikel zu nennen, berichtete ein irischer Nachtwächter in einem Eiskeller an der Toughnut Street, daß er nach den Schüssen einige Männer hatte vorbeirennen sehen. Er identifizierte Frank Stilwell und Hank Swilling, einen Cowboy aus dem San Pedro Valley, und erinnerte sich, daß ein dritter Mann dabeigewesen war, der Ike Clanton gewesen sein konnte oder auch nicht – je nachdem, wieviel Glauben man einer Zeugenaussage schenken konnte, die mit Doc Colt's Lightning unter dem Kinn zustande gekommen war. Beim Vizina-Förderwerk weiter straßenaufwärts an der Toughnut sagte ein Arbeiter mit staubverkrustetem Gesicht aus, daß er dieselben drei Männer gesehen hatte, als sie in die Schlucht südlich der Toughnut hinabgeklettert waren, aber er bezweifelte, daß der dritte Mann auch nur entfernt wie Ike Clanton ausgesehen hatte. Verschiedene Leute hatten zwei Männer mit Schrotflinten die Allen Street entlangrennen sehen, aber nur ein Eisenbahner, der im Palace Lodging House übernachtete, konnte einen der Männer als groß und mit einem Ulstermantel bekleidet beschreiben.

»Dieser hinterhältige Ringo«, sagte Doc. »Du hättest zulassen sollen, daß ich ihn vorher erledige.«

»Ja, das hätte ich«, sagte Wyatt.

Die beiden Earps und Doc erstatteten in Behans Büro Bericht, und der Sheriff weigerte sich, eine Posse aufzustellen.

»Wir haben nächste Woche Wahl in der Stadt, und ich denke nicht daran, Gelder des Countys wegen irgendwelcher persönlicher Streitigkeiten zu verplempern, die ihr Earps haben mögt«, sagte er.

Morgan fluchte, und Wyatt schob sich beschwichtigend vor Doc. Die Deputys Breakenridge und Flynn waren anwesend und bewaffnet. Aber Doc blieb ruhig. Er sagte: »Ein reicher Sheriff, der nicht mal eine Frau in einer Stadt wie Tombstone halten kann, könnte ebensogut mit Billy verheiratet sein.«

Billy Breakenridge lief rot an. Behan, klein hinter seinem großen gelben Schreibtisch mit einer Flasche und einem Glas auf der Kladde, hielt den Blick auf Wyatt gerichtet. »Wenn ich erfahre, daß ihr Earps Jagd auf ehrbare Bürger macht, dann vereidige ich diese Posse, und *ihr* werdet die Männer sein, die wir zur Strecke bringen.«

»Schnapp dir Frank Stilwell«, sagte Wyatt.

Im Wells Fargo Office weckten die drei den Mann, der Nachtdienst hatte, und Wyatt schickte ein Telegramm an U.S. Marshal Crawley P. Dake in Prescott. Stunden später kabelte Dake zurück und ernannte Wyatt zum Deputy U.S. Marshal, um Virgil zu ersetzen.

John Clum kandidierte nicht für eine Wiederwahl als Bürgermeister von Tombstone. An seiner Stelle stellte das Sicherheitskomitee der Bürger John Carr auf und ernannte Dave Neagle, einen früheren Deputy Sheriff, der sich mit Behan zerstritten hatte und im September mit der Posse geritten war, die Frank Stilwell und Pete Spence gefangengenommen hatte, zum Polizeichef. Die Kandidaten brüllten von Plattformen, die mit Fackeln und Fahnen umgeben waren, durch Megaphone für Gesetz und Ordnung, während die Leute sich in der Kälte auf die Schultern schlugen und mit den Füßen aufstampften. Am Wahltag – Dienstag, dem 3. Januar 1882 – vereidigte Behan Cowboys aus dem unteren San Pedro Valley als Deputys. Sie sorgten in den Wahllokalen für Ordnung und patrouillierten während des Tages mit Gewehren und Revolvern bewaffnet zwischen der Fremont und Toughnut Street.

Das Komitee ließ zwei bewaffnete Männer hinter jedem der Cowboys gehen. Clum, ein Mann mit wenig Humor, der sich mit Erfolg bemühte, selbst das bißchen aus seinen Artikeln herauszuhalten, bemerkte privat, es sei, als bezahle man einen Reporter, seinen eigenen Herausgeber auszuliefern. Carr und Neagle wurden gewählt, und Behan stellte dem County 2000 Dollar in Rechnung, um seine Deputys auf Zeit zu bezahlen.

Drei Tage später stoppten fünf maskierte Männer in den Mules die Postkutsche nach Bisbee und erbeuteten 8500 Dollar, die für die Arbeiter der Copper Queen Mine bestimmt gewesen waren. Während des Überfalls rutschte Frank Stilwells Maske herunter, und danach zogen Curly Bill und Pony Deal, ein Halbblut aus Galeyville, ihre Halstücher vom Gesicht. Der Begleitfahrer identifizierte die übrigen beiden Räuber als Ike Clanton und Pete Spence.

Der Richter des Distriktsgerichts, William H. Stillwell – keine Beziehung zu Frank Stilwell –, war ein großer, schmaler Mann, der nach Tabak roch. Er hatte einen grauen Haarschopf, buschige Koteletten, die er schwarz färbte, wie seine politischen Feinde behaupteten, und er hatte das allgemeine Gehabe eines Richters, das man von Juristen, wenn sie schon sonst nichts zu bieten hatten, in den Territorien erwartete. Wyatt stand vor dem mit Schnitzereien verzierten Schreibtisch des Richters und beulte abwechselnd die Krone seines Huts ein und aus, während Stillwell einen Stapel dicht mit Schreibmaschine beschriebener Blätter unterzeichnete, einen Tintenlöscher auf jede Unterschrift drückte und sie von neuem betrachtete.

»Ich bin nicht überzeugt, daß dieser Clanton gesehen wurde«, sagte er. »Der Mann behielt seine Maske auf, und Clanton hat keine Vorgeschichte als Postkutschenräuber.«

»Ein Postkutschenraub genügt.«

»Ich bin der Meinung, daß Clantons frühere Freunde aus Charleston diesen Hut in dem Huachuca-Gebäude zurückließen. Es ist unwahrscheinlich, daß sie ihn auf einen Raubzug mitnahmen, obwohl er wegen seiner Falschheit bekannt ist.«

Wyatt machte einen Kniff in seine Hutkrone. »Ich kenne Bartholomew, den Begleitfahrer. Er hat gute Augen.«

»Sie müssen außergewöhnlich sein, um damit in der Nacht durch ein Halstuch zu schauen.«

»Machen Sie eine fiktive Partei daraus, wenn Sie Zweifel haben.«

»Ich mag das nicht gutheißen. Einige Leute sehen darin eine Art Jagdlizenz.« Stillwell las noch einmal das Schriftstück. »Wie geht es Ihrem Bruder?«

»Goodfellow sagt, er wird wahrscheinlich durchkommen.«

»Ein Anschlag ist ein Anschlag.« Stillwell blätterte in den Haftbefehlen und hielt sie Wyatt hin. Wyatt wollte sie nehmen, doch der Richter hielt sie fest. Seine Augen wirkten wie braune Murmeln. »Wenn ich diese Haftbefehle hätte, könnte ich versucht sein, meine Gefangenen im Mesquite zurückzulassen, wo Alibis nichts zählen.«

Wyatt erwiderte nichts.

»Das ist kein Rat, wohlverstanden.«

»Das habe ich auch nicht angenommen.«

Stillwell gab ihm die Haftbefehle. Wyatt setzte seinen Hut auf, faltete die Papiere und steckte sie in die Innentasche seines Pferdefellmantels. Wyatts Sporen klingelten, als er hinausging.

### PROKLAMATION

An die Bürger der Stadt Tombstone:

Seine Ehren, William H. Stillwell, Richter des Distriktsgerichtes des Ersten Justizbezirks, hat mich informiert, daß Wyatt Earp, der diese Stadt gestern mit einer Posse verließ, mit Haftbefehlen für die Festnahme verschiedener Personen ausgestattet wurde, die krimineller Straftaten verdächtig sind. Ich ersuche die Öffentlichkeit, sich jeder Einmischung bei der Durchführung besagter Festnahmen zu enthalten.

JOHN CARR, Mayor

Kopien des Flugblatts, beim *Epitaph* mit schwarzen Lettern auf gelblichem Papier gedruckt, wurden am 24. Januar überall in Tombstone angenagelt, und gegen Mittag waren die meisten davon verschwunden, um Jahre später vergilbt und zerknittert in Familienbibeln und in Stapeln zusammengebundener alter Briefe wieder aufzutauchen.

Wyatts Posse bestand aus Morgan und Warren Earp – letzterer war vor kurzem nach langer Abwesenheit zurückgekehrt –, Doc Holliday, Sherman McMasters und Turkey Creek Jack Johnson, einem der tüchtigsten Männer mit Pferd und Revolver, den Wyatt kannte. Am West End Corral wählten sie große, kräftige Pferde aus, die allerhand Eisen tragen konnten, und ritten mit Winchesters, Schrotflinten und Reiterpistolen in Scabbards und Revolvern unter ihren Mänteln nach Süden – sechs grimmige, entschlossene Männer, die mit Schnurrbärten, breitkrempigen Hüten und langen Mänteln wie Sargträger wirkten.

Als sie fort waren, spazierten Ike Clanton, Frank Stilwell und Hank Swilling in Johnny Behans Büro und lieferten ihre Waffen ab. Die Anklage des versuchten Mords war aus Mangel an Beweisen fallengelassen worden. Clanton und Stilwell bezahlten eine Kaution wegen der Anklage des Raubs und wurden freigelassen.

Die Nachricht erreichte den Earp-Trupp eine Woche später, als sie in Lewis Springs hielten, um die Pferde zu tränken und die Feldflaschen zu füllen. Sie kehrten jedoch nicht um. Curly Bill und Pony Deal waren unter den Männern erkannt worden, die ein paar Tage nach dem Überfall auf die Bisbee-Kutsche eine andere Postkutsche überfallen hatten, und sie hinterließen eine heiße Fährte nach Mexiko, ohne sich die Zeit zu nehmen, ihre Spuren zu verwischen.

»Curly Bill ist der Haken an der Sache.« Wyatt hatte seine Hände am Feuer gewärmt. Jetzt zog er seine Handschuhe wieder an und zündete mit einem halb angebrannten Stock aus dem Campfeuer seine Pfeife an.

»Bill hat nichts mit dir zu tun«, sagte Doc.

»Er rückt mir immer näher auf den Pelz, seit er und Ringo die Hasletts in Huachita erledigt haben.«

»Das sind nur Vermutungen.«

»Für mich steht das fest.«

Sie kampierten am Westrand der Mule Mountains, und der Schnee war hoch an Felswänden und knorrigen Büschen angehäuft. Überall sonst war der Boden kahl. Docs Gesicht mit den hohen Wangenknochen war vom Wind gerötet, und ein einwöchiger, sandfarbener Bart bedeckte die eingefallenen Wangen. Der Bart war ihm zuwider, doch die klare, kalte Luft sprach dafür. Warren und Morgan schliefen in ihre Decken gehüllt oder täuschten es vor, und Sherman McMasters hatte seine Centennial-Winchester auseinandergenommen und die Teile auf seine ausgebreitete Decke gelegt, während er mit einem alten blauen Halstuch Öl vom Lauf abwischte. McMasters, ein Begleitfahrer und Sicherheitsmann von Wells Fargo, wie es vor ihm Morgan und Wyatt gewesen waren, zog den Karabiner dem Stevens Kaliber .10 vor, der von der Gesellschaft gestellt wurde. Turkey Creek Jack stand weiter hangaufwärts auf Wache.

Doc sagte: »Ich dachte, *Ike* wäre unser Mann.«

Wyatt schüttelte den Kopf und sog an seiner Pfeife.

»Ringo und die anderen haben ihn bei dieser Sache mit Leonard, Head und Crane dazu gebracht, ihnen die Stiefel abzulecken. Sie ließen diesen Hut zurück, um uns auf ihn zu hetzen, damit sie keine Munition zu verschwenden brauchen. Die ganze Sache riecht nach Curly Bill. Der *Nugget* hat uns und Ike als zerstrittene Kutschenräuber dargestellt, und wenn wir Ike erledigen oder er uns umlegt, wird das als Beweis für diese Behauptung gelten.«

»Das ist mir zu kompliziert.«

»Curly Bill ist ein Teufel. Er brachte Fred White dazu, sich mit dem Grenzlandtrick selbst zu erschießen, und dies hier ist die gleiche Sache, nur sind wir diejenigen, die den Finger am Abzug haben.«

»Und was ist mit den anderen?«

»Wenn Swilling in diesem Adobebau war, wurde er bezahlt. Stilwell und Ringo brauchen das Töten.«

»Das habe ich schon gesagt. Ich hoffe, du erinnerst dich, wo du es gehört hast.« Doc zog den Stöpsel aus einer Feldflasche, die halb voll Whisky war, und setzte sie an die Lippen. »McLaury?«

Wyatt biß auf den Pfeifenstiel. »Zuerst Curly Bill.«

Doch die Spuren wurden nahe der Grenze spärlich, wie immer in diesem felsigen Gebiet, und da Bat Masterson als Marshal in Colorado war, hatten sie keinen erfahrenen Fährtenleser. So gaben sie auf und kehrten auf schaumbedeckten und erschöpften Pferden nach Tombstone zurück. Dort lasen sie im *Epitaph*, daß Johnny Behan und Ike Clanton in Contention durch eidliche Strafanzeige erneut Haftbefehle gegen Wyatt, Virgil, Morgan Earp und Doc Holliday erwirkt und sie der Ermordung von William Clanton und Frank und Tom McLaury angeklagt hatten, die am 26. Oktober 1881 auf der Fremont Street niedergeschossen worden waren.

# 15

In dieser Nacht im März träumte Wyatt Earp von Urilla.

Seit Monaten hatte er nicht an sie gedacht und seit Jahren nicht mehr von ihr geträumt; und wenn er selten an sie gedacht hatte, dann war sie wie etwas aus der Erinnerung eines anderen gewesen, etwas, das zu dem großen, blonden Jungen gehörte, der mit seinem älteren Bruder in Wyoming Schienen für die U.P. verlegt, sich hinter den Saloonzelten in Cheyenne und Laramie die Knöchel am Kinn von stoppelbärtigen Männern aufgeschlagen hatte und nach einer Anklage wegen Pferdediebstahls in die Nahons geflüchtet war. In diesen Zeiten sah er ein Mädchen mit einem rundlichen Gesicht, glattem Haar, das nach Seife duftete, und einem weiten Kleid aus bedrucktem Stoff, das unter ihrem Busen gegürtet war, um ihre Schwangerschaft zu verbergen. In der Erinnerung war es stets Tag gewesen, und Sonnenschein war durch die Fenster gefallen.

In diesem Traum war es jedoch Nacht. Eine Lampe warf einen matten Lichtkreis, der kaum die Wände in einem kleinem Raum erreichte, der vom Geruch Missouris im Oktober erfüllt war. Grillen zirpten draußen vor dem offenen Fenster, und es kam nicht genug frische Luft herein, um die Flamme unter dem Glaszylinder der Lampe flackern zu lassen. Urillas Gesicht war aufgedunsen, schweißglänzend, und fast so weiß wie das Bettlaken. Sie schrie – lautlos im Traum, ihr Mund war ein verzerrtes Loch, aus dem kein Laut herauskam, doch in Wyatts Ohren hallte der Schrei, und die Hebamme schnauzte ihn an, die Lampe ruhig zu halten –, und Urillas Nachthemd war bis zu ihrer Hüfte hochgeschoben und bedeckte fast durchsichtig ihre geschwollenen Brüste. Ihre Beine waren weit gespreizt und das Blut – lieber Gott, es war fast schwarz – strömte dazwischen hervor über die Hände der Hebamme, die versuchte, es mit kerosingetränkten Lappen zu stoppen. Die Hebamme im Traum war Mattie. Das ergab keinen Sinn, denn er hatte sie erst Wochen später kennengelernt.

Der Junge war mit den Füßen voran aufgetaucht. Urilla war dort unten eng, und als Wyatt von Mattie in das Zimmer gerufen worden war, hatte er den winzigen, nackten Körper gesehen, der sich in die Freiheit wand wie eine Kröte, die dagegen ankämpft, langsam von einer Schlange verschlungen zu werden, und er hatte das Knacken von Knochen gehört. Zuerst hatte er angenommen, es wären die Knochen des Jungen, und er hatte Mattie weggerissen und geschrien, sie ermorde seinen Sohn. Sie schlug ihn hart (im Traum, doch er sah den blutigen Abdruck auf seiner Wange und spürte das Brennen), und schrie zurück, daß der Junge seine Mutter umbringe. Danach tat Wyatt, was Mattie ihm sagte. Sie erwürgte das Baby beim Herausziehen; sie mußte es tun; und inzwischen strömte das Blut, dick und dunkel und mit dem Geruch von erhitztem Eisen. Urilla schrie lautlos.

Wyatt wußte, wann es vorüber war. Matties Bewegungen wurden langsamer. Sie preßte die Tücher und Lappen nicht mehr auf Urillas Unterleib, sondern benutzte sie sanft wie Schwämme. Urilla schloß den Mund und lag keuchend da. Schließlich wurde ihr Atem gleichmäßiger. Sie lächelte schwach. Die Schmerzen waren vorbei. Sie schaute zu ihm auf, und er sah in ihren Augen, daß sie ihn erkannte. Er lächelte zurück und hielt ihre Hand. Die Hand war warm und feucht. Er hielt sie immer noch –, und Mattie und noch jemand lösten seine Hand gewaltsam von Urillas Hand und führten ihn aus dem Zimmer. Im Traum sah die andere Person aus wie Wyatts Halbbruder Newton, aber Newton und seine Familie lebten außerhalb von Missouri und waren zu diesem Zeitpunkt weit von der Hütte entfernt.

Das Zimmer, in das Wyatt von dem Paar geführt wurde, war dasselbe, das sie soeben verlassen hatten. Eine Lampe verbreitete einen matten Lichtkreis, der kaum die Wände erreichte, und Urilla schrie lautlos ...

Mit einem erstickten Aufschrei schreckte Wyatt aus dem Schlaf. Er starrte um sich, und für einen Moment war das Bett mit Urillas Blut befleckt. Dann verschwamm das Bild, und er spürte die kalte Luft im Hotelzimmer auf der schweißnassen Haut unter seinem durchgeschwitzten Nachthemd. Es war März 1882, nicht Oktober 1870, und er war in Tombstone, Arizona Territorium, nicht in Lamar, Missouri.

Ein Streifen Mondschein fiel auf die Uhr auf dem Kaminsims. 22 Uhr 20. Er hatte weniger als zehn Minuten geschlafen, obwohl es ihm länger vorkam. Er war früh ins Bett gegangen. Den ganzen Tag lang hatte er mit Morgan die Stadt nach Frank Stilwell, Hank Swilling, Pete Spence und Johnny Ringo durchkämmt, die alle zuvor gesehen worden waren. Alle außer Swilling, der für nicht schuldig an dem Mordversuch an Virgil befunden worden war, wurden noch mit den von Richter Stillwell ausgestellten Haftbefehlen gesucht. Es gab jedoch keine Spur von ihnen, und am Abend waren Wyatt und Morgan mit ihren Frauen in die Schieffelin Hall gegangen, um sich die Lingard Opera Company anzusehen, die ›Stolen Kisses‹ aufführte. Sie hatten die Eintrittskarten gekauft, um ihre Freilassung zu feiern, nachdem das Gericht in Contention den Mordfall Clanton-McLaury nach Tombstone zurückgewiesen hatte.

Die Oper hatte Wyatt nicht gefallen. Die Musik war nichts Besonderes, und die Schauspieler leierten ihren Text herunter; außerdem bevorzugte er Shakespeare. Sadie und Lou hatten sich jedoch vergnügt. Lou hatte sich sogar dazu hinreißen lassen, Sadie eine gute Nacht zu wünschen, als sie Sadie zu Mrs. Youngs Pension gebracht hatten. Wyatt hatte Sadie ins Cosmopolitan einladen wollen, aber Mattie war mit Virge und Allie dort geblieben, und der Tag war frustrierend genug ohne eine Szene in der Hotelhalle gewesen. Morgan hatte Lou einen Gutenachtkuß gegeben und war dann in Bob Hatchs Billardhalle gegangen, um eine Partie mit dem Besitzer zu spielen.

Der Traum war zu realistisch gewesen: Anstatt ihn fortzusetzen, wo er aufgehört hatte, stand Wyatt auf und zog dasselbe weiße Hemd und den schwarzen Anzug an, die er in der Schieffelin Hall getragen hatte. Er überprüfte seinen großen American und steckte ihn mit dem Griff nach außen in die Tasche.

Die Bar aus Kirschbaumholz in Hatchs Saloon trennte die Billardhalle vom Rest des Etablissements ab. Wyatt bezahlte für ein Bier, trug das Glas um das Ende der Bar herum und nahm auf einem Stuhl an der Wand Platz. Morgan, der sich in seiner Weste über einen Billardtisch hinten in der Halle neigte, spähte über den Filz hinweg zu seinem Bruder. Im Schein der Chesterfield-Lampe, die über dem Billardtisch hing, wirkten seine Augen unter den weißen Brauen wie dunkle Höhlen.

»Es ist zu früh, um schlafen zu gehen«, sagte Wyatt.

Morgan nickte und stieß eine Kugel. Die Kugel prallte von der Bande ab und blieb mit einem entschuldigenden Klicken an der Vier liegen. Morgan stieß einen Grunzlaut aus.

Hatch, von dem im Lichtkreis der Lampe nur die Handgelenke, der Adamsapfel, ein Stück Hals ohne Kragen und die untere Hälfte seines vergeistigten Gesichts zu sehen waren, trat von der Tür zur Gasse fort an den Billardtisch. Hatch trug seinen Hut, dessen Krempe ringsum hochgebogen war. Morgan ging hinter ihm vorbei und kreidete sein Queue ein. Er zwinkerte mit ernster Miene Sherman McMasters zu, der mit einem Vertreter namens Berry beim Ofen neben der Bar zuschaute.

Die Spielhalle war kahl. Mit Sägemehl bestreuter Boden, nackter gelber Putz, mit Blech verkleidete Decke, ein Antilopenkopf, der mit Achataugen von der Ostwand starrte und auf dessen Geweihsprosse Morgans Hut hing. Ein eiserner Spucknapf stand auf einer fleckigen Gummimatte darunter. Die obere Hälfte der Tür zur Gasse hatte eine Glasscheibe, das einzige Fenster in der Billardhalle. Die beiden unteren Scheiben des Fensters waren mit gelber Farbe angestrichen.

Glasscherben flogen aus den oberen Scheiben in der Tür und fielen im Krachen des Schusses so lautlos wie Urillas Alptraum-Schreie herab. Die Spitze von Morgans Queue fiel zu Boden, und dann erfüllte ein zweites Krachen die Billardhalle. Putz spritzte über Wyatts Kopf aus der Wand und puderte seinen Hut und die Schultern.

Bläulicher Rauch wallte in der Luft. Morgan lag mit dem Gesicht in Sägemehl und Glassplittern. Berry lag ausgestreckt auf der Seite neben dem Ofen. Die Kugel, die Morgan durchschlagen hatte, war in Berrys Oberschenkel steckengeblieben, und durch den Schock hatte Berrys schwaches Herz versagt. Er war in den Westen gekommen, um gesund zu werden.

Wyatt, der sofort reagiert hatte, als die zweite Kugel in die Wand über ihm geklatscht war, hechtete hinter einen Tisch und riß den American aus der Tasche. Er spannte, schoß ein Loch in die Tür, spannte, die Waffe versagte, spannte, zerschoß eine der mit Farbe angestrichenen Scheiben – Scherben wirbelten durch die Luft – spannte, die Waffe versagte, spannte, abermals klickte es nur, fluchte und robbte zu seinem Bruder, während McMasters, Hatch und ein anderer Mann, der aus dem Saloon geeilt war, die Tür entriegelten, aufrissen und in die Gasse stürmten. Einen Augenblick später kamen sie zurück, ließen ihre Revolver sinken und steckten sie fort, um zu helfen, den Verwundeten anzuheben.

»Nicht, ich halte es nicht aus«, stöhnte Morgan.
»Sein Rückgrat ist verletzt«, sagte Wyatt.

Goodfellow und Matthews trafen Minuten später ein. Der Chirurg zog Berrys Lider zurück, hielt eine Hand an die Halsschlagader und wandte sich zu Morgan um, als sie von neuem versuchten, ihn anzuheben. Diesmal schafften sie es – Morgan fluchte –, und Hatch hielt die Tür zum Kartenspielzimmer auf, in dem es ein Sofa gab. Sie betteten Morgan darauf. Der Mohairbezug färbte sich schnell dunkel.

»Streckt meine Beine aus.«

»Sie sind ausgestreckt, Morg«, sagte Wyatt.

»Es sind *meine* Beine, verdammt!«

Wyatt richtete sie.

»Ist Bob hier?«

Hatch meldete sich.

Morgan lächelte. »Dies war die letzte Poolpartie, die ich je hier spielen werde.«

»Verdammt, Morg«, sagte Wyatt.

»Informiere Ma und Pa. Ich will nicht, daß sie es aus der Zeitung erfahren.«

»Das werden sie nicht.«

Matthews knöpfte Morgans Hemd auf. Morgan winkte ihn mit einer schwachen Geste fort. »Wyatt.«

Wyatt neigte sich über ihn.

»Du hattest recht, Wyatt«, sagte Morgan. »Ich war ein sturer Bruder, der nie etwas einsah.«

Der Riegel gab beim zweiten Anprall nach, und die Tür flog innen gegen die Wand. Ein gerahmtes Bild der Mutter Gottes erbebte und blieb schief hängen, und im Luftzug stiegen Staubwölkchen aus den Ecken des Zimmers auf. Der vernickelte Colt's Lightning in Docs Hand stieß in das Zimmer. Doc ragte dahinter in seinem hochkronigen Hut auf, und die Schöße seines Mantels breiteten sich hinter ihm aus wie Bussardschwingen.

»Wo ist er?«

Die Frau starrte nicht auf die Waffe, sondern auf das Totenkopfgesicht des Gringos, der sie hielt und dessen Augen in den Höhlen zu glühen schienen. Sie dachte es wäre *Señor Muerte*, der ihre Kinder holen wollte, und sie zog sie enger an sich. Sie zappelten und bekamen kaum noch Luft. Die Frau betete den Rosenkranz in schnellem Spanisch, starrte zu dem Totenschädel auf und war sich nicht bewußt, daß sie betete. Der Mann wirkte größer als der Türrahmen. Vom Boden aus, wo sie kauerte, den staubigen Rock über die Knie hinabgezogen hatte und den kleinen Jungen und das Mädchen umklammerte, schien er bis in den Himmel zu ragen. Groß in den Stiefeln, mit dem glänzenden Revolver in der Hand, die sich unter dem Gewicht zu neigen schien. Dann verjüngte sich die Gestalt hinauf zu dem schrecklichen Schädel. Er bleckte die Zähne.

Ein anderer Mann stand hinter ihm. Ein normaler Mann, nicht so groß, und nicht nur aus Haut und Knochen; aber natürlich hatte *Señor Muerte* stets einen sterblichen Helfer, um die Seele ins Leben nach dem Tode zu bringen. Das war der Grund, weshalb man die Augenlider der Toten mit neuen Centavos beschwerte, damit sie den Fährmann für die Fahrt bezahlen konnten und er sie nicht abwies und nicht die Seele auf dem Ufer zwischen den beiden Welten stehenließ. Sie hätte sich bekreuzigt, doch sie wagte es nicht, die *muchachas* loszulassen.

Turkey Creek Jack Johnson schaute an Doc vorbei auf die rundliche, junge Mexikanerin, die auf dem Plankenboden kauerte und einen barfüßigen Jungen und ein Mädchen in schmutziger Kleidung umklammerte. Das Mädchen war blond, vermutlich halb amerikanisch. Er ließ seine Schrotflinte sinken.

»Illegale Siedler«, sagte er. »Ich sage dir, McLaury holte hier Fracht ab.«

*»Donde esta señor McLaury?«*

Die Frau betete weiter. Doc zog einen Hammer des Revolvers zurück und wiederholte die Frage.

Die Frau hörte mit dem Beten auf. *»No sabe.«*

Er richtete den Revolver auf das blonde Mädchen. *»Donde?«*

*»Pour favor, señor!«* Und dann sprach sie so schnell Spanisch, daß Turkey Creek Jack ihr nicht mehr folgen konnte. Irgendein heidnischer Singsang, nahm er an.

»Die kann Will McLaury nicht von einem Nigger unterscheiden. Laß uns gehen, Doc.«

»Nein. Sie weiß was.«

»Sie ist nur eine dumme *puta.*« Turkey Creek Jack musterte das Gesicht der Frau und stellte zufrieden fest, daß er sie richtig eingeschätzt hatte, denn sie zeigte keine Reaktion.

»Vielleicht redet sie, wenn ich das Mädchen erschieße.«

»Erschieß den Jungen, wenn du einen von beiden erschießen mußt«, sagte Turkey Creek Jack. »Der ist ganz Mex.«

»Findest du, daß das Mädchen ein wenig Ähnlichkeit mit Ringo hat?«

»Er war nicht lange genug im Territorium.«

*»Quien es el padre de la muchacha?«*

Die Frau setzte ihren Singsang fort. Sie wippte jetzt auf den Hacken hin und her, und ihre Augen waren geschlossen. Die Kinder starrten mit schwarzen Augen auf die beiden fremden Amerikaner, die feine Kleidung und funkelnde Waffen hatten.

»Nein, ich glaube, von der erfahren wir nichts.« Doc entspannte den Revolver.

Sie zogen sich zurück und ließen die Tür offen. Turkey Creek Jack konnte auf dem ganzen Weg den Block hinab das rhythmische Spanisch hören. All diese Greaser waren halbe Indianer.

Doc trat ein paar weitere Türen an der Fremont Street auf. Er erschreckte Pete Spences Frau Marietta, die beteuerte, ihren Mann seit Tagen nicht mehr gesehen zu haben, fand einige Häuser verlassen vor und störte Harry Jones, dessen Frau in Tucson war, beim Geschlechtsverkehr mit einem Mädchen vom Bird Cage. Als Doc, gefolgt von Turkey Creek Jack, aus einem der verlassenen Häuser kam, stand Wyatt Earp davor. Wyatt hatte sich nicht umgezogen, und das Blut seines Bruders war zu einer braunen Kruste auf seinem weißen Hemd getrocknet. Der Himmel war blutrot hinter ihm.

»Geh zur Seite«, sagte Doc.

»Wenn du so herumläufst, kannst du leicht umgelegt werden«, erwiderte Wyatt.

»Darauf warte ich seit Jahren.«

»Ich brauche dich lebend.«

»Du legst zu großen Wert darauf, die Leute am Leben zu erhalten. Du hast Ike laufengelassen, und er rannte schnurstracks zu Johnny Behan. Du hast Ringo laufengelassen, und er schoß Virge über den Haufen und legte Morg um. Deine hohe Moral ist mir zu teuer.«

»Morg ist von Stilwell umgelegt worden. Er wurde gesehen, als er mit Pete Spence und einigen anderen davonrannte.«

»Ringo war dabei.«

»Virge und Jim bringen morgen mit dem Zug Morgs Leichnam heim nach Kalifornien«, sagte Wyatt. »Ich begleite sie bis Tucson. Warren kommt mit, und ebenfalls Sherman McMasters. Ich möchte dich dabei haben, wenn du willst. Dich auch, Jack.«

»Um den Sarg zu tragen?«

»Um einige andere Särge zu füllen.«

Die Sonne ging blutrot auf den Ebenen südlich der Whetstone Mountains unter, und Schatten krochen ins Tal. Doc schob seinen Revolver ins Holster und trat vom Gehsteig herunter.

Drittes Buch

# DIE SARGTRÄGER

Es heißt, daß jede Nation die Regierung hat, die sie verdient. Viel sicherer ist, daß jede Nation die Zeitungen hat, die sie verdient.

Matthew Arnold, *Civilization in the United States, 1883*

# 17

»Stilwell und Ike Clanton sind hier.«

Sherman McMasters wischte Kaffee von seinem roten Backenbart. Er hatte es geschafft, im Zug zu schlafen, und wenn er tagsüber geschlafen hatte, fiel ihm das Denken schwer. »Hölle, sie stehen wegen dieses Überfalls auf die Kutsche nach Bisbee vor Gericht. Sollen wir uns den Weg ins Gericht von Tucson freischießen?«

Wyatt stützte sich mit einer Hand auf den Tisch und neigte sich näher heran. Sein Atem roch nach Tabak. »Ich meine, sie sind hier auf dem Bahnhof. Warren hat sie gesehen.«

Morgan Earps Leichnam war in Contention in einer ungefütterten weißen Kiefernkiste mit zugenageltem Deckel und der Aufschrift *Colton, Calif.* in den Zug nach Westen gebracht worden.

Doc kletterte aus einem anderen Waggon, als Allie Virgil die Stufen hinaufhalf. Doc hatte seinen Mantel über den rechten Arm gelegt und hielt eine Schrotflinte darunter. »Stilwell ist auf der anderen Seite«, erklärte er Wyatt. »Er ist bewaffnet.«

»Gewehr oder Revolver?«

»Revolver.«

»Was ist mit Clanton?«

»Den habe ich nicht gesehen.«

Wyatt legte seinem Bruder Virgil eine Hand auf den gesunden Arm. »Turkey Creek Jack bleibt bei dir und Allie, bis der Zug losfährt. Erinnere ihn daran.«

»Ich bin kein Krüppel. Ich kann meine Frau selbst beschützen.«

»Morg war kerngesund, als es ihn erwischte.«

Virgil nickte. Sein Gesicht war fett geworden, wodurch seine Augen wie Schweinsäuglein wirkten und der Blick etwas von seiner Offenheit verloren hatte.

»Mach's gut, Virge. Wir sehen uns bald wieder.« Wyatt streckte ihm die freie Hand hin.

Virgil nahm sie. »Paß auf dich auf, Wyatt.«

»Das habe ich vor.«

Das Schrillen der Dampfpfeife kündigte die Abfahrt an. Wyatt und die anderen gingen den Bahnsteig hinauf auf die Lok zu. Sie verteilten sich so weit auf dem Bahnsteig, wie es möglich war. Dampf wirbelte um ihre Beine.

»Da!« Doc hob seine Schrotflinte an.

Im Schein der Acetylenlampe der Lok war der Umriß eines rennenden Mannes zu sehen, der einen langen Schatten warf. Die Schatten nahmen ihn auf ihrer Seite des Gleises auf.

Wyatt hob seine Schrotflinte an, und der Mann wandte sich nach links auf eine Reihe Waggons zu, die auf einem Nebengleis standen. Der Zug nach Westen fuhr jetzt an. Ein Dampfstrahl reflektierte Licht von einem Gesicht im Schatten der Waggons auf dem Nebengleis. McMasters und Warren Earp feuerten mit ihren Gewehren. Das Peitschen der Schüsse übertönte das Rattern des Zugs. Docs Schrotflinte donnerte.

Der Zug gewann an Schnelligkeit, der Boden erzitterte, und gelber Lichtschein aus den Fenstern huschte in die schmale Gasse zwischen Bahnsteig und Nebengleis. Frank Stilwell, ohne Hut und in einem Anzug, lag neben dem Gleis auf der Schlacke und stützte sich auf den rechten Ellenbogen auf. Sein linkes Bein war in unnatürlichem Winkel ausgestreckt, und er preßte eine Hand auf seinen rechten Oberschenkel. Blut quoll zwischen seinen Fingern hervor. Sein linker Ärmel und beide Hosenbeine glänzten dunkel. Sein Revolver war in der rechten Hosentasche unter ihm eingeklemmt.

Wyatts Schatten fiel auf Stilwells Gesicht. Ohne die Zigarre, die er sonst ständig im Mund hatte, war es das bleiche und verzerrte Gesicht eines Jungen. »Morg!« Bei dem Versuch, aufzustehen, klammerte er sich an den einzigen Halt, den er fand, die Läufe von Wyatts Schrotflinte. »Morg!«

Die Dampfpfeife schrillte.

Telegramm an den *Epitaph:*
Tucson, 21. März. Heute bei Tagesanbruch fand ein Streckenwärter der Southern Pacific Railroad die Leiche von Frank Stilwell, etwa 100 Yards nördlich von Porter's Hotel neben dem Bahngleis, von Kugeln durchlöchert... Als der Zug abfuhr, wurden sechs Schüsse am Tatort gehört, doch sie erregten kein besonderes Aufsehen, und nichts von der Tragödie wurde bekannt, bis heute morgen die Leiche entdeckt wurde. Sechs Schüsse trafen Frank Stilwell – vier Gewehrkugeln und zwei Schrotladungen. Beide Beine waren durchschossen, eine Schrotladung traf seinen linken Oberschenkel, und eine zerfetzte die Brust; letztere Schrotladung muß aus nächster Nähe abgefeuert worden sein, denn der Mantel war von Pulver verbrannt und wies sechs Schrotkugellöcher in einem Radius von drei Zoll auf.

Turkey Creek Jack Johnson – manchmal Mysterious Jack nach seinem Idol Mysterious Dave Mather genannt, aber nur von sich selbst – wirkte wie ein sprungbereiter, fast zwei Meter großer Panther mit einem Spitzbart und einem leichten Hinken, nachdem er sich den Fuß verstaucht hatte, als er vom Zug abgesprungen war. Er holte die Earps, McMasters und Doc nach der Schießerei auf dem Weg zum Bahnhof ein und verbrachte die nächsten beiden Stunden damit, ängstliche Hotelportiers nach ihren Gästen zu befragen und die Saloons abzusuchen. Ike Clanton war jedoch nicht in der Stadt.

Die Gruppe kehrte zum Bahnhof zurück und stieg in

einen leeren Waggon eines Güterzugs, der nach Osten fuhr. Es war kalt in dem Güterwaggon, und Tramps hatten in die Ecken uriniert. Warren schlief. McMasters versuchte zu schlafen, gab es auf und zündete sich eine Zigarre an. Der Tabakrauch milderte etwas den Gestank im Waggon. Turkey Creek Jack und Doc spielten Blackjack mit Docs Karten, und Doc gewann meistens, bis der Mond hinter einer Wolke verschwand und dort blieb. Wyatt hockte stumm nahe der offenen Tür. Er hatte die Knie angezogen und stützte sein Kinn mit den verschränkten Händen.

In Contention holten sie ihre Pferde, den Farmwagen und Buggy und kehrten nach Tombstone zurück, fünf stoppelbärtige Männer in Kleidung, die sie seit 36 Stunden trugen. Der *Epitaph* hatte die aus Tucson telegrafierte Story von Stilwells Ermordung veröffentlicht. Eine Menschenmenge drängte sich um den Eingang des West End Corrals, während die fünf Männer darin waren, und folgte ihnen zu Fuß die Allen Street hinauf zum Cosmopolitan Hotel. Die fünf Männer bildeten eine keilartige Formation auf dem Gehsteig. Sie trugen offen ihre Waffen, ignorierten Fragen und stießen mit den Waffenkolben nach jedem, der zu nahe kam. Als sie das Hotel betraten, blieb die Menge draußen.

McMasters und Turkey Creek Jack teilten Virgil und Allies altes Zimmer. Doc ging auf sein Zimmer, und Wyatt und Warren quartierten sich zusammen ein. Um drei Uhr nachmittags klopfte Tom Fitch an Wyatts Tür, und als sich Wyatt mit der Schrotflinte im Anschlag meldete, sagte ihm der Anwalt, daß Johnny Behan und City Marshal Dave Neagle in der Halle warteten, um Wyatt festzunehmen.

Wyatt ließ die Schrotflinte sinken. »Wie viele andere?«

»Sechs oder sieben vor dem Hotel«, sagte Fitch. »Sie sind alle bewaffnet.«

»Ich hätte auch nie gedacht, daß sie unbewaffnet kommen.« Wyatt ließ Fitch herein.

Kurz nach Fitch trat Doc Holliday ein. Er trug Ausgehkleidung und hielt eine Schrotflinte in der Armbeuge. Fitch wußte jetzt, daß Doc aus dem Zimmer auf der anderen Seite des Gangs beobachtet hatte. Doc wirkte gesünder, als Fitch ihn seit Monaten gesehen hatte. Warren hockte barfuß und in einer langen Unterhose, die an den Knien geflickt war, auf der Bettkante. Sein Haar war zerzaust, und er hielt einen .44er American in der Rechten, wie Wyatt einen besaß. Als Warren Fitch sah, entspannte er die Waffe und legte sie auf die Spiegelkommode aus Nußbaumholz. Dann nahm er seine Hose, die über der Stuhllehne hing.

»Tom, vielleicht wartest du besser hier oben, bis diese Sache vorbei ist.« Wyatt zog seinen Pferdefellmantel an und setzte den Hut auf.

»Kommt nicht in Frage. Ich will das sehen.«

»Es ist *deine* Haut.« Wyatt nahm seine Schrotflinte. »Ich übernehme die Spitze. Warren, du hältst dich hinter mir. Sherm und Jack decken dir den Rücken, und Doc wird die Hintertür hinter uns zuknallen.«

»Okay, ich bin der letzte«, sagte Doc.

»Du verteilst ringsum Blei, wenn wir fallen. Und sorg dafür, daß es Johnny erwischt.«

»Und wenn ich nur einen erledige, dann Johnny.«

Die Tür des Zimmers der anderen flog auf, als Doc anklopfte. McMasters und Turkey Creek Jack waren vollständig bekleidet und hielten ihre Winchestergewehre. Die beiden Männer reihten sich ein, und die Gruppe ging nach unten.

»Ich mag Paraden«, sagte Jack.

City Marshal Neagle, ein stämmiger Mann mit Filzhut und Segeltuchjacke, an der ein Stern befestigt war, stand mit Behan in der Halle auf dem Teppich mit Blumenmuster. Das Gesicht des Sheriffs wurde von der breiten Hutkrempe beschattet. Behan trug einen Cooper-Revolver in einem glänzenden Holster. Sie beobachteten die Gruppe, die mit Gewehren und Schrotflinten bewaffnet die schmale Treppe herunterkam. Doc verharrte sofort, als er die Biegung der Treppe hinter sich hatte. Er stand mit einem Fuß auf einer höheren Stufe und hielt die Schrotflinte im Hüftanschlag. Fitch beobachtete vom oberen Treppenabsatz aus.

Wyatt blieb auf der untersten Treppenstufe stehen. Seine Schrotflinte ruhte in der rechten Armbeuge. Die Standuhr in der Nähe der Treppe schlug die Stunde, und ungeöltes Räderwerk schnarrte. Behan zuckte leicht zusammen.

Als die Glockenschläge verhallt waren, sagte Neagle: »Das geht mich nichts an. Johnny denkt, wenn ich mit euch rede, könnten wir uns einige Schwierigkeiten ersparen.«

Der Endpfosten des Treppengeländers hatte einen Messingknauf von der Größe einer Krocketkugel. Wyatt wechselte die Schrotflinte auf den linken Arm und legte die rechte Hand mit gespreizten Fingern auf den Knauf.

»Dave, sagen Sie diesem Scheißer von Sheriff, daß ich ihm jeden Finger der Hand abschneiden werde, mit der er auch nur versucht, mich festzunehmen.« Er schaute dabei Behan an, der den Kopf aus dem Schatten gehoben hatte.

»Ich will dich allein sehen«, sagte Behan.

Wyatt trat von der Treppe herunter und schlug blitzschnell mit der offenen rechten Hand zu. Der Hut des Sheriffs flog fort, und sein kahler Schädel war zu sehen. Behan zuckte zusammen und berührte den Griff seines Coopers. Doc spannte beide Hähne der Schrotflinte mit einem doppelten Klicken. Behan ließ die Hand sinken.

Wyatt sagte: »Johnny, wenn du nicht aufpaßt, wirst du mich einmal zu oft sehen.«

Behan wirkte klein ohne Hut. Der Sheriff hob den Hut auf, klopfte Staub von der Krone, setzte ihn auf und ging hinaus. Warren lachte kurz auf.

Wyatt forderte ihn auf, den Mund zu halten. »Dave?«

Neagle hielt die Hände vom Körper weg. »Ich bin nicht zuständig bei Schießereien in Tucson.«

Die anderen kamen die Treppe herunter in die Halle. Fitch stieg als letzter hinab. »Johnny wird dort draußen auf der Straße mit den anderen wieder mutig werden«, sagte er zu Wyatt.

»Er hat keine Haftbefehle, denn sonst hätte er sie präsentiert. Wenn er das Feuer auf einen Deputy U.S. Marshal und seine vereidigte Posse eröffnet, wird er sich dafür in Prescott verantworten müssen.«

Die Dragoons ragten aus einer Ebene, die mit Chaparral und Mesquite übersät war, und hoben sich wie eine zerklüftete blaue Wand vor dem hellgrauen Himmel ab. Cochise hatte sich dort verborgen und dann Geronimo, und in den Ausläufern im Umkreis von einer Meile hatten sich ihre nackten Krieger mit dem Gesicht nach unten im Sand vergraben, um plötzlich wie aus dem Boden gewachsen kleine Trupps Weißer mit Keulen und Springfield-Gewehren anzugreifen und dabei zu kläffen wie Coyoten. Ein gefährliches Gebiet voller Überraschungen.

»Dort im Süden ist Pete Spences Baumbestand«, sagte Turkey Creek Jack. Er war von seinem Schecken gestiegen und ließ ihn Wasser aus der hohlen Hand saufen. Das Tier leckte die letzten Tropfen von Jacks Fingern, und er trank aus der Feldflasche.

Doc spuckte aus, befleckte die Stiefelspitze im Steigbügel mit etwas rötlichem Speichel und rieb ihn am Fell des Grauen ab. »Wer sagt uns, daß er dort ist?«

»Er ist nicht in Tucson, und in Tombstone wird er steckbrieflich gesucht«, erwiderte Wyatt. »In Charleston will ihn keiner haben, und ich habe keine Lust, ohne Wyatt Berry Stapp und die Bundes-Kavallerie nach Galeyville zu reiten.«

Das Waldstück bestand überwiegend aus Cottonwoods und hohen Kiefern, die von den Indianern ›Zeltpfosten‹ genannt wurde. Es erstreckte sich auf dem westlichen Hang der Dragoons um ein Wasserloch, das von einer Quelle gespeist wurde. Es war eine blaugrüne, kühle Oase des Schattens in einer Wüste, die von der Sommersonne ausgedörrt und rissig war. Als sich der Trupp auf Hörweite näherte, hallte ein Hämmern wie von Schüssen durch das Bergland. Es folgten ein Knacken, Splittern und Rascheln von Blättern. Ein Baum fiel unter Axthieben.

Die Reiter schlugen einen Bogen nach Osten, um sich von der Anhöhe her zu nähern. Lange bevor sie gesehen werden konnten, witterten die Pferde Wasser, und Docs Grauer wieherte, bevor Doc ihm eine Hand auf die Nüstern legen konnte. Daraufhin trieben sie die Pferde zum Galopp, und Sherman McMasters hob sein Gewehr an, als ein kleiner Mann nahe beim Wasser seine Axt fallen ließ und über den felsigen Hang davonrannte.

»Stoppt ihn!« rief Wyatt. »Erschießt ihn nicht!« McMasters zügelte sein Pferd am Fuß des Hangs, saß ab und ließ sich auf dem schlammigen Boden auf ein Knie nieder. Er legte das Gewehr an und stützte den Ellenbogen auf dem erhobenen Oberschenkel auf. Dann zielte er auf die halbnackte Gestalt, die auf dem felsigen Hang kletterte, und drückte ab. Der Mann schrie auf und preßte eine Hand auf ein Bein. Das Echo des Schusses hallte von den zerklüfteten Gipfeln wider und verklang.

McMasters hebelte eine Patrone in die Kammer. »Komm runter.«

Der Mann verharrte geduckt und hielt beide Hände auf dem linken Oberschenkel. Er erhob sich unbeholfen und stieg hinkend den steilen Hang hinunter. Am Fuß des Hangs hob er die Hände und blieb stehen. Sein rechtes Bein trug das meiste seines Gewichts. Er war ein dünner Mexikaner mit nacktem Oberkörper, muskulösen Oberarmen, einem beginnenden Spitzbauch und einem knopfartigen Nabel. Der Mann hatte langes, schwarzes Haar, das fettig glänzte wie sein Körper, und schwarze Bartstoppeln über einer langen Oberlippe, die wie die eines Affen aussah. Der Mexikaner trug verschlissene Schnürstiefel und eine schmutzige, ehemals weiße Baumwollhose, die mit einem Strick gegürtet und am linken Bein rot befleckt war. McMasters ließ die Winchester sinken und stand auf.

»Kaum Blut geflossen.« Es klang enttäuscht.

»Der Wind war gegen dich«, sagte Doc und saß ab. Er hustete und spuckte aus.

Wyatt stieg vor dem Mexikaner vom Pferd. »Wer bist du?«

Der Mexikaner sagte nichts. Er atmete schwer nach der Kletterei, doch sein Gesicht war unbewegt. Wyatt schlug ihm mit dem Handrücken ins Gesicht. Der Mexikaner schwankte auf dem verletzten Bein, fing sich und atmete keuchend. »Ich habe gefragt, wer du bist!«

Turkey Creek Jack beobachtete vom Sattel aus. »Ich glaube, er versteht kein Amerikanisch.«

»Doc.«

»Mein Spanisch ist nicht so gut, wenn es nichts mit Einsatz erhöhen oder Zähneziehen zu tun hat.«

*»Que es su nombre?«* fragte McMasters.

Im Gesicht des Mexikaners regte sich etwas. In seinen tiefliegenden Augen leuchtete es auf, und er zog die Affenlippen von gelbbraunen Zähnen. *»Me llamo Florentino.«*

»Ist das sein Vor- oder Nachname?« fragte Wyatt.

*»Que es su nombre otro?«*

*»Tengo no otro, Señor.«*

Wyatt schlug ihn von neuem. »Nur ein Bastard hat keinen zweiten Namen. Frag ihn, ob er ein Bastard ist.«

McMasters wußte nicht das spanische Wort für Bastard. Er fragte ihn, ob er einen Vater hatte.

*»Si, naturalmente.«* Der Mexikaner wirkte verwirrt.

»Sag ihm, daß er ein Lügner ist.«

Der Mexikaner schüttelte den Kopf und versprühte Schweiß. *»No, por la vera cruz.«*

»Was hat er gesagt?«

»Ich glaube, er sagte, er heißt Cruz.«

»Ein Fortschritt. Frag Florentino Cruz, warum er davongerannt ist.«

*»Por que corra usted?«*

Der Mexikaner antwortete in einem Schwall von Spanisch und Yaqui.

»Er sagt, er rennt immer weg, wenn Gringos mit Waffen ihn jagen.«

Warren tränkte sein Pferd bei der Quelle. »Ich finde, er sieht wie ein Halbblut aus. Wie heißt dieses Halbblut, das mit Stilwell in der Nacht gesehen wurde, als es Morg erwischte?«

»Indian Charlie«, sagte Wyatt. »Der hier ist kein Halbblut.«

»Um die Augen ein wenig«, sagte Doc.

Turkey Creek Jack sagte: »Das kannst du fast von jedem Greaser sagen.«

»*Se llama* Indian Charlie?« fragte McMasters.

»Vergiß das!« zischte Wyatt. »Frag ihn, wo Spence ist.«

»Tombstone, *Señor.*«

Wyatt schlug ihn mit voller Wucht. Der Mexikaner stürzte zu Boden.

»Sag ihm, er soll aufstehen.«

McMasters trat dem Mexikaner in die Rippen. *»Arriba.«*

Der Mexikaner erhob sich mühsam. Seine Miene war jetzt nicht mehr ausdruckslos.

»Frag ihn noch einmal.«

*»Donde esta Señor Spence?«*

»Tombstone.«

Wyatt schlug den Mexikaner.

*»Donde?«*

»Tombstone.«

Wyatt schlug ihn von neuem.

*»Donde?«*

»Tombstone, *Señor!*«

Wyatt zog den American und spannte den Hahn mit dem Daumen. Der Mexikaner wich einen Schritt zurück und belastete sein verletztes Bein, ohne es zu merken. *»Es verdad, Señor! Por Dios!«*

»Sag ihm, daß ich ihm glaube.«

McMasters übersetzte. Der Mexikaner entspannte sich ein wenig und verlagerte sein Gewicht wieder auf das unversehrte Bein.

»Frag ihn, wieviel Spence ihm fürs Töten bezahlt.«

McMasters konnte sich nicht erinnern, ob ›töten‹ auf Spanisch *matar* oder *meter* hieß. Er kürzte die Sache ab. *»Cuanto dinero paga Señor Spence a usted?«*

Der Mexikaner schaute zu den Bäumen, die mit roter Farbe zum Fällen gekennzeichnet waren. *»Veinticinco dolares.«*

»Er sagte ...«

»Fünfundzwanzig Dollar.« Wyatt feuerte. Ein bläuliches Loch war auf einmal unter der linken Brustwarze des Mexikaners. Er zuckte zusammen, schaute Wyatt an, blickte an sich hinunter, furzte laut, fiel auf die Knie und sank auf die rechte Seite.

»Jesus.« Turkey Creek Jack nahm den Hut ab und wedelte den Gestank fort.

McMasters sagte: »Ich glaube, er meinte etwas anderes als wir.«

# 18

John Clum ritt in dieser Nacht in ihr Camp in der Nähe von Charleston. Der ehemalige Indianeragent trug einen Staubmantel und einen fleckigen Filzhut, den er langsam abnahm, damit Warren seinen kahlen Kopf im Mondschein erkennen konnte. Warren entspannte seine Winchester, und Clum saß ab, reichte ihm die Zügel und ging zu dem Platz, an dem die anderen ihre Dekken ausgebreitet hatten und ohne ein Feuer kampierten. Wyatt legte Sardinendose und Gabel ab, erhob sich und ging mit Clum ein paar Schritte vom Camp fort. Ihre Silhouetten hoben sich vom fernen Lichterschein der Stadt ab. Ein warmer Wind zerrte an ihren Staubmänteln und wirbelte Sand um ihre Stiefel, der sich zu winzigen Hügeln ansammelte.

»Ich habe Fred Dodge herbestellt«, sagte Wyatt.

»Er liegt wieder mit Fieber im Bett. Er bat mich, an seiner Stelle zu euch zu reiten.«

»Wer weiß sonst noch, daß wir hier sind?«

»Nur der Mann, den Sie geschickt haben.«

»Was haben Sie erfahren?«

»Curly Bill ist irgendwo oben am Babocomari River«, sagte Clum. »Sie wissen, daß Johnny Behan ihn zum Deputy gemacht hat, ebenso Ike und Phin Clanton und halb Galeyville, um Sie zu suchen.«

»Das wußte ich nicht. Aber Johnny weiß nicht, wen er sonst vereidigen soll. Zum mindesten Curly Bill wird mich finden.«

»Es heißt, Sie haben heute auf Pete Spences Waldgebiet einen Mexikaner ermordet.«

»Ich habe Indian Charlie in einem fairen Kampf getötet, als er gestand, daß er für 25 Dollar half, Morgan umzubringen. Ich ließ ihm bis drei Zeit, sein Eisen zu ziehen. Er verzählte sich wohl.«

»Johnny hat Spence verhaftet. Spence hat sich gestern gestellt.«

Wyatt rieb sich über den Nacken. »Das Halbblut sagte, er wäre in der Stadt. Das habe ich ihm nie geglaubt.«

»Sie haben nie jemand bis drei ziehen lassen, wenn Sie alle Trümpfe in der Hand gehabt haben. Sie reden zu mir, nicht zum *Epitaph.*«

»Ich habe aufgehört, mich gegen beide zu verteidigen, seit Morg ermordet und Virge zum Krüppel geschossen wurde.«

»Die Leute wollen nichts mehr von diesen Killergeschichten hören«, sagte Clum. »Es hilft Ihrer Sache nichts, wenn Sie zu Wasserlöchern reiten und irgend jemand erschießen, der aussieht, als könnte er Curly Bill oder Spence oder Ike Clanton kennen.«

»Wenn der Bösewicht nicht Geronimo ist, dann ist es Curly Bill, und wenn es der nicht ist, dann bin ich's. Die Leute in Tombstone finden schnell einen Schuldigen. In dieser Saison bin ich ihr Bösewicht.«

»Ihr alter Freund Bob Paul ist jetzt Sheriff im Pima County. Er hat Haftbefehle gegen Sie und Doc Holliday wegen Frank Stilwells Ermordung erlassen. Johnny wird die Haftbefehle vollstrecken.«

»Ich hoffe wirklich, daß er das versucht. Wo steht das Sicherheitskomitee der Bürger bei dieser Sache?«

»Uns interessiert nur, was in Tombstone passiert. Was außerhalb der Stadtgrenze geschieht, ist eine Sache zwischen Ihnen und Johnny Behan und Curly Bill.«

»Ihr seid Arschlöcher, ihr alle.«

Clum erwiderte nichts. Sein Gesicht wirkte im schwachen Licht wie aus Marmor gemeißelt.

»Was wissen Sie über Ringo?« fragte Wyatt.

»Es heißt, er soll das Territorium verlassen haben.«

»Ringo ist nicht der Typ, der auf diese Weise den Schwanz einzieht.«

»Ich sage nur, was man erzählt.« Clum bemerkte, daß er immer noch den Hut in der Hand hielt, und setzte ihn auf. »Gouverneur Gosper hat Präsident Arthur um die Genehmigung ersucht, eine territoriale Polizeitruppe aufzustellen, wie die Texaner eine haben, um die Lage im Cochise County in den Griff zu bekommen. Wenn er die Erlaubnis erhält, wird er Tombstone schließen, als hätten alle Bürger die Pocken.«

»Bis dahin werde ich mit Curly Bill abgerechnet haben oder tot sein. Lassen Sie von Marsh William jemand mit tausend Dollar zu mir nach Iron Springs schicken. Crawley Dake in Prescott wird dafür sorgen, daß Wells Fargo das Geld zurückbekommt.«

»Williams ist nicht mehr bei Wells Fargo.«

»Was ist passiert?«

»Ich hörte, daß er die Gesellschaft bestohlen und Geldtransporte verraten hat.«

»Der gute, alte Marsh.«

»Einige meinten, das beweist Ike Clantons Beschuldigung, Sie und Holliday hätten im letzten März am Überfall auf die Kutsche nach Benson teilgenommen. Sie und Williams hätten gemeinsame Sache gemacht, heißt es.«

»Ich nehme an, das Komitee hat nicht viel zu unseren Gunsten gesagt.«

Clums Hut beschattete die Augen, und der Schnurrbart wirkte wie Krähenschwingen. »Dies war von Anfang an euer Spiel, eures und das der Cowboys. Wir unterstützten euer Spiel, weil Fred White ermordet wurde und Ben Sippy die Stadt Hals über Kopf verließ und entweder Ihr Bruder Virgil oder einer von Johnnys Leuten zur Debatte stand. Ihr Revolvermänner schießt euch gegenseitig ab und macht euch aus dem Staub, und wir müssen dann euer Feuer löschen. Welchen Wert habt ihr? Wenn Gott morgen heruntergreifen und eure ganze Korona aus diesem Territorium entfernen würde, dann würde keiner um euch trauern oder euch vermissen. Ihr bringt euch selbst in Not.«

Wyatt holte seine Pfeife hervor.

»Ich danke Ihnen für Ihren Besuch, John. Kommen Sie nicht wieder.«

»Soll das eine Drohung sein?«

»Fassen Sie es auf, wie Sie wollen. Von jetzt an schießen wir auf alles, das sich bis auf Schußweite nähert.«

Ein Adler schwebte am messingfarbenen Himmel, an den die Sonne wie eine weiße Münze genagelt zu sein schien.

Kilometerweit war nur der Reitertrupp in Bewegung. Die Männer ritten über eine Ebene, die mit Mesquite und Chaparral getupft war. Ihre Beine waren mit Schaum von den Pferden bedeckt. Schweiß perlte unter ihren Hutkrempen und brannte, wo Leder und grober Stoff die Haut berührten. Die Nacken der Reiter brannten, und ihr Waffenstahl war fast zu heiß zum Anfassen.

Sherman McMasters litt mehr als jeder seiner Gefährten. Er hatte zwei Patronengurte gekreuzt am Oberkörper getragen, und obwohl er sie schließlich abgeschnallt und ans Sattelhorn gehängt hatte, war seine Brust wundgescheuert und schmerzte bei jeder heftigen Bewegung seines Fuchswallachs. Bis zu diesem Tag hatte er nicht gewußt, wie wenig trittsicher das Pferd war. Die Haut an den Innenseiten seiner Schenkel war ebenfalls wundgescheuert, und es half nicht viel, daß er wegen der so hoch wie möglich geschnallten Steigbügel gezwungen war, in seinem geliehenen Sattel zu stehen wie einer dieser Eisenarsch-Kavalleristen von Fort Huachuca. Ein Hurensohn von Souvenirjäger hatte seinen guten McClellan-Sattel aus dem West End Corral gestohlen, während sie alle im Hotel gewesen waren.

McMasters war darüber hinaus ärgerlich über Docs ständiges Husten – die heiße Luft war nicht gut für seine Lunge, und er hinterließ eine Spur von rötlichen Spritzern neben den Hufabdrücken seines Braunen.

Außerdem regte sich McMasters über Turkey Creek Jacks tonloses und offenbar unbewußtes Summen auf. McMasters hatte Jack, der zusammengesunken im Sattel saß und die Zügel seines Schecken um ein Handgelenk geschlungen hielt, schon zweimal angeschnauzt, mit dem Summen aufzuhören. Jack hatte gehorcht, doch schon ein paar Minuten später war es wieder losgegangen. Über Warren ärgerte sich McMasters, weil der Junge im Sattel schlief, was der ältere und auf dem Trail erfahrenere McMasters nicht schaffte, und er beneidete den Bengel ohnehin, weil er stets so leicht und tief schlafen konnte. Nur Wyatt ritt schweigend und ohne irgendwelche Marotten. Er lenkte sein Pferd Dick Naylor mit den Knien und krümmte von Zeit zu Zeit den Rücken, um die Schultermuskeln zu entspannen. Auch das ging McMasters auf die Nerven.

Die Pferde waren in der Hitze schnell erschöpft, und die Reiter mußten immer wieder absitzen und die Tiere führen, bis sie sich erholt hatten. Sie wieherten deprimiert und schlugen ohne große Hoffnung mit dem Schweif nach den Fliegen, die auf ihrer Kruppe glänzten. Wyatt lockerte beim Reiten seinen Patronengurt. Vor dem Trupp, scheinbar immer gleich weit entfernt, lag ein Stück Grün wie der Filz eines Billardtisches zwischen den niedrigen zerklüfteten Whetstones und den weniger klar erkennbaren Mustang Mountains im Hitzeschleier am nordwestlichen Horizont. Dieser grüne Fleck war ihr Ziel. In einigen Landkarten war die Stelle als Mescal Springs eingezeichnet, doch jeder der jemals das nach Metall schmeckende Wasser der Quellen gekostet hatte, nannte den Ort Iron Springs.

Der Babocomari River floß viele Meilen westlich durch das wüstenähnliche Gebiet, und zwischen den Reitern und der Quelle gab es kein Wasser. Sie gaben den Pferden sparsam Wasser aus den Feldflaschen, rieben die Tiere mit abgestorbenem Büffelgras ab, gönnten sich selbst einen kleinen Schluck Wasser, um die

Zunge zu befeuchten, und setzten den Weg fort. Schließlich war der grüne Fleck sichtlich näher. Am späten Nachmittag, als sich die Sonne kupferfarben über die Mustang Mountains senkte, hielten sie in Sichtweite des Einschnitts, der die Quellen von dem Becken trennte, das der Babocomari und der San Pedro River geschaffen hatten. Auf der anderen Seite erstreckte sich ein Weidendickicht. Die Reiter saßen ab und führten die Pferde.

Plötzlich stiegen graue Wölkchen zwischen den Weiden auf, und dann folgte sofort ein Knacken, als platzten grüne Äste in einem Feuer. Etwas klatschte vor Wyatts rechtem Fuß in die Erde, und Dreck spritzte bis zu seinen Knien hoch. Er riß bereits seine Schrotflinte aus dem Sattelholster. Er redete sanft, um sein scheuendes Pferd zu beruhigen, zog es vor sich, um Dekkung zu haben, und legte die Schrotflinte mit den Läufen auf dem Sattel auf.

Die anderen waren bei der Salve wieder auf die Pferde gesprungen und ließen sich zurückfallen, und jetzt tauchten Männer mit Hüten und Staubmänteln zwischen den Weiden auf und schossen mit Gewehren, während sie durch den Pulverrauch ihres Feuers vorrückten. Wyatt visierte mit der Stevens-Schrotflinte den Mann an, der am nächsten bei ihm war, und feuerte aus beiden Läufen. Der Mann stürzte voll getroffen vornüber und fiel mit dem Gesicht auf den moosbedeckten Boden. Er krümmte einmal den Rücken, wie um sich zu erheben, und sank wieder hinunter.

Wyatt schob die Schrotflinte in den Scabbard und griff über den Rappen hinweg zur Winchester auf der anderen Seite. Doch Dick Naylor scheute und bockte jetzt, und so klammerte sich Wyatt statt dessen am Sattelhorn fest und wollte aufsitzen. Sein gelockerter Patronengurt glitt an seinen Schenkeln hinab. Wyatt ließ das Sattelhorn los, um den Gurt wieder hochzuziehen. Er neigte sich mit dem Gesicht dicht an den Sattelknopf, und in diesem Moment hatte er das Gefühl, jemand riebe ein Zündholz an seiner Nasenspitze an. Der Geruch von faulen Eiern stieg ihm in die Nase.

Das Pferd drehte sich. Wyatt hatte einen Fuß im Steigbügel und drehte sich zwangsläufig mit. Der Patronengurt hielt Wyatts Beine zusammen und behinderte ihn. Jeder Schütze zwischen den Weiden feuerte auf dieses leichte Ziel. Wyatt riß den Revolvergurt hoch, warf sich in den Sattel und gab dem Rappen die Sporen. Unterdessen waren Doc, Warren, McMasters und Turkey Creek Jack hinter einem niedrigen, mit Mesquite bewachsenen Hügel in Deckung gelangt, und jetzt erwiderten sie das Feuer. Die Angreifer fielen zurück, repetierten und schossen.

»Ihr feigen Hurensöhne habt mich im Stich gelassen.« Wyatt sprang hinter dem Hügel vom Pferd.

Doc sagte: »Du sahst wirklich heldenhaft aus mit den Hosen um die Knöchel. Wo bist du getroffen?«

Wyatt zeigte weiße Zähne im vom Pulverrauch geschwärzten Gesicht und überreichte Doc das Sattelhorn. Wyatt hatte es beim Absitzen in der Hand behalten. Eine Kugel hatte es abrasiert.

Doc untersuchte es ernst. »Das nächste Mal werde ich selbst auf dich schießen, um festzustellen, ob du blutest.«

»Allmächtiger!« Wyatt hob den Staubmantel seines Bruders an. Der Stoff sah aus wie von Motten zerfressen.

»Johnny trifft nicht mal eine Büffelhaut, wenn er schon drin ist«, warf Doc ein.

»Johnny ist in Tombstone, wo er hingehört«, sagte Wyatt. »Das war Curly Bill, den ich gerade erschossen habe.«

»Es war nicht Curly Bill«, sagte Doc.

Wyatt versiegelte einen Brief mit einem Tropfen Wachs von einem weißen Kerzenstummel, den er in seinen Satteltaschen aufbewahrte, drückte den Daumen auf das Wachs und adressierte den Brief an John J. Valentine von der Wells Fargo Zentrale in San Francisco. »Klar war er das«, sagte Wyatt zu Doc. »Ich sah die Narbe in seinem Gesicht, wo die Kugel austrat, die er im letzten Frühjahr in Galeyville in den Nacken bekam.« Wyatt entfaltete ein neues Blatt Papier aus dem Wachstuchbeutel.

Sie kampierten etwa sechs Kilometer nördlich von Tombstone, und Wyatt benutzte seinen Sattel als Schreibpult im Schein des ersten Feuers, das sie seit Tagen angezündet hatten. Doc, krankhaft dünn, fiebrig und immer noch Blut spuckend, lag auf einem Lager aus Mesquite und hatte seine Decke bis zum Kinn hochgezogen. Er befürchtete, sich in einer kalten Nacht in der Wildnis eine Lungenentzündung zu holen, und er hatte schon Alpträume gehabt, in denen er in seinem eigenen Auswurf ertrunken war.

»Ein glücklicher Zufall, daß der erste und einzige, der bei dieser Sache ums Leben kam, ausgerechnet Curly Bill sein soll.« Doc hustete und spuckte aus.

»Ich weiß nichts von einem einzigen. Für mich sah es aus, als ob noch ein oder zwei andere getroffen wurden, als ihr endlich herausfandet, wozu ihr eure Waffen habt.«

»Wir gingen in Deckung wie jeder, der ein Gehirn im Schädel hat, anstatt eine Ladung Pantherdärme. Keiner hat von dir verlangt, daß du dort draußen Custer spielen sollst.« Sie hatten sich den ganzen Tag lang wegen des Rückzugs gestritten.

»Du wolltest doch unbedingt angreifen und es ihnen besorgen, so lange sie noch so eng zusammen waren wie eine Nonnen… wie die Weidenbäume.« Er hatte nicht daran gedacht, daß Doc immer noch Briefe an eine Kusine im Kloster in Atlanta schrieb.

»Ich sage, es war Johnny, und er hat den Schwanz

eingezogen und sich davongemacht wie das Kaninchen, das er ist.«

»Es war Curly Bill.«

Sherman McMasters kam von der Wache ins Camp, lehnte seine Winchester an einen Paloverde und füllte einen Becher mit Kaffee aus dem Topf, der auf einem flachen Stein am Feuer warmgehalten wurde. McMasters stieß einen Grunzlaut aus, als er sich hinsetzte.

»Hast du etwas Achsenfett auf die wunden Stellen geschmiert, wie ich es dir geraten habe?« fragte Wyatt.

»Ich habe nicht daran gedacht, welches mitzunehmen, weil vierzig Meilen weit keine Achsen zu schmieren sind.« McMasters blies Dampf vom Becher und nippte am Kaffee.

»Schlamm ist besser«, sagte Doc.

»Arizona ist ein Schlammloch, klar.«

Wyatt spitzte mit einem Bowiemesser seinen gelben Bleistiftstummel. »Wild Bill erzählte mir, daß er einst eine Wunde von einer Cheyenne-Lanze ausbrannte, indem er Schwarzpulver hineinschüttete und in Brand steckte.«

»Ich hoffe, nur ein einziges Mal einen Indianerkämpfer kennenzulernen, der das nie getan hat«, brummte McMasters. »Wenn man diese Typen hört, dann wurde mehr Pulver verwandt, um Wunden zu schließen, als zu öffnen.«

Doc sagte: »Wild Bill war ein verlogener Yankee. Ich hörte, daß er fast blind von der Syphilis war, als es ihm dieser Typ in Deadwood besorgte.«

Wyatt und Doc hatten sich den ganzen Abend gestritten. Es war nichts Neues bei ihnen, doch bei McMasters richteten sich wie immer die Nackenhaare auf. Er wechselte das Thema. »An wen schreibst du, an Sadie?«

»An sie als nächstes. Dieser Brief ist für Clum und den *Epitaph.* Turkey Creek Jack wird ihn überbringen, wenn ich ihn bei der Wache ablöse.«

»Behauptest du in dem Wisch, daß du Curly Bill umgelegt hast?«

»Es *war* Curly Bill, verdammt!«

»Das bezweifle ich nicht, nur daß er umgelegt wurde.«

»Er fiel praktisch in zwei Stücken hin. Wenn er nicht tot war, dann war das eine saubere Imitation.« Wyatt unterzeichnete besonders schwungvoll und faltete den Brief dreifach.

McMasters schob einen Ast ins Feuer. Das Laub daran brannte sofort, und Funken sprühten aus der auflodernden Flamme. »Und wer war deiner Meinung nach bei ihm?«

»Ich sah Pony Deal nicht, aber er und Curly Bill sind unzertrennlich. Und Johnny Barnes muß einen Zwillingsbruder haben, wenn ich nicht sah, daß er sein Gewehr fallen ließ, als ihr endlich auf die schlaue Idee kamt, das Feuer zu erwidern.«

»Wir sind nicht so gegen Kugeln gefeit wie du«, sagte McMasters. »Ich werde ein Gerücht in die Welt setzen, daß du eine Weste aus Ofendeckeln anhattest, in der du furchtlos gegen Curly Bill angeritten und heil wieder umgekehrt bist.«

»Es war nicht Curly Bill«, sagte Doc.

Wyatt begann den Brief an Sadie. »Ich würde Ike Clanton ebenfalls zu diesem Trupp zählen, aber Clum sagte, Ike und Phin sind in dieser Posse von Johnny Behan, die keiner je sieht.«

»Wir haben sie heute gesehen«, sagte Doc.

Warren setzte sich auf und warf die Decke von sich. »Ich habe noch nie versucht zu schlafen, wenn Ladies beim Kaffeekränzchen labern.«

»Das muß der einzige Anlaß sein, bei dem du noch nicht gepennt hast«, bemerkte McMasters.

»Wer ist der nächste – Pete Spence?« Im flackernden rötlichen Schein des Feuers sah der jüngste Earp ein wenig wie Morgan aus. Er hatte ebenfalls hohe

Wangenknochen und eine Locke, die ihm in die Stirn hing.

»Wenn wir ihn aus der Zelle herausholen können«, sagte Wyatt, »und wenn Johnny ihm nicht bereits einen Stern angeheftet hat.«

»Das hat dich bei Stilwell nicht aufgehalten.«

»Stilwell hat es herausgefordert.«

McMasters schüttete seinen Becher aus. Der Kaffeesatz schmeckte nach Blei vom Becher. »Ich habe mein Glück in dieser Gegend so sehr strapaziert, daß es allmählich zu Ende geht. Ich denke, ich werde nach Süden reiten und es in Mexiko versuchen.«

»Da ist es zu dieser Jahreszeit höllisch heiß«, sagte Wyatt.

»Ich gebe zu, daß es nach einem Obstgarten wie Arizona eine Umstellung erfordern wird.«

Doc setzte sich auf, spuckte ins Feuer und trank Whisky aus seiner Feldflasche. »Das Waschgold in Colorado sieht vielversprechend aus, wie ich hörte.«

Wyatt sagte: »Ich werde Sadie nach San Francisco schicken, sie dort abholen und euch dann vielleicht in Gunnison treffen. Ich und Warren haben unsere Eltern seit der Zeit vor Dodge City nicht mehr gesehen, und ich will außerdem feststellen, wie Virge zurechtkommt.«

»Du meinst, nachdem wir hier fertig sind«, sagte Warren.

»Wir *sind* hier fertig. Für meinen Geschmack kursieren zu viele Papiere mit unseren Namen darauf.«

»Und was ist mit Clanton, Spence und Will McLaury?«

»McLaury ist verduftet, und die anderen werden bald ebenfalls verschwinden, wenn sie soviel Verstand haben, wie Gott einem Bandwurm gab. Ich bin ein Geschäftsmann. Ich kann nicht vom Killen leben.«

»Nun, ich kann nicht mit dem Wissen leben, daß die drei noch über der Erde sind«, warf Warren ein.

»Ich wette, daß du das kannst. Du kommst mit mir nach Kalifornien. Ich habe Ma und Pa versprochen, auf dich aufzupassen.«

»Wie du auf Morg aufgepaßt hast?«

Wyatt hielt im Schreiben inne. Im Feuerschein wirkte sein Gesicht wie eine Maske.

»Fang nicht an, dich mit Morgan zu vergleichen. Du bist nicht Morg, und du wirst nie auch nur die Hälfte von ihm sein, wenn du jedesmal wie 'ne genagelte Nutte jammerst, wenn du etwas hörst, das dir nicht paßt. Wenn du dich in Arizona umlegen läßt, macht dich das nicht zu Morg.«

»Ich wünsche, wir wären nie hierhergekommen«, sagte Warren. »Ich wünsche, wir hätten nie was von Tombstone gehört.«

»Ich nicht. Abgesehen von Morgs Tod und Virges Arm, würde ich keinen Quadratzoll hier gegen hundert Morgen in Missouri eintauschen. Hier draußen kann ein Mann was aus sich machen, wenn er den Mumm dazu hat. Zu Hause wären wir alle Farmer, und obendrein arme.«

»Zu Hause würde Morg noch leben.«

»Aber das Leben würde ihn anwidern.«

Doc sagte: »Keiner hat Ringo zur Sprache gebracht.«

Wyatt schrieb weiter. »Ringo hat das Territorium verlassen.«

»Das glaubst du doch selbst nicht.«

McMasters sagte: »Ich sah noch keinen Mann, der so tot wie Ringo war und noch herumlief.«

»Aber ich«, sagte Doc.

Danach legten sie sich schlafen. Wyatt beendete den Brief, zündete den Kerzenstummel an seiner Pfeife an, versiegelte den Brief mit Wachs und steckte ihn mit den anderen in den Wachstuchbeutel, den er Turkey Creek Jack geben würde. Dann klopfte er die Pfeife aus, legte sie zum Abkühlen auf den Boden und zog die Decke um sich. In der Ferne heulte ein Coyote den

Mond an, ein Geräusch, das vom Wind zu einer Totenklage verzerrt wurde. Es war kaum zu sagen, wann es aufhörte und zum Raunen des Winds überging.

»Es war Curly Bill«, sagte Wyatt.

Docs Augen glänzten im Schein der Sterne. »Warum Curly Bill?«

»Er war es einfach.« Wyatt drehte sich auf die Seite.

## 18

*Ich sah noch keinen Mann, der so tot wie Ringo war und noch herumlief.*

Er wurde in Missouri auf den Namen John Peter Ringgold getauft, und seine Klassenkameraden sorgten für die Abkürzung des Namens, als er das William Jewell College in Liberty besuchte und Homer und Euklid studierte, während andere seines Alters in der Wildnis umkamen oder lernten, mit den Stelzen vom Brennholz zu gehen, das hinter der Kirche in Shiloh aufgestapelt war. Im Spätsommer 1864 ritt er auf einem Maultier seines Vaters von der Schule heim und sah drei schlimm erschöpfte Pferde im Stall, die von seinem Cousin Jim Younger mit einem Spencer-Gewehr bewacht wurden. Jim hatte einen neuen schwarzen Bart, und sein grauer Offiziersmantel war am Saum zerrissen und wies zwei nicht passende Knöpfe zwischen den Messingknöpfen auf. Er trug einen Hut aus den Beständen der Union, ohne Band oder Insignien, und er hatte die Krempe an einer Seite hochgebogen, wie es bei Jeb Stuarts Hut der Fall war.

Es dauerte eine Weile, bis er John erkannte, denn sie hatten sich seit vier Jahren nicht gesehen, und selbst dann tastete er ihn nach Waffen ab, bevor er ihn in die Küche führte, wo ein großer Farmer mit Zöpfen, abstehenden Ohren, großen Händen, Truthahnhals und kastanienbraunem Vollbart eine Scheibe vom Kirschkuchen aß, den Johns Mutter gebacken hatte. Der Mann trug schmutzige Unterwäsche, kein Hemd, und eine schäbige Hose, die mit rosafarbenen Hosenträgern gehalten wurde und in neue Kavalleriestiefel gestopft war, die zu klein für ihn sein mußten, weil er mit einwärts gerichteten Fußspitzen dastand. Als die Tür geöffnet wurde, schnappte der Mann nach dem bernsteinfarbenen Griff eines Navy Colts, der vorne im Hosenbund steckte, doch er ließ die Hand sinken, als Jim mit dem Spencer-Gewehr hinter John eintrat.

Jim stellte den Farmer als Buck James vor, und der Mann wischte sich die Hand am Unterhemd ab, drückte John fest die Hand und sagte ihm, sein Vater sei im Wohnzimmer, und seine Mutter sei unterwegs, um den Doc zu holen. John fragte, ob sein Vater verletzt war. Der Farmer fing einen Blick von Jim auf, der ihm signalisierte, daß er John noch nichts erzählt hatte, und der Farmer führte John ins Wohnzimmer.

Johns Vater stand im Wohnzimmer und rauchte seine Pfeife, was er auf den Wunsch von Johns Mutter hin nie in diesem Raum getan hatte. Auf dem Sofa lag ein dünner Junge, der nicht älter als siebzehn war. Der Junge hatte ein schmales Gesicht und eine hohe Stirn, die so glatt war wie die eines Babys. Er war nackt bis zur Hüfte. Eine Flickendecke war bis zu seiner Brust hochgezogen, und ein gelb befleckter Verband wand sich um seine linke Schulter. Als die drei eintraten, verfolgte er das, ohne den Kopf zu wenden. Er hatte die Angewohnheit, mit beiden Augen schnell zu blinzeln wie eine Eule.

»Jesse, dies hier sind Jim und Coles Cousin Johnny Ringgold«, sagte Buck James. An John gewandt, fügte er hinzu: »Er hat bei Crooked Crick eine Kugel abbekommen. Sobald er reiten kann, bereiten wir den Yanks eine Party, von der sie in Washington City sprechen werden.«

John behielt wenig von dieser ersten und einzigen

Begegnung mit Frank James und dessen jungem Bruder Jesse in Erinnerung, was einen Historiker interessiert hätte. Das Treffen endete abrupt, als Johns Mutter allein nach Hause kam und berichtete, daß sich der Arzt geweigert hatte, einem Guerilla zu helfen. Sie befürchteten, an die Union verraten zu werden, und so fertigten Jim und Buck eine Bahre aus zusammengebundenen Weidenzweigen an, banden den Jungen darauf und brachten ihn ins Carrol County, wo die James' einen Doc kannten, der mit der Konföderation sympathisierte. John hörte nie wieder etwas von ihnen, aber er erfuhr von Jesses völliger Genesung, als man ihn als einen der Nachtreiter identifizierte, die einen Monat später in Centralia einen Zug der Union gestoppt und kaltblütig die zuvor entwaffneten Soldaten erschossen hatten.

Von dieser Sache und einem folgenden Gefecht der gleichen Bande unter der Führung von Bloody Bill Anderson mit den Regulären, erfuhr John auf dem College. Es wurde für ihn zunehmend schwieriger, sich auf die Thermopylen und die Eroberung von Gaul zu konzentrieren, wenn die Kanonen im Süden donnerten und sich die Tinte in seinem Tintenfaß kräuselte. Doch der Krieg endete, bevor John Soldat werden konnte; und ein junger Mann, der die Hoffnungslosigkeit von verlorenen Kriegen der Geschichte von Ilium bis Waterloo gepaukt hatte, war der letzte Dreck für die Banden von Grenzbanditen, die sich nach Appomattox in den Wäldern wegen Bankrauben und Zugüberfällen Gefechte lieferten. Wie hundert andere, deren Wurzeln von Mörsern und Kartätschen und einem vom Sieg geblendeten tyrannischen Befehl Nr. 11 der Union vernichtet worden waren, zog Johnny Ringo nach Texas.

Das war die richtige Gegend, wenn man jung und kräftig war und einige Fähigkeiten hatte, die nicht nur aus Büchern erlernt waren. Die Fleischindustrie nahm ihren Anfang, und jeder Mann, der reiten konnte und sich nicht angesichts von wütendem Gewehr- oder Revolverfeuer in die Hosen machte, war willkommen bei den Räubertrupps, die jenseits des Rio Grande mexikanische Rinder holten und sich einen Anteil am Ertrag auf dem Markt in Chicago verdienten. Wie jeder gute Junge aus Missouri hatte John schon viel Fleisch auf Hufen gejagt, doch die langbeinigen, krummhörnigen Nachkommen von Cortez' Rindern stellten einen Mann auf eine Bewährungsprobe. Nach ein paar hundert Abwürfen, und nachdem man viele Male fast zu Tode getrampelt worden war, wurde man hart und entwickelte eine Lederhaut, die sich über Wolfsmuskeln spannte. Während des Rindertreibens nach Norden lieferte ein Mann sich Feuergefechte mit Vaqueros, Rurales und Banditen, manchmal gegen alle drei in einer berittenen Horde. Seine Fähigkeiten mit Gewehr und Pistole wurden bekannt, und die Kunde davon eilte ihm voraus. Er arbeitete mit und für mehr Ex-Senatoren und Colonels der Konföderation, als seiner Meinung nach der Süden in seinen besten Tagen gehabt haben konnte. Wenn seine Partner wegen Johnny Ringos sanfter Sprechweise, der guten Manieren und der Tatsache an ihm zweifelten, daß er sich anstatt mit ihnen zu pokern in eine Ecke zurückzog und in einem seiner Bücher las, dann wurden diese Zweifel in ungeheuren Mengen Alkohol ertränkt, die er konsumierte, wenn er Geld in der Tasche hatte. Wenn er einmal eine Flasche entkorkte, dann warf er sie später leer fort. Zu solchen Zeiten mied man seine Gesellschaft, denn der Mann, der nüchtern eine tödliche Beleidigung ignorierte, konnte betrunken einen Mann halbtot schlagen, weil er nur falsch gelächelt hatte. So zog John von Camp zu Camp und war nur in der Zeit zwischen den Flaschen willkommen.

Als erst der Rinderhandel florierte und Konfrontationen mit den Grandes in Mexiko unnötig wurden, gefiel John die Arbeit mit Rindern nicht mehr. Er war zu groß für das normale Cowpony bei langen Rindertrieben, und nur wenige Männer trauten ihm zu, daß er das Trinken sein ließ, wenn nichts passierte. John stahl Rinder für kleinere Ranches, und als Weidekriege wie der Mason County Hoodoo War ausbrachen, verdingte er sich als ›Sicherheitsmann‹ auf den größeren Ranches. Wie viele Männer er während dieser Zeit getötet hat – wenn er überhaupt jemand getötet hat –, wird vermutlich nie bekannt, denn niemals hat ihn ein Zeuge mit irgendeinem der Todesfälle in Zusammenhang gebracht.

Legenden entstanden um ihn, wie oftmals bei stillen Männern mit wohlklingenden Namen und keiner offenkundigen Vergangenheit, und rankten wie wilder Wein an einem aufgegebenen Corral. Es hieß, daß er mit Quantrill in Missouri und Kansas geritten war, in Virginia für das Priesteramt studiert und sechs Sprachen gelernt hatte, bevor er geflüchtet war, um einer Mordanklage zu entgehen, und man erzählte, daß er in Texas geboren worden war und eine vielversprechende Karriere als Anwalt aufgegeben hatte, als ihn das Mädchen, das er heiraten wollte, am Altar stehengelassen hatte. Es war eine Zeit der Frauenromane und Lagerfeuer-Balladen, in der ein Mann kein Leben auf dem Trail wählen konnte, ohne durch irgendeinen unglücklichen, romantischen Schicksalsschlag dazu getrieben worden zu sein. Irgendwann machte die Geschichte die Runde, und sie überdauerte die meisten anderen Stories, daß er von Zeit zu Zeit Briefe mit weiblicher Handschrift erhielt und anschließend tagelang mürrisch und gefährlich war. Da niemand die Briefe jemals sah, verfolgte ihn die Geschichte überallhin und war nicht totzukriegen.

Er sprach nie wieder über seine Familie oder die Vergangenheit, noch erzählte er Lügen über sie, die jemand nachprüfen, als falsch ermitteln und dabei eine Wahrheit aufdecken konnte. Sein Schweigen wurde als

Beweis gewertet, daß Familie oder Vergangenheit oder beides dunkle Punkte aufwiesen, denn in der weiten und häufigen Stille westlich von St. Louis kam das Stellen von Fragen und das Erhalten von unterhaltsamen Antworten gleich nach dem Besuch von Theater und Beerdigungen. Es kam keinem in den Sinn, daß die Realität vielleicht gar nicht erwähnenswert war. In Wirklichkeit hatte er seit seiner Lehrerin im dritten Schuljahr keine Frau geliebt, obwohl er mit einigen geschlafen und sich in El Paso den Tripper geholt hatte, und er kann niemals so viele Männer getötet haben, wie ihm zur Last gelegt wurde.

Revolverarbeit war nichts Regelmäßiges. Rancher konnten sich nicht erlauben, einen Revolvermann zu bezahlen, wenn keine Schießereien bevorstanden oder stattfanden. Zwischen den Jobs überfiel John gelegentlich Postkutschen. Das war leicht. Aber Geld bedeutete Whisky, und die Banden lösten sich ständig hinterher auf, um sich irgendwo anders ohne Ringo neu zu formieren, damit sie nicht wie auf Eierschalen um ihn herumgehen mußten.

Texas wurde ihm zu unruhig, als die Comanchen nach Adobe Walls kapitulierten und die Rangers nicht mehr gegen die Indianer kämpften, sondern ihre Aufmerksamkeit auf das Banditentum richteten, angefangen mit Johns Freund Wes Hardin. Sie folgten Hardin nach Florida, holten ihn in Pensacola aus dem Zug und schickten ihn zurück nach Huntsville, wo er zu 25 Jahren verurteilt wurde. John verstaute seine Bücher und die Winchester in der Deckenrolle und machte sich auf den Weg zum Arizona-Territorium.

Ed Schieffelin hatte sich in den Dragoons auf die Suche nach seinem eigenen Grabstein gemacht und eine Silberader so dick wie sein Handgelenk gefunden, und fast bevor er zum San Pedro zurückkehrte, war die Stadt Tombstone aus den Ebenen gewachsen. Johnny Ringo war eines der Dutzend Raubtiere, die

Blut und Geld rochen und im Jahre 1879 in diese Richtung zogen. Unterwegs stoppte er in dem Adobedorf Safford, um sich den Staub aus der Kehle zu spülen. In einem Saloon mit Plankenbar und Boden aus festgestampfter Erde spielte er ein paar Partien Poker, hatte kein Glück und stieg aus, um an der Bar zu trinken. Einen Augenblick später gesellte sich ein Cowboy namens Lou Hancock zu ihm, dessen Glück nach Johnny Ringos Aussteigen zu Ende gewesen war. Ringo wies den Barkeeper an, einen weiteren Whisky über die Planken zu schieben. Hancock bedankte sich, erklärte jedoch, daß er keinen Whisky wolle, sondern Bier trinke. Ringo trank zwei weitere Whiskys, grübelte über die Antwort nach, zog seinen Colt mit Elfenbeingriff und schoß auf Hancock. Das Glück des Cowboys war zurückgekehrt, denn Ringo hatte betrunken nicht gut gezielt. Hancock verlor ein Stück vom Hals, und Johnny Ringo trank seine Flasche leer und ritt davon. Niemand verfolgte ihn. Es hatte keine Toten gegeben, und in der Siedlungsgrenze war es nicht Sache des Gesetzes, wenn ein Mann einen anderen zu einem Drink einlud und der andere ihn ablehnte.

Tombstone bestand überwiegend aus Lehmziegelhütten, als Johnny Ringo dort eintraf, aber an der Fremont und Allen Street entstanden Gerüste von Holzhäusern. Das Bauholz wurde von den Huachucas hertransportiert und war in dieser baumlosen Gegend so wertvoll wie Silber. Ringo war kein Prospektor oder Holzfäller. Er fand schnell Kontakte zu den örtlichen Rinderzüchtern, die in den Saloons Fusel tranken und Wetten abschlossen, wann der Silberboom vorbei oder wann Geronimo den Ort niederbrennen würde, weil er es leid war, daß Bleichgesichter wie Ameisen über seine Berge kletterten.

Johnny Ringo mochte auf Anhieb einen Kerl namens Curly Bill Brocius, einen großen Cowboy mit büffelartigem Schädel, einem breiten Grinsen und der reizenden

Angewohnheit, seine Geldbörse aufgeklappt auf die Bar zu legen und jedem einen Drink auszugeben, bis die letzte Münze verschwunden war. John fühlte sich jedoch mehr hingezogen zu einem griesgrämigen Halbblut namens Pony Deal, der ein paar Revolver versteckt unter seiner Segeltuchjacke und ein Bowiemesser trug, das fast die Naht der Lederscheide an seiner Hüfte durchgeschnitten hatte. Pony Deal war Ringo Schluck für Schluck ebenbürtig, und im Gegensatz zu Ringo war er nüchtern genauso gefährlich wie betrunken. In Ringos Anwesenheit geschahen eine Reihe häßlicher Zwischenfälle zwischen Pony Deal und anderen, und wenn Tombstone zu dieser Zeit die County-Hauptstadt und im Blickpunkt der Öffentlichkeit gewesen wäre, hätte das für sie alle Konsequenzen gehabt. Ringo, der sich bei Frauen dafür entschuldigte, daß er beim Pokern seinen Hut aufbehielt, weil ihm das Glück bringe, hielt überhaupt nichts von Pete Spence, der einst vor seinen Augen eine mexikanische Hure zusammengeschlagen hatte, weil sie ihn gebissen hatte.

Die meisten beugten sich einem o-beinigen alten Kauz mit kahlem gebräunten Schädel und weißem Bart, der sich besenförmig ausbreitete und gerade über der Krawatte abgeschnitten war, oder jedenfalls dort, wo seine Krawatte gewesen wäre, wenn er eine getragen hätte und kein schwarzes Predigergewand, das selbst in der größten Hitze bis zum Hals zugeknöpft war. Sein Name war Clanton. Wenn er einen Vornamen hatte, so erfuhr Ringo ihn nie, denn jeder nannte ihn nur Old Man Clanton, um ihn von seinen drei Söhnen zu unterscheiden: Ike war der älteste, ein bärenhafter Mann mit Ziegenbart und einer Warze unter dem rechten Ohr; Phin, kuhäugig, mit der Quäker-Stirn seines Vaters und zu wenig Verstand, um den Fuß fortzunehmen, wenn er darauf pinkelte; und Billy, der jüngste Sohn, ein breitschultriger Lümmel und Rowdy von achtzehn oder neunzehn.

Es dauerte Monate, bis Ringo ihre Schwester Mary sah, eine unscheinbare junge Frau, die kaum jemals das Haus verließ, in dem sie für ihren Vater und ihre Brüder kochte und die Wäsche wusch. Ringo mochte Ike trotz seines großen Mundwerks, vertraute ihm jedoch nicht. An Phin verschwendete er überhaupt keinen Gedanken, und er ärgerte sich über Billy, obwohl er das nicht zeigte. Bei all seiner Prahlerei war Billy kein Bluffer wie Ike, und er hatte stets einen Revolver bei sich. Ringo hatte zu lange gelebt, um Kämpfe mit Männern zu suchen, die sich so gut verteidigen konnten wie er.

Als Ringo den alten Clanton zum erstenmal ansprach, erkundigte sich der Alte, ob Ringo aus Missouri stamme. Ringo bejahte das. Der alte Mann schnauzte: »Reb oder Yank?«

Ringo, erfahren im Übergehen von Fragen nach seiner Vergangenheit, erwiderte, daß Cole und Jim Younger seine Cousins waren. Das war genau das Richtige, was man einem anderen Mann aus Missouri sagen konnte. Bevor die Woche zu Ende war, ritt Ringo mit den Clantons und Curly Bill los, um jenseits der Grenze Rindfleisch zu holen, das irgendeinem Grande gehörte, was ein neuer Sport für die Leute hier war. Das war ein vertrautes Metier für Ringo, und er zeigte ihnen einige Tricks, wie man in Mondscheinnächten verirrte Rinder in Schluchten zusammentrieb. Mit der Winchester lehrte er drei Vaqueros so sehr das Fürchten, daß sie heimgaloppierten und eine Kerze für die Heilige Jungfrau anzündeten. Das Treiben der Rinder nach Norden verlief ohne Zwischenfälle.

Tombstone war Niemandsland, ein Ort zum Rasten, Trinken, Spielen und Sammeln von Nachrichten. Das Hauptquartier der Cowboys befand sich westlich davon in Charleston und in der Sommerhitze in Galeyville, etwa 75 Kilometer östlich in den Ausläufern der Chiricahua Mountains. Dort lernte Johnny Ringo die

McLaurys kennen: Tom, der fast so gepflegt war wie er und ein Bankier der Weide war, der aus dem Geldgurt Löhne vorausbezahlte und das geliehene Geld dann von seinem Bruder eintreiben ließ, und Frank, ein paar Jahre älter, aber viel kleiner, der jähzornig und von sich eingenommen war wie Billy Clanton. Er stand in dem Ruf, ein Revolvermann zu sein, obwohl er bis jetzt noch keinen getötet hatte, wenn die Gerüchte stimmten. Ringo, der gelegentlich mit den anderen auf der McLaury-Ranch im Sulphur Springs Valley nahe der Grenze die Pferde wechselte, hatte Unmengen Patronenhülsen dort funkeln gesehen, wo Frank das Schießen übte. Ringo ging sowohl mit Tom als auch mit Frank höflich um.

Er genoß die Gesellschaft mit Frank Stilwell aus Charleston, der gern seine Sammlung von Waffen zeigte, die er von Wells Fargo erbeutet hatte, wo er sich einen guten Namen als Räuber aufbaute. Frank Stilwell war Mitte Zwanzig und bartlos und stolzierte in Anzug und mit großer Zigarre im Mund herum wie die Zeitungskarikatur eines Jungen, der Pierpont Morgan imitiert – eine doppelte Karikatur. Seine Geschichten von jugendlicher Tapferkeit unterhielten Ringo, ohne ihn zu überzeugen, und Ringo sah mit Erleichterung, als sie zum erstenmal zusammen eine Kutsche überfielen, daß Stilwell ein Halstuch vors Gesicht zog und mit der Angeberei aufhörte. Er war nicht anders als die anderen Profi-Räuber, die Ringo gekannt hatte.

Nachdem das Cochise County gebildet und Tombstone zur Hauptstadt wurde, versammelten sich die Cowboys oftmals in dem Haus, das Johnny Behan mit Josephine Sarah Marcus bewohnte, die mit ihm in eheähnlichem Verhältnis zusammenlebte. Behan war Teilhaber des Dexter Feed & Livery, und Gouverneur Fremont hatte ihn zum Sheriff ernannt. Als Steuereintreiber des Countys war er oftmals auf die Hilfe von Curly Bill und anderen zur Unterstützung seiner Deputys angewiesen, wenn Rancher in der Umgebung von der Wichtigkeit des Steuerzahlens überzeugt werden mußten. Ringo spielte oftmals in Behans Haus Poker, hielt jedoch nichts von Behans politischem, überschwenglichem und übertriebenem irischen Charme; das war die Art von Freundlichkeit, die fortgeblasen war, sobald sich der Wind drehte. Ringo war weitaus beeindruckter von der schlanken, schwarzäugigen Frau des Sheriffs, die durch jedes Zimmer ging wie über eine Bühne, und deren fast bis zur Hüfte reichendes Haar nach frischen Kräutern duftete, wenn sie sich über den Tisch neigte, um die Aschenbecher zu leeren. Ringo respektierte jedoch den Besitz eines anderen Mannes, und so blieb er der Frau gegenüber nur höflich.

Mexiko war nur einen Katzensprung entfernt, und das nächste richtig scharfe Gesetz gab es erst in Prescott. So war Tombstone für Banditen ein Geschenk Gottes. Vom Sheriff und dem örtlichen Wells Fargo-Agenten hatten sie nichts zu befürchten, und so nisteten sie sich zwischen fetten mexikanischen Rindern und Postkutschen ein, die so schwer mit Gold- oder Silberbarren beladen waren, daß ihre Räder sogar Furchen in felsigen Boden schnitten. Ringos Cousins, die jetzt im Gefängnis waren, und ihre Freunde Frank und Jesse, die sich nun irgendwo in Missouri versteckten, hatten niemals solche goldenen Zeiten erlebt. Ringo war der einzige unter ihnen, der wußte, daß diese Zeiten zu Ende gingen.

Andere waren in dieses Gebiet gekommen, unter ihnen die Earp-Brüder, blonde Hünen, die zusammenarbeiteten wie Teile einer Maschine, die einen Apfel von jedem Baum im County pflückte, von der Prostitution über das Spiel bis zu Waldbesitz und Schürfrechten, und sie trugen Abzeichen, damit sie offiziell ihre Waffen einsetzen konnten, um die Ernte zu schützen. Gleich nach ihnen kam Doc Holliday. In Holliday sah Ringo etwas Vertrautes, einen Mann mit einiger Kultur und Bildung, den das Trinken gefährlich machte, und der viel trank, um die Krankheit zu betäuben, die ihn zerfraß. Doc Holliday verkörperte alles, was Ringo entweder mied oder mit dem er Frieden hielt, um am Leben zu bleiben. Dennoch tat Ringo keins von beidem, sondern suchte Hollidays Gesellschaft, um mit ihm zu trinken oder Faro zu spielen, wenn sie beide in der Stadt waren. Er wurde von Holliday angezogen wie ein Mann, der sich vor Höhen fürchtet, von einer steilen Klippe angelockt wird, um von dort hinab auf die Baumwipfel tief unten zu schauen. Und wie dieser Mann kämpfte er gegen den fast übermächtigen Drang an, von der Klippe hinunterzuspringen. Allein das berauschende Gefühl führte dazu, daß er in Hollidays Anwesenheit mehr trank, und je mehr er trank, desto größer wurde die Gefahr und um so stärker der Rausch. Der Schritt von der Klippe würde kommen. Unterdessen setzte Ringo mehr ein, als er sich erlauben konnte, und lächelte in seinen Schnurrbart, wenn Doc von Cornish Jack erzählte, der im Suff seinen eigenen Pipimann mit einer Schaufel abgehackt hatte, weil er ihn für eine kahlköpfige Maus gehalten hatte.

Die Earps stellten eine heimtückischere Bedrohung für das gute Leben dar, das die ›Cowboys‹ im Cochise County hatten. Ringo erkannte in ihnen die gleiche Unbarmherzigkeit wieder, die sich unter Curly Bills äußerlichem Humor verbarg, das gleiche Bedürfnis, die letzte Unze Silber aus dem Gebiet herauszuholen und sich unter den Nagel zu reißen, ohne eine Hacke zu schwingen. Die Gegend war reich, aber nicht reich genug, um zwei rivalisierende Banden von gleicher Entschlossenheit gut zu ernähren, und von Anfang an wußte Ringo, daß sie nicht zusammenarbeiten konnten, selbst wenn sie es vielleicht versuchten.

Das mußte auch Curly Bill im Sommer 1889 erkannt

haben, als ein Gauner, der sich Johnny-behind-the-Deuce nannte, einen Mineningenieur namens Schneider in Charleston erschoß. Curly Bill und Ringo waren in Tombstone, als Johnny-behind-the-Deuce als Gefangener gebracht wurde. Sie stellten fest, daß sie ihm beide Geld schuldeten, entschieden nach ein paar Whiskys, daß der Getötete ein lieber Freund gewesen war, und entschlossen sich, all ihre Schulden mit einem Strick zu bezahlen. Bevor sie jedoch einen Lynchmob organisieren konnten, war der Gefangene auf dem Weg zu seinem Prozeß in Tucson und wurde begleitet von Wyatt Earp, der zu dieser Zeit Deputy Sheriff war, von Wyatts Brüdern Virgil und Morgan und den Deputys auf Zeit Doc Holliday, Sherman McMasters, Turkey Creek Jack Johnson, Shotgun Collins, Jack Salmon und Fred Dodge. Als Curly Bill das erfuhr, stand er auf der Allen Street wie ein Mann, der sich in die Hose gemacht hatte, während er in einem Bordell darauf gewartet hatte, an die Reihe zu kommen. Keiner lachte.

Im November dieses Jahres betrank sich Curly Bill und schoß City Marshal Fred White in den Bauch, aus so kurzer Distanz, daß Whites Hose vom Mündungsfeuer in Brand geriet. Curly Bill wurde verhaftet und wieder freigelassen, als White auf dem Totenbett aussagte, daß er sich selbst mit Curly Bills Waffe getroffen hatte, als er versucht hatte, ihn zu entwaffnen. Wieder in Charleston, prahlte Curly Bill damit, daß er White mit dem Grenzland-Trick hereingelegt hatte, und Ringo war betrübt, denn er wußte, daß jetzt die Chance einer guten Beziehung zu den Earps endgültig dahin war – wenn es je eine gegeben hatte –, denn die Earps waren mit dem Erschossenen befreundet gewesen, und es war klar, daß sie von der Behauptung erfahren würden. Curly Bill wußte es ebenfalls, und er mied Tombstone für lange Zeit.

Im folgenden März vermasselten Billy Leonard,

Harry Head und Jim Crane aus Charleston den Überfall auf die Kutsche nach Benson. Sie töteten den Fahrer Bud Philpot und einen Passagier namens Roerig, schafften es jedoch nicht, die Silberbarren zu erbeuten. Dank Marshall Williams, der für Wyatt ein aufschlußreiches Telegramm nach San Francisco schickte, erfuhren Ringo und die meisten der Cowboys am San Pedro sofort von dem Handel zwischen Ike Clanton, Frank McLaury, Joe Hill und Wyatt Earp, die drei Räuber auszuliefern und als Gegenleistung die Belohnung zu kassieren. Curly Bill erholte sich zu dieser Zeit in Galeyville von den Folgen eines Streits mit einem Freund, der ihm eine Kugel in den Nacken geschossen hatte, die aus dem Gesicht herausgekommen war, und Old Man Clanton hatte angekündigt, jeden durch ein Kakteenfeld zu schleifen, der seinen Sohn des Verrats bezichtigte. So blieb es Ringo und Pete Spence überlassen, sich eine passende Bestrafung auszudenken.

Die Bestrafung mußte wegen anderer Unternehmungen warten. Im Juni lauerte ein Trupp, der aus Pete Spence, Pony Deal, Frank Stilwell, Ike, Phin und Billy Clanton bestand und von Ringo angeführt wurde, schwitzend oben zwischen den zerklüfteten Felsen des Skeleton Cañons in den Guadalupes und wartete auf eine Kolonne Mexikaner mit Sombreros und um die Brust geschlungenen Patronengurten. Als die Mexikaner ihre Maultiere aus den Schatten in den Sonnenschein unten im Cañon führten und alle gut sichtbar waren, stieß Pony Deal einen Falkenschrei aus, und die Männer oben zwischen den Felsen feuerten ihre Winchester- und Henry-Gewehre in die Kolonne leer. Die Schüsse hallten von den Cañonwänden wider, Blei prallte von Gestein ab, die Mulis schrien und scheuten. Die Mexikaner rissen ihre Gewehre aus den Sattelholstern. Einige gaben auf und rannten in Panik fort oder zogen Revolver und feuerten blindlings auf unsichtbare Ziele, die außer Rcvolverschußweite waren.

Sie erschossen die Maultiere, um Deckung zu haben, taumelten, brachen zusammen, stürzten, klammerten sich an Felsbrocken fest und starben oder atmeten pfeifend mit durchschossener Lunge und anderen Verletzungen und warteten darauf, daß die Gringos herunterkamen und ihnen eine Kugel in den Kopf schossen. Neunzehn Mexikaner starben dort wegen Silberbarren im Wert von 75 000 Dollar, die sie aus den Gringo-Minen nordwärts geschmuggelt hatten. Einige der Männer, die Tage später die schwarzen und aufgedunsenen Leichen fanden, machten die Apachen für den Überfall verantwortlich. Andere fragten sich laut, welche Verwendung Indianer für Silber hatten.

Zu den letzteren zählten die Vaqueros, die Old Man Clanton und fünf andere verfolgten, als sie im Juli eine gestohlene Rinderherde durch den Guadalupe Cañon trieben. Die Mexikaner imitierten den Überfall vom Skeleton Cañon und feuerten von oben auf die Reiter. Sie töteten alle außer einem, einschließlich Old Man Clanton und Jim Crane, einem der Männer, die versucht hatten, die Kutsche nach Benson zu stoppen.

Curly Bill und Ringo waren mit den McLaurys und den jüngeren Clantons in Sonora, um Curly Bills Erholung zu feiern, und sie erfuhren die Geschichte von einem Yaqui, der mit Meskalin handelte. Zu dieser Zeit versuchten Cranes Partner Leonard und Head den Laden der Haslett-Brüder in Huachita zu überfallen, und die Hasletts schossen sie in Stücke. Als Curly Bill davon erfuhr, der mit den anderen damit beschäftigt war, die verwesenden Leichen im Cañon zu begraben, stellte er einen Trupp harter Reiter einschließlich Ringo und Pony Deal zusammen und galoppierte nach Huachita, um mit den Hasletts abzurechnen. Nachdem der Trupp aus der Stadt ritt, Fensterscheiben zerschoß und Schilder löcherte, zählten Bürger der Stadt siebzehn Kugellöcher in Ike Hasletts Leiche und zweiundzwanzig in der Leiche seines Bruders Bob.

Wenn Ike Clanton und Frank McLaury betrübter als die anderen über den Tod der Postkutschenräuber waren, so zeigten sie das nicht, vielleicht weil sie bezweifelt hatten, ob ihr Bündnis mit Wyatt Earp klug gewesen war, und weil sie jetzt entlastet waren. Phin flennte über den Verlust des alten Mannes, aber Ike wirkte froh darüber, daß er ihn mit seiner verdrossenen Art los war. Obwohl Billy davon abgehalten werden mußte, die Mörder zu verfolgen und jeden nur halbwegs verdächtigen Mexikaner umzubringen, der seinen Weg kreuzte, war ihm sein Vater stets peinlich gewesen, und er heuchelte keine Trauer. Danach war es nur natürlich, daß Curly Bill die Führung der San Pedro-Cowboys übernahm.

Pete Spence überraschte jeden mit seiner Fantasie, als er die passende Bestrafung für Ike und Frank vorschlug, weil sie sich verschworen hatten, um Leonard, Head und Crane zu verraten. Spence, Ringo und Curly Bill trieben das Paar in die Enge und überredeten es, die Earps in Tombstone in einen Kampf hineinzuziehen, wobei ihnen die übrigen Cowboys den Rücken decken und die einzige erwähnenswerte Konkurrenz in Tombstone erledigen würden. Ike und Frank hatten zuerst Bedenken, doch sie vermuteten bereits, daß ihr Bündnis mit Wyatt Earp bekannt geworden war, und schließlich stimmten sie angesichts einiger starker Andeutungen und Drohungen Curly Bills zu. Joe Hill war in Mexiko und wurde deshalb nicht mit in den Plan einbezogen.

Wenn es zum Kampf kam, würden die beiden natürlich allein gegen die Earps stehen, und wie auch immer es ausgehen mochte, es würde für die anderen ein Gewinn sein. Johnny Behan, dessen Frau Josephine ihm von Wyatt Earp weggenommen worden war und der jetzt unter Earps Bruder Virgil als Deputy Marshal arbeitete, würde sich nicht einmischen, das war gewiß.

Niemand rechnete damit, daß die Dinge so glattgingen, wie es der Fall war. Als sich der Pulverrauch verzog, und Ike immer noch rannte, feierten die Cowboys, daß sie beide McLaurys und Billy Clanton los waren, und glaubten, Behan und das County würden sich um die Earps und Holliday kümmern. Das geschah jedoch nicht. Als dann Frank und Toms vermögender Bruder Will auf der Bildfläche erschien und ein Kopfgeld auf die Earps und ihre Freunde aussetzte, betrank sich Ringo und forderte Holliday zu einem texanischen Bandana-Kampf heraus, der jedoch von Billy Breakenridge und Jim Campbell verhindert wurde. Wyatt entdeckte dann, daß Ringo Unterstützung aus dem Hinterhalt haben würde, und pfiff Holliday zurück. Ringo zahlte zehn Dollar Strafe wegen des Tragens von Feuerwaffen in der Stadt.

Einiges war einfach nur Schau, wie zum Beispiel der Überfall auf die Benson-Kutsche, in der John Clum saß. Sie ballerten ein paar Löcher in die Wolken, und Frank Stilwell fiel vor Lachen fast vom Pferd, als der kahlköpfige, kleine Bürgermeister mit rudernden Armen davonrannte wie ein Hahn, der Pfeffer im Hintern hat. Bei dieser Art Spiel ließen sie Dampf ab, reizten die Earps und verführten sie dazu, Risiken einzugehen, um ihre Härte zu zeigen.

Nach Weihnachten duckten sich Ringo, Stilwell, Hank Swilling und andere im feuchten Adoberohbau der Huachuca Water Company und warteten, bis Virgil Earp die Fifth Street überquert hatte und sich deutlich vor den erhellten Fenstern des Eagle Brewery Saloon abhob. Dann feuerten sie mit fünf Schrotflinten Kaliber .10. Die Distanz war jedoch zu groß, und sie schossen Virgil nur zum Krüppel. Sie hatten gerade noch Zeit, um einen Hut zurückzulassen, durch den sie Ike Clanton belasteten, bevor sie aus dem Neubau flüchteten. Ike war zu einer Witzfigur geworden, der Mann, den jeder nach einem großen Essen mit der

Rechnung sitzenließ, weil er nicht in der Position zum Protestieren war.

Danach tauchte Ringo für einige Zeit in Mexiko unter, trank von Will McLaurys Geld Tequila und Mescal und verbreitete den Tripper bei den Señoritas, und so nahm er nicht an der Ermordung von Morgan Earp in Hatchs Billardhalle teil. Er verdächtigte Pete Spence, und als er schließlich wieder zu den Cowboys zurückkehrte, erfuhr er, daß ein Halbblut namens Indian Charlie mitgemischt hatte, aber er konnte ihn nicht unter den Mexikanern und Digger-Indianern finden, die um die Sporen der Cowboys herumtrieben wie Laub im Wind.

Unterdessen war Stilwell auf dem Bahnhof von Tucson getötet worden und jemand, möglicherweise Indian Charlie, vielleicht aber auch nicht, war auf Pete Spences Holzranch in den Dragoons ermordet worden. Als bekannt wurde, daß Wyatt und Holliday Curly Bill in den Whetstones suchten, bot sich Ringo freiwillig an, in Behans Posse zusammen mit Ike, Phin Clanton, Pony Deal und anderen mitzureiten. Er hatte davon jedoch nur die Genugtuung zu beobachten, wie der schwule Billy Breakenridge sich in sein Zelt schlich, um zu schmollen, weil Ringo vom Sheriff Billys Lieblingspferd erhielt. Ein paarmal kamen sie bis auf Sichtweite an den Earp-Trupp heran, aber Behan widerstrebte es, etwas anzufangen, und Ringo nahm an, daß die Posse nur auf der Fährte blieb, bis der Trupp das Territorium verließ. Das war dann am Ende der Woche der Fall. Der Earp-Trupp durchquerte die Chiricahuas und ritt nach New Mexico. Danach kehrte Behan um.

Tombstone war so tot wie Frank Stilwell. Pete Spence war in Haft, Curly Bill war tot oder versteckte sich irgendwo, Ike und Phin hielten sich auf ihrer Ranch zurück, und viele andere hatten sich davongemacht, als Wyatt und seine Freunde die Jagd auf Curly Bill begonnen hatten. Ein zweites Feuer wütete auf der Allen Street und nahm den gleichen Verlauf wie der

Brand im Juni 1881. In einem Zelt, das auf den Ruinen des Oriental errichtet worden war, pokerten Ringo und Pony Deal mit Billy Claiborne und Frank Leslie, aber die letzten beiden kamen nicht zurecht, und als Ringo sein Glas zum drittenmal füllte, gaben sie auf. Ringo hatte einen üblen Ruf, nachdem er sich bei einer Pokerpartie in Charleston betrunken, seine Mitspieler überfallen und alles an sich genommen hatte, was auf dem Tisch gewesen war. Obwohl er das Geld zurückgegeben hatte, als er wieder nüchtern geworden war, hatte er nach dieser Geschichte Schwierigkeiten, Mitspieler zu finden.

Pony Deal gewann die letzten paar Spiele, und sie trennten sich. Ringo ritt nach Charleston, fand dort keines der bekannten Gesichter und setzte den Weg ostwärts nach Galeyville fort. Es war Juli und schwülheiß, doch der erste Geruch von Regen kam von den Bergen herunter.

In Arizona ging Ringos Glück zu Ende. John J. Gosper hatte seine vorübergehende Zeit als Gouverneur beendet und Platz gemacht für F. A. Tritle, ein Verfechter des harten Kurses von Präsident Arthur, der die Genehmigung für die Aufstellung einer territorialen Polizeistreitkraft gegeben hatte, mit der das Banditentum bekämpft werden sollte. Die guten Zeiten für Banditen waren im Cochise County vorbei, wie es in Texas der Fall gewesen war, als die Rangers aufgehört hatten, die Indianer zu bekämpfen und statt dessen Banditen gejagt hatten. Ringo wollte von Galeyville aus weiter nach Colorado hinaufreiten, um zu sehen, wie das Gras im Goldland wuchs. Er kampierte im Turkey Creek Cañon und legte sich in einem Eichenwäldchen schlafen. Seinen Colt hielt er in der rechten Hand, und seine Winchester lehnte am Stamm eines verkümmerten Baums neben ihm. Mit dem Gedanken an Colorado schlief er ein.

Er hatte nie mehr einen anderen Gedanken.

# 19

Globe ging Kate auf die Nerven wie letzten Endes alle Städte.

Der Stadtrat erließ Verordnungen, mit denen die Werbung und Beschilderung von Etablissements wie ihrem festgelegt wurden. Dann wurde den Mädchen unter Androhung von Geldstrafe verboten, sich während der Tagesstunden auf der Nordseite der Stadt sehen zu lassen, und schließlich erschreckte man sie mit Gesundheitsbestimmungen und verlangte, daß sich die Mädchen jeden Monat von einem Arzt untersuchen ließen, der von der Stadt geschickt wurde. Kate hatte nichts gegen die Untersuchungen, denn sie hatte zu viele junge Frauen gesehen, die zu sabbernden Wracks geworden waren, nachdem sie sich von Cowboys und Büffeljägern angesteckt hatten. Die Vorsorgemaßnahmen, die Kate traf, um die Hygiene ihrer Mädchen zu schützen, waren in der kurzen Zeit, in der sie die Managerin gewesen war, fast legendär geworden. Als sie jedoch den Arzt nicht mehr wählen durfte und bei der Stadtkasse um einen Zuschuß für die Finanzierung der Dienste des Pedanten betteln mußte, den man schickte, erkannte Kate, daß die Frauen der Stadträte bei dieser Sache ihre feinen, weißen Hände im Spiel hatten. Es war nur noch eine Frage der Zeit, wann in Globe die Freudenhäuser innerhalb der Stadtgrenze völlig verboten werden würden. Genauso war es in fast jedem Ort passiert, in dem sie seit Atlanta gewesen war, mit Ausnahme von Tombstone, und wenn die Gerüchte stimmten und der Preis des Silbers in den Keller ging, dann würde es hier ebenfalls so kommen. Die Leute wurden kleinlich und beobachteten mit Argusaugen, wofür andere Leute ihr Geld ausgaben, wenn nicht mehr viel davon im Umlauf war.

Wenn es in Globe passierte, konnte sie weitermachen wie zuvor, mußte jedoch das örtliche Gesetz schmieren, um zu verhindern, daß man ihr Etablissement vor dem üblichen Ansturm der Kunden am Wahltag schloß. Oder sie konnte ihre Zelte in der Stadt abbrechen und außerhalb der Stadtgrenzen wieder aufbauen. Der erste Plan war teurer, als sich vom Stadtrat dafür entschädigen zu lassen, daß sein Doc Instrumente in die Geschäftsräume der Mädchen schob, und es gab keine Garantie, daß das Gesetz nicht einfach das angebotene Schmiergeld beim erstenmal nahm und das Etablissement dennoch schloß oder fortan den Preis hochtrieb oder eine volle Partnerschaft aufzwang, wie es James Earp in Dodge getan hatte, als sein Bruder Wyatt dort Polizeibeamter gewesen war und ihre Freunde Ed und Bat Masterson das County im Griff gehabt hatten. Die zweite Möglichkeit bedeutete, das Haus in Globe aufzugeben und wie in Fort Griffin in ein muffiges Zelt zu ziehen.

Keine der beiden Möglichkeiten gefiel Kate, und so wandelte sie das Bordell in eine Pension um. Die Leute mußten essen und schlafen, das waren grundlegende menschliche Bedürfnisse, deren Befriedigung Kate mindestens so gut beherrschte wie ihre Spezialität. Es war ein gutes Jahr gewesen. Kate hatte genug Bargeld, um einige der Mädchen außerhalb der Stadt einzusetzen. Dazu zählte nicht die Prostituierte, die während Kates Abwesenheit in die eigene Tasche gewirtschaftet hatte. Sie hatte einen von Kates besten Kunden geheiratet, einen Minenarbeiter, und die beiden bearbeiteten jetzt einen Claim in den Apache Mountains. Kate hatte auch genügend Geld, um zwei der älteren Frauen als Köchin und Haushälterin zu bezahlen. Sie empfahl alten Kunden, zu früheren Konkurrentinnen zu gehen, und als Gegenleistung dafür schickten sie die befriedigten Freier, die ein Zimmer und eine warme Mahlzeit suchten, zu Kates Pension. Saubere Laken und einfaches, gutes Essen sorgten für den Rest. Wenn Kate das Geschäft wie eine richtige Pension geführt hätte, wäre ihr Verdienst fast so groß wie zuvor gewesen, ohne daß sie für ihre Mädchen Kleidung, Schminke und medizinische Versorgung bezahlen mußte. Aber sie führte das Haus nicht wie eine normale Pension.

In den ersten Tagen, als Kate einen großen Schwarzen anstellte, der für Ordnung im Haus sorgen sollte, ließ sie von ihm jeden hinauswerfen, der an sie appellierte, ein weiches Herz zu behalten. Huren mit dieser Art Ballast waren etwas für Schundromane, und man erwartete von ihnen, daß sie sich nach den zivilisierten Instinkten der Leser verhielten, indem sie eine tödliche Kugel hinnahmen, die für den Helden im letzten Kapitel bestimmt war. Im Milieu wurde solchen Engeln dieser Blödsinn von irgendeinem stinkenden zweibeinigen Wolf ausgetrieben, der im Bett seine Sporen anbehielt oder sie durch irgendeine mexikanische Halbblut-Hure verlor, die ihn mit einem Bowiemesser erstach. So erhielt der fremde Cowboy, der mit leerem Geldbeutel und einer traurigen Geschichte zu Kate kam, nichts gratis außer dem Anblick ihres breiten Rückens. Für Frauen, die im Westen nicht das Eldorado gefunden hatten, das man ihnen im Osten beschrieben hatte, war Kate jedoch die Gutherzigkeit in Person.

Frauen in der Siedlungsgrenze wurden in drei Kategorien eingeteilt. Einige waren hohläugige Farmerinnen, die Kaninchen abzogen und kochten und die Wanzen aus Grassodenhütten inmitten von 500 Kilometern flacher, grauer Prärie fegten. Andere trugen pastellfarbene Rüschenkleider, die unter den Armen Schweißflecken aufwiesen, und knöpften in schäbigen Hütten und Hotelzimmern fremden Männern gegen Geld den Hosenschlitz auf. Wiederum andere imitierten Männer, fluchten, spuckten aus und trieben Maultiere mit Peitschen an, um den Lohn von Männern zu erhalten und nicht als Frauen erkannt zu werden, bis sie erschossen wurden oder an Erfrierungen oder schlechtem Whisky starben und dann vom Leichenbeschauer entkleidet wurden. Schauspielerinnen zählten nicht, weil sie nur Durchreisende waren, die zwischen New York City und San Francisco von Theater zu Theater zogen, und sie waren ohnehin wie Huren. All diese Frauen waren mit dreißig verbraucht, und nur wenige wurden fünfzig. Die meisten derjenigen, die schließlich an Kates Tür klopften, zählten zu einer dieser drei Kategorien, und ziemlich viele davon zu allen dreien. Die Unterschiede waren nicht scharf abgegrenzt in einem Gebiet, in dem ein Mann den Hut ebenso schnell vor einer Hure wie vor einer Frau zog, und wo der Begriff *Frau* sich auf ein weibliches Wesen bezog, das mit einem Mann unter dessen Dach zusammenlebte, mit oder ohne den Segen eines Geistlichen. Die Frauen kamen zu Kate, verwitwet oder verlassen und Tausende Kilometer von daheim entfernt, und boten an, für Kost und Logis im Haus zu helfen. Und Kate nahm sie auf, selbst wenn alle nur möglichen Arbeiten vergeben waren und die Zahl der nicht zahlenden Gäste die der regulären Pensionsgäste übertraf. Wenn eine Frau als Hure verbraucht war, schickte Kate sie nicht fort.

Kate war keine Nellie Cashman, die Predigten über die Sünden solcher Frauen hielt und mit so hoch erhobenem Kinn herumspazierte, daß man einen Hut daran hätte aufhängen können. Kate hielt die Bücher auf dem laufenden, feilschte mit dem Metzger um die Preise, fütterte die Hühner, die sie hinter dem Haus hielt, und hackte ihnen den Kopf ab, wenn sie keine Eier mehr legten und nicht zu mager zum Essen waren. Sie las über Docs Fall im Arizona *Star*. Doc war im Mai in Denver verhaftet worden und wurde bis zur Auslieferung nach Tombstone gefangengehalten, wo er des Mordes an Frank Stilwell angeklagt werden sollte. Aber Bat Masterson, seit kurzem Marshal von Trinidad, Colorado, hatte den City Marshal von Pueblo, wo Doc sich von den Earps nach dem Verlassen von Arizona getrennt hatte, dazu überredet, Doc wegen Hochstapelei in dieser Stadt anzuklagen. Der *Star*, ein seit langem fröhlicher Beobachter der Probleme im Cochise County, erklärte seinen Lesern, daß die Anklage die Auslieferung und eine sichere Lynchparty in Tombstone verhindern würde und lobte die Sache als einen brillanten Schachzug von Docs Anwalt. Kate spürte jedoch die Handschrift eines anderen Schwindlers und fragte sich, wo sich Wyatt Earp – dessen Vater gewollt hatte, daß er Jura studierte – derzeit aufhielt.

Als Doc schließlich im späten Juni in Gewahrsam der Behörden Pueblos übergeben wurde, wußte Kate, daß er sich auf den Weg nach dem an Gold reichen Gunnison machen würde, sobald die nur zum Schein erhobene Anklage fallengelassen wurde. Sie spielte mit dem Gedanken, sich ihm anzuschließen. Die Aussicht auf Ferien von den widerwärtigen zerbrochenen Frauen, die in ihrem Haus der Wohltätigkeit wohnten, war eine Verlockung. Kate befürchtete jedoch, daß die Bürgerinnen, welche die Anwesenheit so vieler Schlampen als Beweis dafür betrachteten, daß sie immer noch als Hure arbeitete, in ihrer Abwesenheit das Haus niederbrennen würden und ihre kostenlos wohnenden Gäste ohne Obdach in der Sommerhitze verkommen würden. Und sie fürchtete sich vor Docs Launen. Nach der Beschreibung in der Zeitung hatte er anscheinend im Augenblick eine Phase, in der es ihm gesundheitlich relativ gut ging, und in diesen Zeiten war er am gefährlichsten. Sie haßte es, sogar vor sich selbst zuzugeben, daß sie sich am meisten zu ihm hingezogen fühlte, wenn er krank war und Pflege brauchte.

So blieb Kate, wo sie war, erfand Arbeit für die Frauen, damit sie sich nicht nutzlos fühlten und nicht auf Gedanken an Selbstmord kamen, kämpfte mit dem Stadtrat und verfolgte in den Zeitungen Tucsons den Streit des *Nugget* und *Epitaph* über die Frage, wer der

Mann gewesen war, dessen Leiche man bei den Iron Springs begraben hatte – Curly Bill oder irgendein namenloser Tramp. Die meisten der anderen Namen, die im Zusammenhang mit Tombstone auftauchten, waren ihr jedoch fremd, und der *Epitaph* war im Mai in andere Hände übergegangen und nicht länger das Sprachrohr von John Clum und dem Sicherheitskomitee der Bürger.

Die Stadt, an die sie sich erinnerte, wies klaffende Lücken auf, seit sie alle nicht mehr dort waren: Frank und Tom McLaury, deren Bruder Will, Billy Clanton, Bill Leonard, Harry Head, Jim Crane, Old Man Clanton, Pete Spence, Joe Hill, Hank Swilling, Frank Stilwell, Curly Bill, alle fünf Earps und deren Frauen und Doc Holliday. Kate hatte das Gefühl, keinen mehr in Tombstone zu kennen, wenn sie jetzt dorthin zurückkehrte. Die Stadt hatte Ende Mai abermals gebrannt, und das Feuer hatte die meisten der Gebäude zerstört, die nach der Katastrophe im Jahre 1881 wiederaufgebaut worden waren. Ebenso war der O.K. Corral zerstört worden, den jeder als Schauplatz des Kampfes bezeichnete, obwohl er dort nicht stattgefunden hatte, und Flys Pension, wo sich der Kampf tatsächlich abgespielt und wo Kate mit Doc gewohnt hatte. Das stimmte sie traurig, nicht weil sie dort irgend etwas schön gefunden hatte – sie hatte sich fast die ganze Zeit dort unglücklich gefühlt –, sondern weil der Verlust ihr das Gefühl gab, mit einunddreißig Jahren alt zu sein.

Immerhin eines der alten Gesichter war in Globe. Billy the Kid Claiborne, ohne seine Waffen und mit dem gestreiften Overall der Männer, die in der Schmelze arbeiteten, klopfte eines Abends an Kates Tür und suchte Gesellschaft, ohne zu wissen, daß sie nicht mehr in diesem Gewerbe tätig war. Kate verwies ihn an ein entsprechendes Etablissement, und er bedankte sich, tippte an seinen Hut und ging. Billy hatte jetzt einen dichten Backenbart, und sein Kinn wirkte wuchtig wie das eines Mannes, doch seine schlaksige Statur und seine nachlässige Haltung erinnerten an den jungen Rowdy, der in die Seitengasse der Fremont Street stolziert und dann Hals über Kopf geflüchtet war. Eine Woche nach ihrer Begegnung sah Kate ihn auf der Straße. Diesmal trug er einen Anzug, und ein Patronengurt war unter dem offenen Jackett zu sehen. Dann sah sie Billy nicht mehr, und sie sagte sich, daß er weitergezogen war. Das überraschte sie kaum. Der Job in der Schmelze stank für die Leute vom San Pedro zu sehr nach Arbeit.

Im Juli, vor Claibornes Besuch, las Kate von Johnny Ringos mysteriösem Tod. Man hatte Johnny im Turkey Creek Cañon gefunden. Johnny Ringo saß mit dem Rücken an eine verkümmerte junge Eiche gelehnt da, hielt einen Revolver in der Hand und hatte ein Kugelloch in der Schläfe. Die Kugel war vor seinem rechten Ohr eingetreten und an der linken Schädelseite ausgetreten, ohne seinen Hut zu beschädigen. Eine Gerichtsverhandlung zur Feststellung der Todesursache hatte anhand der Beweise ergeben, daß es sich wahrscheinlich um Selbstmord handelte.

Kate konnte darüber nur lachen. Ringos Revolvergurt war falsch herum festgeschnallt, und es gab keine Patronenhülse in der Kammer seines Revolvers. Sein Gewehr hatte eine Patrone in der Kammer, was bedeutete, daß er die frische Patrone erst eingehebelt hatte, nachdem er sich erschossen hatte.

Kate verschwendete jedoch nicht wie so viele andere in den folgenden Jahren Zeit damit, darüber nachzugrübeln, wer Ringo erledigt hatte. Ein Mann wie Ringo hatte jede Menge Feinde gehabt, und er hatte sein Schicksal herausgefordert, als er einen ganzen Tag lang getrunken und seinen Rausch in Sichtweite der Straße nach Galeyville ausgeschlafen hatte.

Kate trank zu dieser Zeit nicht. Im Gegensatz zu

Doc, der selten betrunken wirkte, obwohl er täglich eine Menge Alkohol konsumierte, die selbst einen Gesunden umgebracht hätte, war Kate nie trinkfest gewesen und hatte kaum mehr als zwei Drinks vertragen können. Der Handel in Tombstone mit Johnny Behan und Milt Joyce hatte sie angewidert, und sie sah in einigen der Frauen, die unter ihrem Dach lebten, das Wrack, zu dem sie werden würde, wenn sie wieder dem Whisky verfiel. Wenn sie Durst hatte, trank sie literweise starken Tee, während sie bis spät in die Nacht Romane über Frauen aus dem Osten las, die in sogenannten Apartmenthäusern wohnten, mit Fahrrädern im Park spazieren fuhren und sich in Ingenieure verliebten. Manchmal, kurz vor dem Einschlafen, dachte sie an die Mutter Oberin und die Schwester im Kloster, ertappte sich dabei, daß sie sich bekreuzigte und war den ganzen nächsten Tag deswegen verwirrt. Jeden Abend ohne Ausnahme betete sie für die Seele ihres toten Kindes, das in einem anderen Glauben getauft worden war. Silas, ihr verstorbener Mann, konnte für sich selbst sorgen.

Die Zeitungen des Territoriums verloren allmählich das Interesse an Tombstone. Redakteure, die Seiten mit dem Ruf nach einem Eingreifen der Regierung in Washington zur Beendigung der Gesetzlosigkeit im Cochise County gefüllt hatten, fanden jetzt wenig Berichtenswertes, nachdem die meisten der schillernden Figuren die Stadt mit den Füßen voran oder zu Pferde verlassen hatten. Tage vergingen, in denen Tombstone überhaupt nicht erwähnt wurde, und wenn es mal eine Schießerei gab, dann wurden die Einzelheiten in ganzen Kolumnen breitgetreten. Kate fand, daß die Journalisten wie kranke alte Frauen waren, die sich nur glücklich fühlten, wenn sie ein Leiden hatten, über das sie sich auslassen konnten. Die Wahl im November, bei der Johnny Behan nicht mehr als Sheriff kandidierte, wurde von der Presse weitgehend ignoriert. Die anschließende Erschießung von Billy Claiborne lieferte Stoff für Tage.

Da Buckskin Frank Leslie der einzige erwähnenswerte Revolvermann war, der sich noch in dieser Gegend aufhielt, munkelte man stark, daß er Ringo getötet hatte, und er tat nichts, um die Gerüchte zu bestätigen oder zu dementieren. Claiborne, der sich noch wegen spitzer Bemerkungen über seine Flucht vor dem Kampf bei Flys Pension ärgerte, war in Globe, als die Gerüchte um Buckskin Frank Leslie die Runde machten. Claiborne nahm einen Job in der Schmelze an, damit er genug Geld hatte, um nach Tombstone zurückzukehren und Leslie zu töten. Als er dort war – ein Billy Claiborne, der nicht genug Verstand hatte, um auf einem Abort die Hosen hinunterzulassen –, betrank er sich und fing im wiederaufgebauten Oriental Saloon einen Streit an, was dazu führte, daß Billy von dem stärkeren Leslie, der dort als Barkeeper arbeitete, durch die Tür hinausgeschmissen wurde. Später tauchte Claiborne schwankend an der Ecke Fifth und Allen Street auf. Billy hatte eine Winchester in den Händen, starrte zum Vordereingang des Saloons und nannte Leslie lauthals einen Hurensohn, der versuchen sollte, zur Abwechslung mal einen hellwachen Mann zu töten, anstatt einen schlafenden. Billy schrie immer noch, als Leslie aus der Seitentür heraustrat und ihm mit seinem Peacemaker durchs Herz schoß.

Leslie wurde freigesprochen, weil man ihm zubilligte, daß er in Notwehr gehandelt habe, und Claiborne wurde nicht weit von seinen Freunden Billy Clanton und Frank und Tom McLaury begraben. Als Kate von der Sache las, fragte sie sich, ob Claiborne eine Frau gehabt hatte, und wenn, ob sich jetzt eine Kate Fisher in Tombstone ihrer annehmen würde. Männer stellten sich vor, daß sie angesichts des Todes zu ganzen Männern wurden, und sie hinterließen Frauen, die mit dem Leben fertig werden mußten.

Dazu hätte die Frau hier in Globe zurückbleiben und warten sollen, während ihr Mann Geschäftliches in Tombstone erledigte. Weil Kate sich mit diesen Gedanken beschäftigte, als jemand anklopfte, erwartete sie fast, Billy Claibornes Frau vor der Tür stehen zu sehen.

Das war jedoch nicht der Fall. Als Kate die Haustür öffnete, sah sie Mattie Blaylock, Wyatt Earps Frau vor Sadie. Mattie war nach Morgans Beerdigung aus Kalifornien zurückgekehrt, um mit den anderen ein Zimmer in Kates Haus zu nehmen.

## 20

Geben wir der Erde eine Wagenachse. Schmieren wir die Achse und drehen sie immer schneller, bis die Tage und Nächte und die grünen und dunkelbraunen und grauen Jahreszeiten zu einem weißen Wirbel verwischen. Verteilen wir die Jahre wie neue Karten. Unsere Uhr läuft, es sind noch viele Spieler übrig, die aussteigen werden, und der einzige Gewinner ist der Mann, der den Spieltisch abräumt, wenn alle fort sind.

Johnny Ringos Killer – wer immer es war – kam nie vor Gericht, und der Tod des berüchtigten Revolvermanns bleibt so geheimnisvoll wie sein Leben und schafft posthum eine Legende, die in starkem Mißverhältnis zu den Ereignissen steht, die urkundlich belegt werden können. Buckskin Frank Leslie, selbst eine zwielichtige Gestalt, dementierte niemals die Geschichten, die ihn mit Ringos Ermordung in Zusammenhang brachten, bestätigte sie aber auch nicht, und als er 1890 wegen der Ermordung von Molly Bradshaw, einer Sängerin des Bird Cage, ins Zuchthaus von Yuma geschickt wurde, war für viele Zeitungen klar, daß unter den Kerben in Leslies Peacemaker auch eine für Ringo war. Wohin Buckskin Frank Leslie nach seiner Entlassung im Jahre 1897 ging, beruht überwiegend auf Vermutungen, obwohl Wyatt Earp und andere behaupteten, ihm in den ersten Jahren des 20. Jahrhunderts begegnet zu sein, einem bemitleidenswerten alten Mann, der in Oakland, Kalifornien, in einem Saloon als Aushilfe arbeitete. Wyatt Earp behauptete, Ringo selbst getötet zu haben. Er erzählte eine dramatische Story von einer heimlichen Rückkehr ins Arizona-Territorium, obwohl er dort steckbrieflich gesucht wurde, und von einem Duell beim Sonnenuntergang im Turkey Creek Cañon. Der cliquenbewußte Wyatt war jedoch kein Einzelgänger, und die Einzelheiten standen im Gegensatz zu seiner Methode, zusammen mit Partnern auf die Jagd zu gehen und Vergeltung zu üben.

Fred Dodge, ein gut bekannter Spieler in Tombstone und der Umgebung, enttarnte sich Jahre später als Detektiv von Wells Fargo und bezeichnete Johnny-behind-the-Deuce als Ringos Mörder. Als Mordmotiv nannte er Ringos Versuch, ihn wegen der Ermordung des Ingenieurs Henry Schneider zu lynchen. Zu dieser Zeit war Ringos Schicksal jedoch zu populär verwurzelt als ›unlösbares Rätsel‹, und so wurde Fred Dodges Bericht allgemein als der Versuch abgetan, seinen Freund Wyatt zu schützen. Weshalb Wyatt solchen Schutz allerdings nötig haben sollte, nachdem er öffentlich behauptet hatte, Ringo im Duell erschossen zu haben, bleibt ein Rätsel.

Ringos Freund Pony Deal war anscheinend ähnlichen Verdächtigungen wie Ringo ausgesetzt, denn man hielt ihn für schuldig am Tod von Johnny-behind-the-Deuce, mit richtigem Namen John O'Rourke, dessen von Kugeln durchlöcherte Leiche einige Tage nach Ringos Tod gefunden wurde. Pony Deal selbst wurde von Unbekannten entweder im Greenlee County, Arizona, oder in Sonora, Mexiko, ermordet – je nachdem, wer die Geschichte erzählt.

Pete Spence, geboren als Peter M. Spencer, wurde von vielen für Morgan Earps Mörder gehalten, kam jedoch für dieses Verbrechen nie vor Gericht. 1893 wurde er nach einer Mordanklage nur wegen Totschlags an einem Mexikaner zu fünf Jahren Strafe im Zuchthaus von Yuma verurteilt. Nach drei Jahren wurde er ohne Auflagen vom Gouverneur L. C. Hughes begnadigt. Was aus ihm nach der Entlassung wurde, ist nicht bekannt.

Im Kampf bei den Iron Springs trug der Bandit Johnny Barnes eine Wunde davon, die nicht richtig versorgt wurde, und starb schließlich in Charleston, stinkend nach dem Brand und fantasierend im Delirium. Einer seiner Zuhörer war J. B. Ayers, ein Saloonbesitzer von Charleston und noch einer von Wells Fargos allgegenwärtigen Geheimagenten, der Fred Dodge berichtete, Barnes hätte bestätigt, daß Curly Bill Brocius von Wyatt Earp getötet worden sei. Barnes gab laut Ayers außerdem seine Beteiligung bei dem mitternächtlichen Angriff auf Virgil Earp und bei dem gescheiterten Überfall auf die Kutsche nach Benson zu, der im März 1881 von Bill Leonard, Harry Head und Jim Crane begangen worden war. Darüber hinaus brachte Barnes Doc Holliday in Zusammenhang mit diesem mißlungenen Raubüberfall und beschuldigte ihn, den Fahrer Bud Philpot ermordet zu haben. Fred Dodge, der wie Bat Masterson nichts für den sterbenden und verbitterten Dentisten übrig hatte, bezeichnete das als ›Beweis genug‹ für Docs Mittäterschaft.

Joseph Isaac Clanton und sein dummer jüngerer Bruder Phineas verlagerten ihren Viehdiebstahl nach Norden, um nach John Behans Ausscheiden aus dem Sheriffamt der zunehmenden Leistungsfähigkeit der Gesetzesvollstreckung im Cochise County zu entkommen. 1887, während des sogenannten Pleasant Valley War, wurde Ike Clanton von Deputys des berühmten Sheriffs Commodore Perry Owens vom Navajo

County am Blue River erschossen, als Ike bei der Verhaftung flüchten wollte. Ike war auf der Stelle tot. Sein Bruder Phin ergab sich und saß zehn Jahre in Yuma ab. Dort fanden sich Phin, Pete Spence und Buckskin Frank Leslie unter der Aufsicht von Superintendent John Harris Behan wieder. Der frühere Sheriff war von der Territorialregierung wegen besonderer Leistungen für die Demokratische Partei zum Superintendent ernannt worden. Nach seiner Entlassung im Jahre 1897 züchtete Phin auf legale Weise Rinder in der Nähe von Globe, erwies sich als gut in einem Geschäft, das wenig List und Tücke und noch weniger Risiko in sich barg, und wurde 1902 von der Freimaurerloge für fünf Jahre perfekter Mitgliedschaft geehrt.

Nach seiner Zeit als Deputy-Superintendent in Yuma arbeitete John Behan als Zollbeamter der Vereinigten Staaten in El Paso und wurde dann Offizier der Army mit guten Führungszeugnissen im Spanisch-Amerikanischen Krieg und dem Boxeraufstand. Er starb mit 66 Jahren am 7. Juni 1912 in Tucson eines natürlichen Todes.

William Milton Breakenridge verließ Anfang 1893 nach dem Ende von Behans Dienstzeit das Sheriff's Office und wurde später zum Leiter der amtlichen Landesvermessung des Cochise County gewählt, eine Position, die er verließ, um Spezialagent für die Southern Pacific Railroad zwischen Yuma und El Paso zu werden. In dieser Eigenschaft ermittelte er Zugüberfälle von so bekannten Desperados wie Grant Wheeler, Jack Dunlap und Black Jack Ketchum. Mit 70 Jahren schied er bei der S.P.R.R. als Pensionär aus und schrieb das Buch *Helldorado*, mit dem er sich einen Namen als einziger ehrbarer Gesetzesmann in Tombstone und Umgebung machte. Er starb Ende Januar 1931 in Tucson, ein Mann, der im Old Pueblo Club und der Arizona Pioneers Historical Society fast zum Inventar gehörte. Er war nie verheiratet.

Warren Baxter Earp, der jüngste der fünf vollblütigen Earp-Brüder, zog mit Wyatt und Sadie von einem aufstrebenden Camp zum anderen, nachdem sie Arizona verlassen hatten. 1891 kehrte Warren Baxter dann allein nach Arizona zurück, um als Hilfskraft auf Colonel Hookers Sierra Bonita Ranch zu arbeiten. Später arbeitete er als Barkeeper im nahen Wilcox, wo er am 6. Juli 1900 um ein Uhr morgens von John N. Boyett erschossen wurde, nachdem es in Brown's Saloon einen Streit gegeben hatte, bei dem Warren Boyett beschuldigt hatte, Geld angenommen zu haben, um ihn zu töten. Obwohl die Verhandlung zur Feststellung der Todesursache ergab, daß Warren unbewaffnet war, als die Schüsse fielen, wurde kein Haftbefehl gegen Boyett erlassen. Virgil und Wyatt ermittelten, aber es kam dabei kein Beweis heraus, der Sadie Earps düstere Andeutung in ihrer Biographie *I Married Wyatt Earp* bekräftigt hätte, daß Boyett für seine Tat büßen müsse.

Wyatt und Virgil sahen sich noch einmal, bevor der Tod sie 1905 in Goldfield, Arizona, ebenfalls trennte.

Virgil Walter Earp konnte seinen zerschmetterten linken Arm niemals mehr richtig benutzen, und obwohl er mit der rechten Hand Holz hacken oder mit beiden Händen essen konnte, mußte er den versehrten Arm mit der rechten Hand dabei stützen, weil der Ellenbogen keine Knochen mehr hatte und der Arm nur von Knorpeln und Sehnen zusammengehalten wurde. Das Handicap hinderte ihn nicht daran, in der Nähe seines Elternhauses in Colton, Kalifornien, eine Detektivagentur zu eröffnen und sich später als erster Stadtmarshal von Colton wählen zu lassen. Zu dieser Zeit war seine Beteiligung an den Ereignissen des Jahres 1881 in Tombstone so etwas wie eine Legende, die Wyatts Beteiligung überstrahlte, dessen Ruhm erst im neuen Jahrhundert durch die Veröffentlichung einer Reihe erfundener Geschichten und die Verbreitung von flackernden Bildern auf Leinwänden im ganzen

Land Wurzeln schlagen würde. Von Colton aus kehrten Virgil und Lebensgefährtin Allie nach Arizona zurück, um nach Gold zu suchen, und in einer dieser Zeltstädte erhielt Virgil einen Brief von einer erwachsenen Tochter, von deren Existenz er gar nichts gewußt hatte und die aus einer früh geschiedenen Ehe in Iowa stammte. Später kam sie aus ihrer Heimat Oregon und besuchte ihn. Während der Goldfunde in Goldfield arbeiteten Wyatt mit Sadie und Virgil mit Allie auf benachbarten Claims. Es ist nicht aufgezeichnet, worüber die Brüder während dieser letzten gemeinsamen Zeit miteinander sprachen. Als Virgil an Lungenentzündung starb, schickte Allie seinen Leichnam zur Beisetzung ins Familiengrab seiner Tochter nach Portland, Oregon.

Alvira Sullivan Earp überlebte all die anderen Hauptpersonen der frühen Tage von Tombstone. Sie starb 1947 in Los Angeles, knapp drei Wochen vor ihrem 100. Geburtstag. Vor ihrem Tod vertraute sie ihre Erinnerungen einem Neffen an, Frank Waters, der danach eine korrigierte Geschichte der Ereignisse um den sogenannten ›Gunfight at the O.K. Corral‹ schrieb. Sie las das Manuskript, bezeichnete es als einen Haufen Lügen und drohte, Frank umzubringen, wenn er es veröffentlichte. Ob Waters nun die Drohung ernst nahm oder nicht, fest steht, daß *The Earp Brothers of Tombstone* erst dreizehn Jahre nach Alvira Sullivan Earps Tod gedruckt wurde.

James Cooksey Earp, der älteste des brüderlichen Clans, beerdigte seine Frau Nelli 1887 in San Bernardino, Kalifornien, und starb 1926 in Los Angeles im Alter von 84 Jahren. Obwohl er als Salonkeeper, Spieler und Zuhälter in den meisten der Städte in Erscheinung getreten war, die von Wyatt und den anderen Earps in der Blütezeit des Countys besucht worden waren, verhinderte seine Verwundung, die er 1861 beim Kampf in Frederickstown davongetragen hatte, daß er sich mit der versehrten linken Schulter aktiv an den Gewalttaten beteiligte.

Nach ihrer Rückkehr nach Arizona wohnte Celia Ann Blaylock, die während ihrer Zeit in Tombstone und fortan als Mattie Earp bekannt war, über ein Jahr in Kate Fishers Pension in Globe und zog dann nach Pinal, einer Stadt, die ihre Existenz der Silver King Mine nördlich davon verdankte. Dort lebte sie als Prostituierte, beklagte sich tagsüber in den Saloons darüber, daß sie von ihrem Mann verlassen worden war, und mischte sich des Abends in ihrer Hütte Laudanum in den Whisky, damit sie schlafen konnte. Sie verbrachte die Nacht des 2. Juli 1888 mit einem Minenarbeiter, entdeckte am nächsten Tag, daß einiger billiger Schmuck fehlte, und trank eine ganze Flasche Laudanum. Am 4. Juli wurde sie in der Wildnis nördlich der Stadt begraben, und ein Koffer mit ihrer Habe wurde zu Verwandten in Iowa geschickt. Bei den Sachen gab es einige Fotografien der Earp-Familie und eine Bibel, die Wyatt von einer Anwaltskanzlei geschenkt worden war, als er Diakon gewesen war.

Als die drohende Auslieferung von Doc Holliday nicht stattfand, reisten Wyatt Berry Stapp Earp und Warren mit dem Zug von Colorado nach Colton, Kalifornien, um ihre Eltern und Virgil zu besuchen. Dann holten sie Sadie von deren Eltern in San Francisco ab und kehrten nach Denver zurück, wo Wyatt und Doc auf Grund der Tombstoner Legende in den Spielhallen die Leute massenweise anzogen. In Gunnison fand Wyatt nur Dreck statt Gold und verließ mitsamt dem Clan Doc Holliday, um das Glück in der dahinschwindenden Siedlungsgrenze zu suchen. Wyatt und Doc sahen sich nie wieder.

Im Juni 1883 folgte Wyatt einem Ruf von Luke Short in Dodge City und gründete mit Short, Bat Masterson und fünf anderen Revolvermännern die Dodge City Peace Commission, um Short zu dem Recht zu verhelfen, dort einen Saloon zu betreiben. So viele entschlossen aussehende Dandys mit Waffen unter den Jacketts erreichten das Ziel ohne Blutvergießen, und die ›Friedenskommission‹ wurde gütlich aufgelöst.

In Idaho schlossen sich Wyatt und sein Bruder James wieder zusammen. Sie betrieben einen Saloon in Eagle City im Coeur d'Alene Distrikt und bearbeiteten ein paar Claims, einschließlich zweier, die ihnen nicht gehörten, woraufhin sie hohe Geldstrafen bezahlen mußten und 1884 gezwungen waren, den Saloon wegen finanzieller Schwierigkeiten zu schließen. Danach zogen die drei Earps und ihre Familien durch Texas, spielten und betätigten sich als Zuhälter, Heiratsschwindler und Hochstapler in Städten und Minencamps von Fort Worth bis nach Mexiko. Das Gewerbe ließ jedoch nach. Es war nicht mehr so schnell an Geld heranzukommen, und man gab es langsamer aus, das Gesetz war überall, und das Cochise County hatte Wyatt den Spaß verdorben, in die Politik zu gehen. Sie kehrten nach Kalifornien zurück.

In San Diego investierte Wyatt Gelder, die er sich von Sadies Eltern geliehen hatte, in Immobilien und Pferde. Er kaufte Beteiligungen an Trabrennpferden. Wyatt fuhr oftmals selbst Rennen, und seine schlaksige Gestalt mit Rennkappe und Schutzbrille und dem Staubmantel, der hinter dem Sulky flatterte, wurde ein vertrauter Anblick auf den Trabrennbahnen Kaliforniens. Eines seiner Pferde, Lottie Mills, gewann 1893 in Chicago spielend die Achtelmeile. Dort stellte Wyatt seine Lebensgefährtin Sadie dem rotgesichtigen, weißbärtigen Will Cody vor, den er von seiner Zeit als Büffeljäger in Kansas her kannte. Der extravagante alte Pionier gastierte mit seiner Wild West Show gegenüber vom Eingang des Messegeländes.

Ende 1896 stimmte Wyatt widerstrebend zu, bei dem Kampf um die Weltmeisterschaft im Schwergewicht zwischen Sharkey–Fitzsimmons als Ringrichter zu fungieren. Der Kampf fand im Mechanics Pavillon in San Francisco statt. Inmitten schriller Proteste, daß der Ausgang des Boxkampfs schon vorher festgelegt war, erklärte er Tom Sharkey zum Sieger wegen eines Fouls des Gegners. Die Atmosphäre wurde schon vor dem Eröffnungsgong angeheizt, als Wyatt im Ring seine Jacke auszog und vergaß, daß er darunter einen Revolver trug. Wyatt mußte fünfzig Dollar Geldstrafe wegen des versteckten Tragens einer Waffe zahlen, und der Vorwurf der Korruption verfolgte ihn den Rest seines Lebens.

Im neuen Jahrhundert waren Wyatt und Sadie in Alaska, angelockt von der Aussicht auf Gold. Wyatt errichtete den luxuriösen Dexter Saloon in Nome – in dem sich unter anderem John Clum amüsierte, der nach Alaska gekommen war, um System in das Postwesen Alaskas zu bringen – und betrieb ihn mit Ausnahme der Zeit, in der er Virgil in Arizona besuchte und nach Warrens Ermordung ermittelte, bis zum Herbst 1901. Dann verkaufte er den Saloon für 85 000 Dollar und kehrte heim. Wyatts und Sadies nächste Station war Tonapah, Nevada, eine weitere in der Reihe der aufblühenden Minenstädte, die schließlich 1905 mit Goldfield ein Ende fanden.

Nach mißlungenen Investitionen handelte sich Wyatt in Los Angeles eine Anklage wegen Landstreicherei und 1911 eine Verhaftung wegen Falschspiels ein. Er war 63 Jahre alt.

In Los Angeles kamen Leute vom Film zu Wyatts und Sadies gemietetem Bungalow, um Informationen über Wyatts Vergangenheit in der Siedlungsgrenze zu ergattern. Zuerst erzählte er ehrlich, oder zumindest so ehrlich wie dem San Franciscoer Zeitungsreporter vor dem Sharkey-Kampf, doch dann wurde er es leid, sich zu wiederholen, und er erfand Geschichten. Einem Typ namens Ford flunkerte er vor, wie er in der Staubwolke einer vorbeifahrenden Postkutsche schlangengleich in den O.K. Corral gekrochen sei, und er erzählte William S. Hart das Märchen, daß Frank McLaury auf sechzig Schritte Entfernung eine Kugel durch einen Hochzeitsring geschossen habe. Daraufhin verzog sich das Pferdegesicht des Schauspielers, wie es seine Westernfans auf der Leinwand nie sahen. Wenn Einzelheiten, die er erzählt hatte, in Theaterstücken auftauchten, grinste Wyatt Sadie an und bedauerte, daß der *Nugget* nicht mehr veröffentlicht wurde, wo es doch so viele potentielle Abonnenten gebe.

John H. Flood, ein Freund der Familie und immer hilfsbereit, wenn das alternde Paar seine Dienste brauchte, arbeitete zu dieser Zeit mit Wyatt zusammen an seiner Autobiographie. In den 1920er Jahren entstand ein melodramatisches und schwülstig geschriebenes Werk, dessen Druck trotz der Unterstützung von Hart auf der Höhe seines Kinoruhms nicht erzwungen werden konnte. Weil das Manuskript noch im Umlauf war, weigerte sich Wyatt, Walter Noble Burns bei einem ähnlichen Projekt zu helfen, das 1927 unter dem Titel *Tombstone* erschien und auf Kosten der Wahrheit Wyatts Fähigkeiten als Revolverschütze – umgewandelt in die moderne Bezeichnung *gunfighter* – hervorhob. Das und die Gerüchte über die bevorstehende Veröffentlichung von Billy Breakenridges feindseligem *Helldorado,* bewog Wyatt und Sadie, mit einem Mann namens Stuart Lake an einer Biographie zusammenzuarbeiten, die auf Fakten beruhte. Wyatt und Lake korrespondierten 1928 ständig mit diesem Ziel.

Wyatt Earp starb am frühen Morgen des 13. Januar 1929 mit 80 Jahren in dem gemieteten Bungalow an Prostatakrebs. Sadie ließ den Leichnam einäschern und nahe dem Grundstück ihrer Eltern in San Francisco beisetzen. William S. Hart und John Clum nahmen an der Beisetzung teil.

Als Witwe von Wyatt Earp verbrachte Josephine Sarah Marcus den Rest ihres Lebens als Verwalterin des Andenkens an ihn. Das schloß Schützenhilfe für Allies Drohungen gegen Frank Waters und *The Earp Brothers of Tombstone* ebenso ein wie die öffentliche Verurteilung des unwahrscheinlichen Bilds, das in *Tombstone* und in Lakes 1931 veröffentlichtem schwülstigen *Wyatt Earp, Frontier Marshal* gezeichnet wurde. Sie schaffte es, ein genügend feindliches Klima zu schaffen, um Houghton Mifflin zu einer Änderung des Untertitels zu *Gunfighter* zu überreden, und 1934 zwang sie Twentieth-Century Fox dazu, den Namen ihres Mannes aus der Filmversion zu entfernen. Zweimal diktierte sie ihre Memoiren in der Hoffnung, ein Buch zu veröffentlichen, das den Mythos entlarven würde, doch sie wurden erst 1976 gedruckt, nachdem der Earp-Historiker Glenn Boyer die beiden Manuskripte bearbeitete und zu *I Married Wyatt Earp* vereinigte. Josephine Sarah Marcus starb am 19. Dezember 1944 in Los Angeles.

Kate Fisher, die manchmal unter ihrem anderen alias Kate Elder erwähnt, getauft als Maria Katharina Horony, verkaufte die Pension in Globe, um bei Doc Holliday zu sein, als er 1887 in Colorado starb. 1888 heiratete sie dort einen Schmied namens George Cummings, zog wieder nach Arizona und lebte mit ihm in Bisbee und anderen Städten. Cummings war jedoch fast ein so starker Trinker wie Doc, ohne so unglaublich viel wie Doc vertragen zu können, und Kate verließ ihn, um ihre eigene Abstinenz zu bewahren. 1915 beging er Selbstmord in Courtland, Arizona. Kate arbeitete bis 1900 in einem Hotel in Cochise, dann zog sie mit John J. Howard, dem Manager einer Mine, in die Nähe von Doz Cabezas, wo sie bis zu seinem Tod im Januar 1930 blieb, den Großteil seines gewaltigen Besitzes erbte und den Rest verwaltete. Später behauptete sie, verarmt zu sein, trat ins Pioneers' Home in Prescott ein und starb dort 1940 im Alter von neunzig Jahren. Vor ihrem Tod schrieb sie einen langen autobiographischen Brief an eine Nichte, der die zuverlässigste der vielen Chroniken ihres Lebens bleibt. Die Nichte und all die Mitglieder der Familie Horony, die noch lebten, nannten sie Tante Mary.

John Henry Holliday ging im Sommer 1883 nach Deadwood, Dakota Territorium, geriet in Streit mit einem dortigen Barkeeper und schoß ihm eine Kugel durchs Handgelenk, als er eine Waffe aus einer Schublade ziehen wollte. Nach seiner Rückkehr nach Colorado wurde Doc durch die Ereignisse in Tombstone und den Kampf um die Auslieferung zu einer Berühmtheit, und man sah ihn oft durch die Straßen von Silverton und Leadville schlendern, bedrängt von einer Horde Jungen und Möchtegern-Revolverkämpfern, die gebannt seine Geschichten von schnellem Schießen und tapferen Taten anhörten und sich um seine weggeworfenen Zigarrenstummel rissen. In Leadville spielte er Faro und schoß den City Marshal Bill Allen wegen fünf Dollar nieder, die er Allen schuldete. Der Marshal überlebte, doch als ein Deputy namens Kelly Doc später in einem Saloon wegen des Zwischenfalls verhaften wollte, schoß Doc zweimal auf Kelly und verwundete ihn tödlich. Doc hätte den Sterbenden mit einer weiteren Kugel erledigt, doch ein anderer Deputy entwaffnete und verhaftete Doc. Bei der Verhandlung wurde Doc Holliday freigesprochen. Er hatte ein größeres Problem mit der früheren Schießerei, die zu einem Schwurgerichtsverfahren führte, das am 30. März 1885 mit seinem Freispruch endete.

Bei all seinen Schwierigkeiten mit dem Gesetz war das der erste Prozeß, der über das Stadium der Voruntersuchung hinausging. Die alten Zeiten waren vorbei, und die Öffentlichkeit tolerierte nicht mehr die Taten von Schießern. Die wilden Camps wurden zahmer, gingen ein oder waren groß geworden. Sie hatten Anschluß an die Bahnlinien und den Telegrafen, und ein Gesetzloser mußte weiter und auch schneller reiten, um sich keine Schrotladung in den Rockschoß einzuhandeln. Doc verkaufte sein Pferd für Spieleinsätze und pendelte zwischen den Spielen mit der Tageskutsche.

Er trank viel, aß wenig und konnte kaum schlafen. Er war eine Vogelscheuche in den rauchgeschwängerten Zelten und Adobehütten, in denen Glücksspiele stattfanden, ein steinernes Gesicht mit Augen wie Kohlestücke und abstehenden Ohren. Die Manschetten schlotterten ihm um die dünnen Handgelenke, wenn er Karten mischte und Faro-Chips verteilte, daß es klang, als würden alte Knochen klappern. Er hustete ständig; er war sich dessen nicht mehr bewußt, und in seinen fiebrigen Phasen glaubte er sogar, die Krankheit besiegt zu haben. Bei Unterhaltungen schweifte er vom Thema ab, und er verlor die Übersicht über die Einsätze. Sein Geschäft ließ rapide nach.

Im Mai 1887 reiste er nach Glenwood Springs, um in einem Sanatorium Heilung zu finden. Man mußte ihm beim Aussteigen aus dem Zug helfen. Schwefel galt als Allheilmittel, doch Doc mußte würgen, hustete sich fast die Lunge aus und wurde in ein Bett auf einer Station getragen, wo er sich an guten Tagen aufsetzte, Patiencen legte oder Briefe schrieb, die an ein Kloster in Atlanta adressiert waren, und an schlechten Tagen seine Mahlzeiten in die Bettpfanne erbrach. Ende Oktober stand er zum letztenmal auf. Danach wälzte er sich im Bett herum und fantasierte. Er warf Wyatt Earp vor, Pantherdärme anstatt eines Gehirns im Kopf zu haben, und forderte mexikanische Huren auf Spanisch auf, sich den Mund zu spülen und auszuspucken. Kate kam zu Besuch. Manchmal erkannte Doc sie und sprach von Fort Griffin und Dodge. Sein Lächeln war gräßlich geworden; er zeigte dabei lange Zähne wie die eines Pferdes. Überwiegend setzte er imaginäre Einsätze und fragte den nicht anwesenden

Morgan, ob er Zeit für einen weiteren Whisky hatte, bevor er zum Bird Cage hinüberging.

Kurz vor zehn Uhr am Morgen des 8. November öffnete er nach zwölf Stunden zum erstenmal wieder die grauen Augen und bat eine Pflegerin des Sanatoriums mit klarem Blick um ein Glas Whisky. Als es gebracht wurde, trank er es mit zwei langsamen, tiefen Schlucken leer, gab das Glas zurück, schaute in die Runde der Leute, die sich an seinem Bett versammelt hatte und lächelte.

»Das ist komisch.«

Er war fünfunddreißig.

Der drastische Verfall des Silberpreises nach 1883 und die Überflutung der reichsten Minen um Tombstone durch unterirdische Quellen sorgten in den folgenden Jahren für eine starke Reduzierung der Stadtbewohner. In der Hochkonjunktur hatten über 15 000 Leute in Tombstone gelebt, und zur Jahrhundertwende waren es nur noch ein Zehntel davon. Eine Zeitlang danach blieb die Stadt noch die Hauptstadt des Countys, und als sie diesen Status verlor, nannte sie sich ›die Stadt, die zu zäh zum Sterben ist‹, anstatt so zu enden wie die benachbarten Charleston und Galeyville und andere Hauptstädte der Siedlungsgrenze, die jetzt nur noch grasbewachsene Fundamente sind. Irgendwie überlebte Tombstone lange genug, um die gegenwärtige Gestalt anzunehmen; die Gründe sind wahrscheinlich mehr gesellschaftlich als historisch und stehen hier nicht zur Diskussion.

Heute besteht Tombstone an einer Umgehungsstraße von U.S. Higway 80 zwischen Tucson und Bisbee aus drei Reihen Backstein- und Holzgebäuden an einer holprigen Fahrbahn, letztere dem Verfall preisgegeben, weil sie wegen der authentischen Vergangenheit der Siedlung nicht erneuert wird. Im Oriental Saloon und in James Earps Sampling Room werden mexikanische Handarbeiten und Türkisschmuck verkauft, das Bird Cage Theatre steht noch in heruntergekommener Pracht am Ostende der Allen Street, und im Crystal Palace, ursprünglich der Eagle Brewery Saloon, ist das spätviktorianische Mobiliar restauriert worden, und zusätzlich hängt dort jetzt ein großes Ölgemälde von Wyatt Earp. Der *Epitaph*, von seinen Besitzern schlauerweise von einer Zeitung in ein historisches Journal umgewandelt, rühmt sich einer internationalen Verbreitung, die um ein vielfaches John Clums damalige Auflage übertrifft. Bücher und Broschüren über die gewaltsamen Tage können in dem Geschenkartikelladen am Boot Hill Cemetery gekauft werden, wo die Grabsteine der Gräber von Billy Clanton und den McLaurys weiterhin zu sehen sind, einschließlich der Inschrift ERMORDET AUF DEN STRASSEN VON TOMBSTONE. Jedes Jahr, etwa zum Jahrestag des Kampfes auf der Fremont Street, feiert die Stadt die Helldorado Days und begrüßt Tausende von Touristen, die eine Wiederaufführung der berühmten Schießerei sehen und sich in geliehenen Kostümen fotografieren lassen wollen. Die Stadt, die nach Recht und Ordnung geschrien hatte, verdient jetzt an der gesetzlosen Vergangenheit.

Der Höhepunkt jeder Besichtigungstour ist natürlich der O.K. Corral, der wie der Rest der Stadt nach dem Feuer im Jahre 1883 wiederaufgebaut wurde. Dort können die Touristen für einen Dollar – Kinder zahlen die Hälfte – eintreten und einem gewundenen, ausgeschilderten Weg zu der Stelle folgen, wo der berühmte Kampf wirklich stattgefunden hat, westlich des ursprünglichen Corrals. Primitive Kunststoffnachbildungen der Kämpfer sind dort für diejenigen errichtet worden, deren Fantasie nicht ausreicht. C. S. Flys Pension und das Fotoatelier sind restauriert worden, und in der Pension markiert das Bild einer Frau, die nicht Big Nose Kate ist, die Stelle, an der sie angeblich in dem Zimmer, das sie mit Doc Holliday bewohnte, den Kampf durch das Fenster beobachtet hat. Woanders in der Stadt kennzeichnen Tafeln die Schauplätze, an denen Virgil Earp aus dem Hinterhalt heraus beschossen wurde, wo Morgan Earp ermordet wurde und wo Curly Bill Brocius Marshal Fred White erschoß. Im Laden, in dem die Leichen von Billy Clanton und den McLaurys vor dem Begräbnis ausgestellt waren, werden jetzt T-Shirts mit Wyatt Earps Bild auf der Brust verkauft. Man kann jetzt Brathähnchen und Würstchen an der Stelle essen, an der Johnny Ringo, Frank Stilwell und andere geduckt gelauert hatten, um mit ihren Schrotflinten auf Virgil Earp zu schießen, als er vom Oriental Saloon kam, die Fifth Street überquerte und zum Eagle Brewery Saloon gehen wollte, aber diese Imbißspeisen sind nicht empfehlenswert. Die Tombstoner Küche ist nicht mehr das, was sie 1881 war.

An Tagen, an denen es keine Feiern gibt, schließt die Stadt um 17 Uhr, ganz anders als in den alten Tagen, in denen es die ganze Nacht rundging und von der Abenddämmerung bis zum Tagesanbruch Pianomusik über jede Schwingtür hinausdrang. Wenn die Sonne untergeht, müssen sich die Geister, die über die maschinell geschnittenen Gehsteigplanken gehen, fragen, ob sie nicht am falschen Ort spuken. Man spürt jedoch nur die Anwesenheit der Geister, wenn die Dandys, die tagsüber in Tony Lama Stiefeln und Calgary Stampede Stetsons herumstolzieren, im nahen Sierra Vista Coors trinken, und Schatten die knallig bunte Fassade von Big Nose Kates Saloon einhüllen.

Zwei stattliche Eichen nahe der Ecke Third Street und Fremont Street, wo Billy Clanton und Tom McLaury starben, sind die einzigen lebenden Zeugen des Kampfes, der nichts anfing oder beendete, sondern nur ein Scharmützel von dem war, was einige Experten als den ersten wahren Bandenkrieg in der amerikanischen Geschichte bezeichnen. Neben den Eichen, abgetrennt vom Schauplatz des Kampfs durch einen dürftigen Zaun, befindet sich ein Spielplatz. Die Kinder, die dort spielen, sind es leid, Geschichten über Wyatt Earp und Doc Holliday zu hören, und wollen nur die Schaukeln und die Rutschbahn benutzen. Von all den vielen freundlichen Tombstoner Bürgern sind die Kinder die einzigen, die ständig in der Gegenwart leben.

# Epilog

Tombstone ist Vergangenheit. Während ich das schreibe, ist der Geistliche, der bei Big Nose Kates Beerdigung den Trauergottesdienst abhielt, noch am Leben, und viele, die Wyatt Earp persönlich kannten, erfreuen sich guter Gesundheit. Deshalb ist die Geschichte der Ereignisse, die sich zwischen dem März 1881 und Juli 1882 im Cochise County abspielten, in ständigem Fluß. Wenn Alte sterben und vergilbte Briefe und Tagebücher aus Koffern auf Speichern und in Kellern auftauchen, kommen vergessene Tatsachen ans Tageslicht und widerlegen langgehegte Vermutungen, wie sich zwangsläufig die Jahreszeiten ändern.

Dieses Buch ist deshalb nicht das letzte Wort – und soll es auch nicht sein – zu den Umständen des Kampfes, der uns als der Gunfight am O.K. Corral überliefert worden ist. Zugunsten der Klarheit sind einige komplizierte Zusammenhänge regionaler Politik in den 1880er Jahren abgeschwächt, und einige der Randfiguren, wie zum Beispiel Wyatt Earps Freund, der Revolvermann Texas Jack Vermillion, wurden weggelassen, weil ihre Beteiligung unbedeutend und vergänglich war und ein bereits verwirrtes Knäuel nur noch weiter verwirren würde. Viele der Dialoge sind vom Autor erfunden. In Memoiren erinnert man sich selten an die genauen Worte, die eine bestimmte Person zu einer bestimmten Zeit gesagt hat, sondern nur an ihre Tendenz, und bei allen Fällen, in denen die Unterhaltungen nicht von existierenden Zitaten übernommen wurden, habe ich sie anhand dieser knappen Angaben entwickelt und der Sprechweise der damaligen Zeit angepaßt, wie sie woanders verzeichnet ist.

Ich entschuldige mich nicht für diese und andere Anmaßungen, denn das Buch ist Fiktion, die auf Fakten basiert, und es ist nicht als reines Geschichtswerk beabsichtigt. Dennoch habe ich versucht, die Geschichten der Earp-Holliday-Clanton-McLaury-Fehde so genau und objektiv zu schildern, wie es nach all dieser Zeit möglich ist. Es sollte erwähnt werden, daß die Angaben über den Sachverhalt bereits verwirrend waren, als der Pulverrauch bei Flys Pension noch wallte, wie sie es jetzt nach einem Jahrhundert sind, in dem sie von Schundromanschreibern, Hollywood-Regisseuren und selbsternannten Revisionisten verfälscht wurden, die sich einbilden, etwas anderes und Aufsehenerregenderes geschaffen zu haben, indem sie aus Ike Clanton einen Helden und aus Wyatt Earp einen Bösewicht gemacht haben. Jeder der Beteiligten log über die Ereignisse; die Herausforderung ist nun zu entscheiden, wer in welchem Punkt log, die wenigen Übereinstimmungen zusammenzufügen und den gesunden Menschenverstand zu benutzen, um ein logisches Bild zu entwickeln. Diese Aufgabe, die zum erstenmal von Richter Wells Spicer einen Monat nach dem Kampf und seither von Hunderten anderer oftmals bewältigt wurde, kann nur das Verständnis dafür steigern, welchem Druck dieser Jurist bei der Urteilsfindung und nachher ausgesetzt war.

Einige sorgsam gepflegte Vorstellungen sind auf der Strecke geblieben. Verschwunden aus dem Kampf sind die romantischen schwarzen Jacken der Earps und Hollidays, die oft in Filmen und auf Buchumschlägen zu sehen sind – Wyatt und seine Brüder trugen an diesem kalten Tag kurze Plaidmäntel, und Doc war grau gekleidet –, und Waffenfans werden vergebens nach Wyatts sagenumwobenem langläufigen Buntline Special suchen; die beste Forschung weist darauf hin, daß die Waffe nie existierte. Die Beteiligungen der Earps an den Bordellen sollte keinen in den heutigen freizügigen Zeiten schockieren; vielleicht ist der Mangel an Beweisen störender, um Big Nose Kates Behauptung zu bestreiten, daß Doc Holliday nie jemanden vor dem Kampf in Tombstone ermordete. Es ist schwer, einen Helden aufzugeben, und noch schwerer, auf einen Schurken zu verzichten.

Ich danke für die wertvolle Unterstützung des Earp-Historikers Glenn Boyer, dem Herausgeber von *I Married Wyatt Earp* (University of Arizona Press, Tucson, 1976), der umfassendes Material aus seinen Dokumenten und Akten, einschließlich Wyatt Earps lange verschollene Autobiographie, zur Verfügung stellte; und ich danke seinem Kollegen Alfred E. Turner, dem Herausgeber des *O.K. Corral Inquest* (Creative Publishing Co. College Station, Texas, 1981), weil er eine Stunde seines vollen Terminplans in Tombstone opferte, um die Frage zu klären, wann Big Nose Kate diese Stadt verließ. Zusammen und einzeln haben sie das meiste der neuen Informationen bezüglich des frühen Tombstone, die in den letzten Jahren erschienen sind, ans Tageslicht gebracht, und sie graben immer noch Neues aus. Ihnen verdanke ich viel von der Genauigkeit dieses Buchs. Für Unzulänglichkeiten bin ich selbst verantwortlich zu machen.

Schließlich kann ich nicht genug Dick Wheeler danken, dem dieser Band gewidmet ist, weil er das Buch vorschlug und mir viel hilfreiches Material beschaffte, mit dem ich das Projekt beginnen konnte. Er ist ein lebendes Museum.

Wyatt Earp ist nicht tot. Wie Custer auf seinem Hügel steht er noch groß und schrecklich in dieser staubigen Passage an der Fremont Street, und noch so große Mengen unerwünschter Wahrheit oder bilderstürmender Rhetorik werden ihn nicht stürzen. »Keine Kugel streifte mich«, schrieb er über sein sagenumwobenes Feuergefecht mit Curly Bills Gang bei den Iron Springs, und er hätte von all den kommenden Romanen sprechen können. Dieses Buch ist ein Versuch, Wyatt Earp, dessen Freunde und Feinde, ihre Frauen, ihre Zeit und ihren Ort zu streifen.

Loren Dr. Estleman
Whitmore Lake, Michigan
1. April 1986